JN059676

銅鐸

学生社考古学精選

藤森栄一 著
桐原 健 解説

雄山閣

序

『信濃』という雑誌に、「鉄鐸――その古代史上の意義――という長い論文を書いたとき、その論旨はともかくとして、一つの考古学的考察が、苦しみながら伸びていく経過を、かなりプライベートな部分にわたって出してみた。というのは、私にとって、その学問的結末より、むしろその経過の方が、本当は可愛いかったからである。

そして、いつか、誰か、きっとそういう私の学問のいき方に、共鳴してくれると思っていた。そして、その史論については、いろいろな論評をいただいた。しかし、その学問が、私という生命の生活の中で育っていく部分については、誰も是否の言及をさけていられるようだった。

ところが、岩本守弘さんから、はじめて、その考古学者という人間が、苦しみながら物証を追っているところを、もっと、赤裸々に書けという、じつにうれしい支持の手紙をもらった。

それで、こんどは、思いきって、鉄鐸の原型と思われる、日本考古学史上最大の謎の一つである銅鐸に、真向《まっこう》から立ちむかってみた。明治いらい、多くの先学が、これを追ってはたされなかった悲願でもあるので、もちろん、とうていこれでいいというわけにはゆかなかった。しかし、銅鐸から、伝世する鉄鐸までにいたる、いわゆる鐸《さなぎ》に関するかぎり、最初の手引きとして、まとまったもの、ということができそうである。この中から、古代史に必要な見解が、一つでも拾われたら、これにこしたよろこびはない。

私の銅鐸を追求した学説は、いずれ、踏み石の宿命をおえて、朽ち忘れられるだろう。しかし、私という人間が、一つの事象を追って追って、そして生きたということは、きっと同じようないのちを大切に守っている人々の心の中で、生きつづけるだろうと思う。

藤森栄一

目次

目　次

扉写真は『銅鐸』学生社刊初版より

凡例

本文中の行と行の間にある和数字は「銅鐸・鉄鐸文献目録」を見るためのものです。

例えば四二頁の九九は二六一頁の下段森本六爾「長門発見の一弥生式土器——その青銅器との関聯」を示すものです。

特に銅鐸に興味をもっている方や研究者の方には御参照いただきたいと思いますが、少し専門的になりますので、一般読者の方は、この数字には気をとられないでお読みいただいて結構です。

一　銅鐸発掘の謎

不思議な話がある。それは、今から、千二百九十六年も前、七世紀のなかば、西暦六六七年のことである。

滋賀県大津市の北郊では、未完の都城、近江京《おうみきょう》・大津の宮の完成に、夜に日をついでの造営が進んでいた。（もちろん、そのころは滋賀県とも大津市ともよんだわけではないが。）その工事のさい、珍しい品物が発掘されたのである。

そのころ、朝鮮半島では、百済《くだら》が、唐・新羅《しらぎ》の連合軍に攻《せ》め立てられていた。いくどか瀕死《ひんし》の悲鳴をつたえながら、ついに倭軍（日本軍）の来援をえられずに亡び、つづいて、高句麗《こうくり》もほろぼされてしまった。このように倭《やまと》（日本）朝廷にとっても、大事な大陸文化への窓口を見殺にしたのは、それなりの理由があってのことであった。いかにうつ手はうってみたところで、海の向うは、やっぱり海の向うでしかなかったのである。

国内はそれどころではなく、旧蘇我《そが》勢力の穴埋めも、その基盤になっている飛鳥《あすか》勢力へのおさえも、まだはっきりしてはいないのに、早くも、壬申《じんしん》の乱の萌芽《ほうが》が、もやもやと立ちこめ、そのうえに、眼にみえぬ大陸の敵の来襲にも、たえずおびえなければならなかったのである。

そうした緊迫した情勢の中で進められた大津宮の造営は、天智天皇が、中大兄皇子《なかのおおえのおうじ》だったときいらいのブレイン・トラスト、大化の改新の功臣、中臣鎌子《なかとみの》(のち鎌足)が、内臣《うちつおみ》(内大臣)として、指揮にあたっていたことはいうまでもないことだった。

中臣氏《なかとみ》はもと、倭大王祭政体制の中の、祭祀《さいし》を司《つかさど》るいくつかの部族の中の一つにすぎなかった。鎌子の祖、勝海は、当時国教としての仏教の上にのっかり、ほとんど旭日昇天の勢だった蘇我氏に対抗する第二勢力の確立を計画して、物部《もののべ》の守屋《もりや》とくんだが、成功せずに敗れさったと伝えられている。

そうしてみると、鎌子らのクーデター(大化改新)は、先進国である大陸の新しい古代国家制の招来を、はじめから綿密に計算していたであろうことは想像されるが、腹の底は、やはり、蘇我氏をたたき落して、中臣氏の祭政体制を伸長させようという祖先の悲願をつぐものだったのであろう。

しかし、鎌足《かまたり》は、古い中臣氏の祭政への郷愁《きょうしゅう》だけに、溺れるような純潔さはもっていなかった。

蘇我氏のにぎっていた仏教の文化性と説得力の、はかりしれない偉力は、だれよりも身をもって感じていたであろう。とすると、新都の精神や文化の中心となるべき場である「寺」の建設には、とくにもピッチをあげていたであろうことは、容易に想像できるところである。

その天智天皇御宇七年の正月十七日、近江京では、崇福寺《すうふく》建立《こんりゅう》のため、寒気をついて地ならし作業が強行されていた。おそらく山すその傾斜地をきりくずしていたのであろう。

そのとき、一人の工人《こうじん》によって、奇怪な形の銅鐸が掘りだされた（青銅製の扁平で大きい筒のような鈴で、このときから銅鐸という呼び名をつかっていたのは、古代中国の影響である。）付近を注意すると、これまた奇妙な形の約15cmほどの白い石が、つづいてでてきた。その石は夜になると、暗闇《くらやみ》の中で、不思議に光った。

滋賀石山寺辺から出土したと伝えられた大六区画突線文鐸

このとき発掘された銅鐸が，あるいはこれだったのかも知れない。

作業していた人々はもちろん、都の設計・施工などにあたっていた多くの百済人たち、造営の役人たちもあつまってきて、大騒ぎとなった。銅鐸《どうたく》は測ってみると高さ五尺五寸（約1m66cm）もあった。しかし、それきり、こうでもない、いやそれもちがうと、一向に、それは何だかわからなかった。

百済人にわからないのだから、唐の文物でないことはたしかだが、しかし、いずれにしろ、これは奇瑞《きずい》(めずらしい、めでたい現象)である。

その奇瑞はただちに、造寺司から、上へ、天智帝にも、もちろん中臣鎌足にもとどいただろうと思われる。白い雉がみつかってさえ大騒ぎをするほど、祥瑞《しょうずい》(めでたいまえぶれ)のすきな人々である。しかも、同じ年の正月三日、すなわち、十四日前に、天智帝は即位をしたばかりである。二月には倭姫《やまこひめ》を立てて皇后とするときである。奇瑞らしいものなら、いくらでてきても、多すぎるということはない古代人の祈りのときである。

この年、越《こし》(越前、越中、越後など)の国より、燃える土と燃える水が献ぜられたことが官撰記録にのっているのも、その一つである。たとえば、その銅製の鐸が、インドのアショカ王の宝鐸だなどと宣伝されたとしたら、これにこしたすばらしい祥瑞《しょうずい》のプレゼントはないはずである。とかく問題や抵抗の多かった崇福寺、いや近江京の造営である。これこそ、新都とくに崇福寺への、絶好の宣伝材料にもなる。きっと鎌足も大いにとりあげただろうと想像するのがまずあたりまえであろう。

ところが、近江の百済人も、天皇も、中臣氏の長老にして、故実第一の暁通者と目される鎌足も、一向に、この銅の鐸について何もいった形跡がないのである。

事実そのとき、近江京の造営は、かなりの危機の間をさまよっていたようである。民心の掌握《しょうあく》のためにも、何か、この地に都城を安定させたい。何か人の心をひきつけるしるしがほしかったであろう。それなのに、祥瑞の大好きな古代王朝のボスが、どうして、この珍奇な出土品についてほとんど何も語ろうとしないのか。わずかに平安末の『扶桑略記《ふそうりやくき》』の巻五に、何かの逸文からの記事をのせているだけで、なぜ、日本書紀にはぜんぜん何も語らせていないのだろうか。

王朝陰陽道の考えていた祥瑞には、いろいろな、大瑞・上瑞・中瑞・下瑞などの唐制による区別はあったらしいが、要するに、ほしいときには、星雲・禽獣・草木・金石、いやしくも、珍異奇妙なもの、すべて祥瑞にならないものはなかったはずである。

とすると、内裏《だいり》内の崇福寺から掘りだされた銅の珍奇な鐸は、近江朝の顕臣たちにとって、祥瑞ではなかったのだろうか。

なぜだろう。

中臣氏の長老の故実をもってしても、何物ともわからなかったのか。

それともその何物かが、わかったからこそ、あえて黙殺する必要があったのか。

日本最古の銅製の鐸の発掘には、まず、この二つの疑問をはらんでいたのである。

この五尺五寸の銅鐸をだした崇福寺はどこだろうか。私はまず、大津市へいってみることにした。

昭和十三年だった。木村捷三郎さん・田中重久さん、それからまだ少年だった坪井清足君とつれ

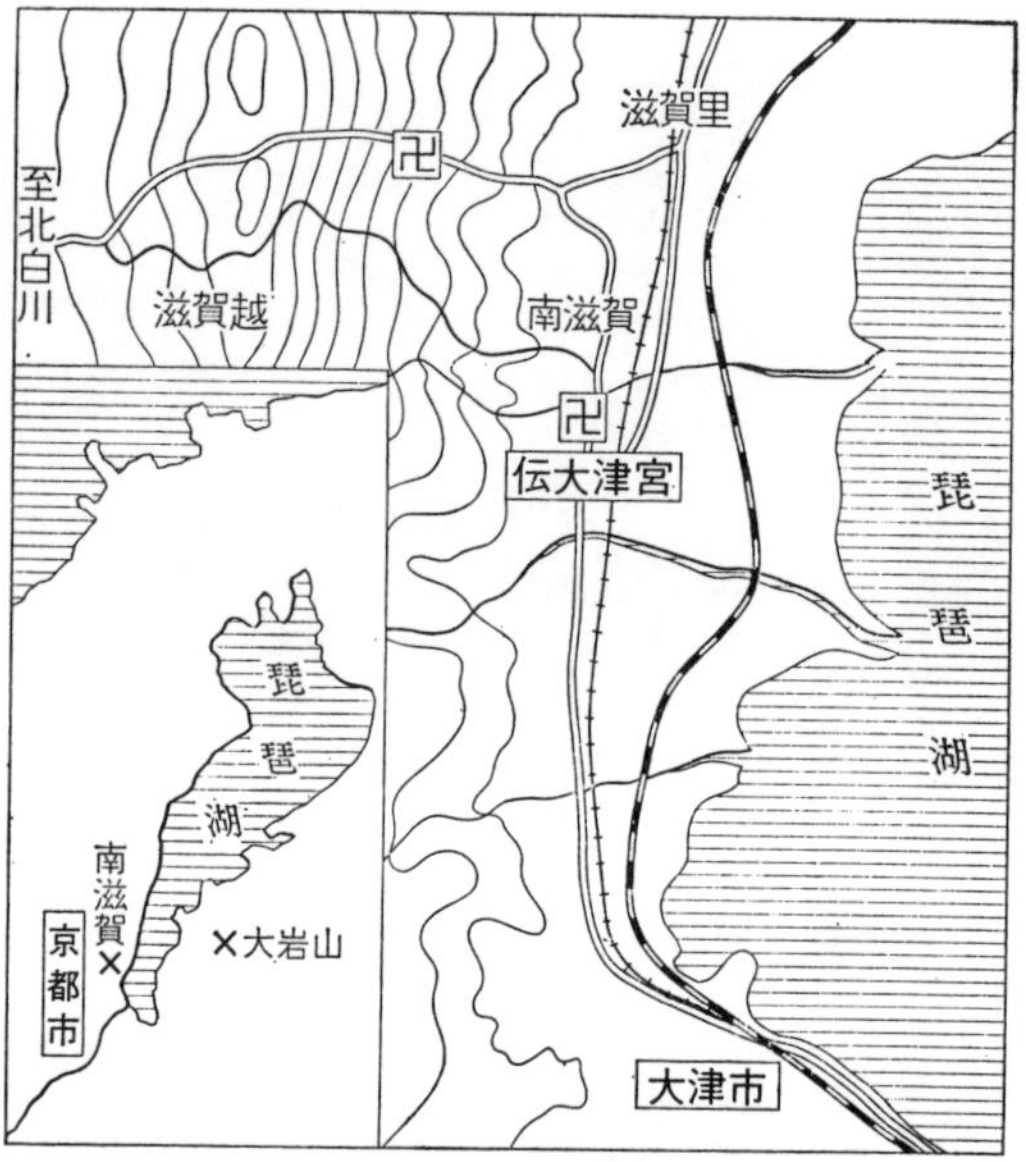

大津の宮と崇福寺

この地図の滋賀里西方にある寺が崇福寺址といわれているが，どうもこれは誤りらしい。本当の崇福寺はこの地図では南滋賀の南にあって現在大津宮址と伝えられているところではないかと思われる。

だって、京都から山をこえて、近江にでた。滋賀越である。四人は北白川から歩きはじめて、地蔵谷を昇っていった。重石《かさねいし》山中まではまだ呑気《のんき》に大声でしゃべりながら歩いたが、それから湖のみえる頂上までの険路は、川のように礫石が散乱していて、信州の山のゴーロのような急坂ばかりであった。藪鶯が谷一杯にわたり、カッコーの声がその間に、のどかな間奏をかなでていたが、私たちの登高は汗にまみれて、それどころではなかった。

頂上から滋賀側も、また馬も通らないような急坂だった。そして、中腹の狭い谷間に、滋賀山寺・伝崇福寺址があった。今でいうなら、大津市滋賀里町北方弥勒《みろく》堂・観音堂などとよぶ、小字の、いくつかの独立した丘尾《きゅうび》(丘のすそ)の集合した地形である。まさに山寺で、それぞれの、堂址は、地形的に独立していて、どうも天智天皇の御宇に創建したという崇福寺としては、のっけからなっとくがゆかない地形だった。

われわれは、その山寺址の丘すその崖下をしきりに発掘した(今なら文化財保護法で勝手に発掘できないが、当時は自由に発掘できたのである。)。でてくるのは、平安初・中期の水瓶・埦《わん》・坏・皿などの破片ばかりで、とくに弥勒堂の崖下は、何か供養のためになげこまれでもしたように、層になって重なった土器片の堆積《たいせき》があった。その一番下は、必らず、天智天皇七年の土器のはずである。私たちは懸命になった。しかし、伝崇福寺址弥勒堂下からは、とうとう、最下層まで平安の土器しか現われてこなかった。

いったい、この丘すそのどこから、2*m*近い大きな銅鐸が現われたというのだろうか。当時すでに、銅鐸が弥生式文化のものと考えられていたのに、ここは弥生式文化の生活立地とは、関係すらなさそうな山間狭地なのである。

われわれは、山をくだって、南滋賀へでた。湖西平野の中央、やや山よりである。ここでは、京都大学の柴田実さんが主力で、伝大津宮址と伝梵釈寺址《ぼんしゃく》を発掘されていた。梵釈寺というのは大津宮が壬申の乱で荒廃した後、桓武天皇が悲劇の主であった天智天皇追福のために建立したものである。

われわれは、遺跡の中心の正興寺にとまり、三日にわたって、その発掘を見学し、平安初期に建てられたはずの梵釈寺址に、じつは、完全に奈良初期と思われる瓦や土器が多いことをつきとめたのである。
そして、われわれが、土器片の屑《くず》の中から、須恵器の瓦硯の破片をみつけだして狂気したのも忘れられないが、もっと、忘れられないのは、南滋賀の「カニガク堂」とよばれる、この大津宮の旧地でありまた梵釈寺の候補地が、優秀な弥生式遺跡であることを発見したことである。[一〇]
南滋賀からは、三本の割斧《わりおの》――太型蛤《はまぐり》刃《ば》石斧《せきふ》(石おの)と、大型片刃《かたば》石斧・環状《かんじょう》石斧・鉄剣型石剣各一本づつ、それに三本の磨《ま》石斧《せきふ》(みがいた石おの)がでていた。いずれも、弥生時代の中期に盛行したと思われる典型的な弥生式石器だった。

一方、崇福寺の工事のときに掘りだされた銅鐸は、15cmばかりの夜光る白い奇妙な形の石と一緒だったとのことである。その夜光の白石とはいったいなんだろう。

銅鐸に伴なってでたとすれば、一番可能性が信じられるのは、銅鐸が弥生式文化に関係ありといわれているいじょう、弥生式石器である。そうすると、滋賀里廃寺址は山の中で、はなはだ弥生式的ではなく、まず、望み薄である。まずまずこの南滋賀廃寺址の弥生式遺跡の方に可能性がある。

ここからでた太型蛤刃石斧は三例とも、おきまりの閃《せん》緑岩系の深成岩、堅い重い岩石で、よく磨かれ、夜も光る感じがしたかもしれないが、黄緑色・黄灰色・古銅色で、どうも、白色とは縁遠い。扁平《へんぺい》片刃石斧は、蛇紋岩に近い橄欖《かんらん》岩だが、これも、白色夜光かどうかわからない。その他は粘板

南滋賀と滋賀里（水野正好氏撮影）
中央の学校敷地が南滋賀伝大津宮跡，右遠く滋賀里。うしろにみえる山は比叡山。

岩、古銅色安山岩などの石器で、いよいよ、縁遠い。ただ、閃緑岩が、はるかに新鮮で、飛白岩系のだったとすると、白いカスリ状にもみえただろうというていどで、きめ手にはならない。

そうしたことで、伝崇福寺址の位置を考えあぐんでいるうちに、京大の調査団は、滋賀里山寺のほうの全貌を明らかに掘りだした。

丘すその西斜面に、塔址と小食堂址とが東西に並び、その南方の別な丘すそには、おなじく、講堂址と食堂址が東西に並び、北方にわれわれが調査した弥勒堂址があったのである。そして、秘められた塔址の心礎の東側横穴状舎利《しやり》孔からは、かの国宝、青緑ガラス――金――銀――金銅の四重の舎利壺および中・外函が現われたのである。

この塔址から出現した宝物の時期で、たしかに、この滋賀里廃寺址が、崇福寺か、梵釈寺か、きまるはずである。ところが、今でもまだ諸説があって結論はついていない。銅鐸発掘の宿命的な謎の一頁は、こうしてはじまるのである。

この銅鐸が発見された時から少したった和銅六年(七一三)には、初めて、官撰の記録として、『続《しょく》日本紀』に、鐸の発見が書き残されることになった。同書、元明天皇和銅六年秋七月丁卯の条に、「大倭国宇太郡波坂郷人大初位上村君東人。得銅鐸於長岡野地而献之。高三尺。口径一尺。其制異常。音協律呂。勅所司蔵」とあるのが、その正しい記録である。

さすがに、古代アカデミアの記録である。あやしげなことこそ書いていないが、もう、この銅鐸が何であるかは、はっきり、わかっていなかったので、その制、常にあらずとかたずけたのであろう。注意すべきことは、いじょう二例が、はっきり銅鐸という術語をつかっていることである。

つぎの記録は、天平年間、石山寺の建立にさいして、高さ五尺の宝鐸がでたと、『元亨釈書《げんこうしゃくしょ》』第二十八巻および『石山寺縁起』一巻にでてくるのである。両書とも、宝鐸がでたのだから、ここは、いつとはしらぬ古仏の聖跡伽藍《がらん》の旧跡、または霊地なんだというあつかい方で、むしろ、銅鐸の出土を、一つの縁起の理由にすら考えているようである。

こうした傾向は、九世紀にくだると、いよいよはっきりした形をとってくる。弘仁十二年(八二一)五月、播磨国出土と称する発見例は、『日本紀略』前編十四に「五月丙午、播磨国有人、掘地獲一銅鐸、高三尺八寸、口径一尺二寸、道人云。阿育王塔鐸」とあるのも、その好例であろう。また、紀伊の『粉河寺大卒塔婆建立縁起』(天喜二年の奥付)によれば、草創のときから五十年へたとき、これは弘仁十年(八一九)にあたることになるが、堂塔の地ならしに際して、地底から長さ一尺五・六寸の宝鐸一口をえた。宝蔵におさめたが、そのようすははなはだもって神妙である。この地がはるけき昔からの聖地であったゆえんである、と書き残している。

天平時代の銅鐸の発掘

「石山寺縁起」にのっているもので，この図のほぼ中央左よりに地上に横たえられた銅鐸が見える。 これは塔鐸の型に描かれている。

九世紀の正式記録にも二つの例がある。

一つは『続日本紀』巻九、承和九年(八四二)で、「辛未(八日)若狭国進銅器　其体頗以鐘　是自地中　所掘得也」とあり、いま一つは、貞観二年(八六〇)に、三河国渥美郡村松の山中で発見され、当時、じつぶつが朝廷に献じられた。「(八月)十四日辛卯、三河国献銅鐸一、高三尺四寸、径一尺四寸、於渥美郡村松山中獲之。或曰。是阿育王之宝鐸也」という記録がある。また、平安のころ、伊賀国の黒田の杣でも発見された記録があり、その記録者覚禅という坊さんは、その長三尺の袈裟《けさ》襷《だすき》式に属するらしい鐸を、古今に類型をみない稀品だといっている。[三]

こうしたわけで、七世紀の半ばから、九世紀末にいたる二百五十年ほどの間に、銅鐸は八例ほどの発見が記録されていることになるが、自体、出土品の記録としては、決して少なくない頻度なのである。なぜ、銅鐸の出現だけが、人々の注意をひいたのだろうか。それは、仏教と結びつけてインドの「阿育王《あしょか》の塔鐸」的な類推からだったことはもちろんであろうが、世の常でない奇異なもの、つまり伝統的な生活知識のなかになかった造形だったことが、主な原因だったと考えていいだろう。有名な『石山寺縁起』所載の高階隆兼の宝鐸出現の図(一九頁掲載)にしても、もとより、現状をみているわけではないので、大きい風鐸の出現を描いている。

ここまできて、私は一つの想像にたっした。

銅鐸が地中に埋もれてから、幾百年たったろうか。まず、第一に中臣鎌足の在世中に、それが掘りだされたとき、銅鐸がどんなものか、すくなくとも、あまり縁起のいいものではないことを天智朝のだれかが、しっていたのではなかろうか、ということである。

そして、銅鐸が何ものかをしっていたのはそれを最後にして、いらい、奈良・平安の人々はもうすっかり、何が何んだかわからず、ますます、仏跡へ結びつけて考えることが、もっとも合理的だと考えたのではないだろうか。

万一、それが、私の思いすごしとしても、それはそれでよろしい。そういうことを考えさせること自体が、じつは、銅鐸の本質に関係があるのではないかと、私は思うのである。

ただ、古いころの例ばかりでは、まことにたよりない。一とびに、つい先きごろの発掘をかえりみると、これはいかに、天智朝のころとまるで同じである。

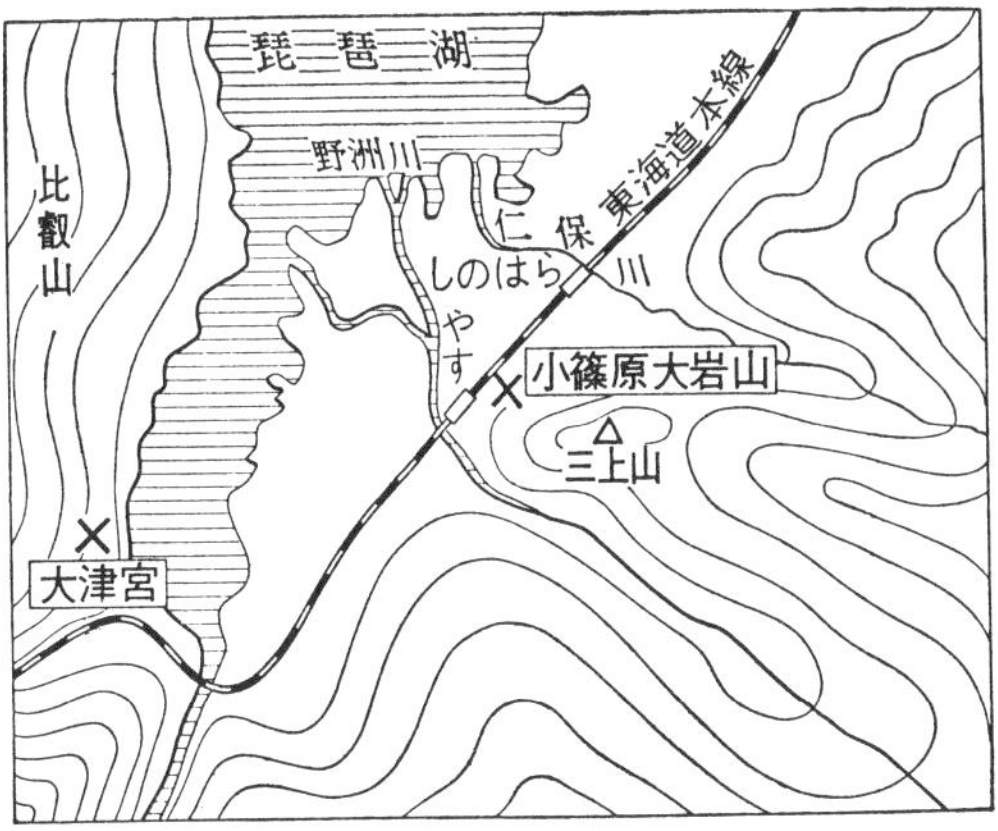

小篠原大岩山略図

三上山のふもとであり，野洲川にも近く，弥生時代の人々が生活するには好適の地であったことがうかがえる。

あれから、十三世紀余りもたって、昭和三十七年七月のことである。滋賀県野洲郡野洲《やす》町小篠原四〇で、東海道新幹線路用の土砂採集中、一台のブルトーザが、中村富士男君という青年の運転していた車だったと伝えられるが、とにかく、そのブルトーザの尻に、いくつかの珍奇な銅鐸をしばりつけて、走りまわっていたことから、騒ぎがはじまった。現場の大岩山は、かつて、明治の十四年、じつに十四口の銅鐸が、一緒に発掘されて、学界の一名所になっていたからである。

中村君はさびた銅のバケツくらいしか考えてなかった。むしろ、そのときの状況からすると、そのままブルトーザで圧しつぶしてしまわずに、ひろっていただけ、ほめられていい状態だったかも知れない。

しかし、こんなことって、あっていいことだろうか。

他のあらゆる考古学遺跡・遺物では、まず、ちよっと考えられないケースである。研究者は、古墳を発掘し、また、住居址を調査して、あらゆる遺物を、意欲的に記録している。発掘・調査は、しかあるべき意図にもとづいて計画され、そして、それは、ほぼ成功する。それなのに、いまだかつて、銅鐸を掘りにいくといって、フィルドに立った研究者はいない。

天智天皇七年から、今まで、銅鐸はもう、三百余個が掘りだされている。ところが、いまだかつて、考古学者によって発掘された例は一例もない。その点、おなじ弥生式文化に属する銅剣・銅鉾《ほこ》の古いところとは、大いに事情がちがうのである。

つまり、銅鐸は、どこからでるか、まったく予測がつかないのである。その点、天智御宇七年も、昭和三十九年も同じである。学問とか、科学の進歩とかいうことは、まったく関係がないのである。


大岩山の今度の発見は、滋賀県教育委員会の水野正好さんの調査によれば、大・中・小三個を入れ子（小さいものからじゅんじゅんに大きいほうにはめこんで組みあわせたもの）にした三組、計九個の六区画袈《け》裟《さ》襷《だすき》文銅鐸と、一個の流水文鐸[109]で、流水鐸は、大岩山山頂近くから、ほかの三組は、その東斜面からでたもののようだといっている。

大岩山銅鐸出土地　（水野正好氏撮影）
中央丘尾の土砂採掘崖の部分，左の小孤丘は中山・丸山古墳。

小篠原は東海道線やす駅の東方で、中仙道の旧道に面している。琵琶湖南岸の野洲川冲積扇状《せんじょう》地の中心に近い右岸の、三上山の北につらなる低い丘陵地の北西端である。

私は、明治十四年の発掘を、当時の当事者辻町村小野田金太郎他の警察にだした届書から、うかがってみることにした。梅原博士の著書から現代ふうに書きなおせば、その発見状態はつぎの通りである。

「明治十四年八月二十日、暑い日だった。小野田金太郎は、友達一人と隣村小篠原村の大岩山へ遊びにいった。山遊びにつかれ、急傾斜の山腹の下のたるみの松の木の根下で休んでいたとき、ふと近くをみたら、小さい穴があった。何の気なしに、ちょっとのぞいてみると、奥に、青い木の葉のようなものがみえた。変だなと思って、竹の棒でつついてみると、カッカッと音がする。それで、竹先きで、四・五寸ほど掘ったろうか、唐金《からがね》の青い金物が、何と三個、入れ子のようになって、土中からでてきた。後にまだ何かあるらしかったが、驚いてしまったので、その三個の入子をかつぎだし、早速戸長役場へ届けた。

つぎの二十一日には、今度は小篠原村の井狩米吉ほか三名が、砂利土をとりに登っていくと、隣の辻町村の連中が大勢で、大騒ぎをしている。何んや？と、聞くと、昨日、金太郎たちが、この辺でけったいなもんを三つ掘りだしたというが、その跡をさがしとるんや、という。米吉たちが、その辺をさがすと、掘り跡はすぐわかった。たしかに青い金物が二・三個土中にみえた。ちょうど、持っていた鍬で、三尺ほども掘ったが、そのけったいな金物は、二つや三つではない。横に臥《ね》たようにならんで、いくらでもつづいて出てくる。とうとう、総計十一個になった。」

何という盛観だろう。

小篠原の銅鐸は、明治十四年と、昭和三十七年とを総合して考えると、やや地点は離れているかとも思われるが、山腹に、かなり接して、大・中・小三個入れ子のが四組、その一組のすぐ近くに、一個ずつ並列して埋めたのが十一個、その他に、山頂に近く、ちょっとちがった流水文のが一つ、埋没していたということになる。これは、いったい、どういうことだろうか。

三十七年の発掘分はまだ未発表なので、くわしいことはわからないが、四散してしまった明治十四年分の十四個86〜99は、最大四尺一寸七分（十三貫目=約1m26cm48kg）、最小一尺五寸（一貫二百目）で十四

滋賀県小篠原発見の銅鐸

明治 14 年，14 個発掘されたうちの 2 個。立派な六区画突線文鐸で右のは 13 貫（約 48 kg），4 尺 1 寸（1 m 20 cm）という巨大鐸である。

個の合計は、じつに四十三貫三百匁、その平均三貫百匁、もし、昭和の分の九個もほぼこれに平均して考えるとすれば、約七十一貫（266 kg）の青銅が、この丘の中腹に埋もれていたことになる。

　残された計量表によれば、この二十三個の銅鐸は、ほぼ同じ形式に属しているのに、同じ寸法同じ目方の、つまり同じ鋳型《いがた》からうまれたらしい兄弟は一つもない。一個所に埋もれていたのになぜだろう。

　つぎに、今まで、わかっているところでは、この辺には、日本一の銅鐸所有地にふさわしいと考えられる弥生式遺跡、つまり、銅鐸群の経済的背景になる村がわかっていないのである。七十一貫の青銅を持っていた弥生時代人は、いったいどこへいってしまったか。

また、大岩山近傍には、かなり優秀、つまり内容豊かな経済生活を思わせる古墳が少なくない。大岩山古墳、富波古墳などで、はなはだ素性のいい三角縁神獣鏡や、王氏作四神四獣鏡・平縁変形神獣鏡など、舶載した三国鏡を四面もだしている。また、丘陵上部には鏡鑑五枚をだした粘土槨もある。おそらく、この古墳の主たちの勢力は、四世紀か五世紀前半に、この大きな琵琶湖の東岸平野を牛耳《ぎゅうじ》っていたのだろう。

とすると、三世紀ごろに埋もれただろうと思われるこの珍宝、かりに青銅の素材だけの魅力としても、じつに七十一貫。この青銅の埋蔵を、古墳の主がしっていて、ほっておくだろうか。メタルとしての国内生産はまだで、ほとんどの需要は、大陸製品の鋳直しか、輸入による他はみたされなかったときである。

大岩山の青銅鐸群が、故意に埋められたものであることは、その出土した状態から、まったく否定できないところであるが、それから、古墳の主まで、長くみて二・三百年、ことによると、百年くらいの、一世代か二世代の交代かもしれない。しかも、古墳の位置と、鐸埋蔵地点は、ほんの目の先きである。ということは、鐸が、古墳の主の直系の人の埋蔵ではなく、埋没のじじつを、古墳の主はぜんぜんしらなかったものと考えるほかはないだろう。

銅鐸は今も昔も、そのものが、地上から姿を消したときから、まったく正体はわからなくなってしまっていたのである。

じつに、銅鐸は、久遠の冷笑をもって、日本の考古学界を嘲笑しているといっていいだろう。こういう、発見・型式・製法・用途・埋没のすべてをふくめての、考古学界の最大の謎を、一介の学徒が、くい下ってみたところで、とうてい、その片鱗もわかろうはずがない、とは、私も思うのである。しかし、その常識とは別に、心の中には、それでもやむにやまれぬ衝動がある。それは、少年のころつちかわれた、美しいロマンチシズムからくるものかもしれない。それは鐸追求の本筋からは、脱線していることはたしかなのだが、すこし、私の述懐をきいてはもらえないだろうか。

二　鐸を追う少年

そのころ――

中学五年生の、その少年には、Iという、すばらしく数学のできる同級生があった。Iは諏訪湖の向うの、田圃《たんぼ》の中の村から通ってきた。

田圃の川はいつも水が一杯にあふれ、底には一年中、緑の紐のような川草が、しきつめたように繁り、その中を鮒やハヤが群れているのがすきとおってみえた。Iの村は、その蛇行《だこう》する川の中にはさまれていた。

優等生のIと、劣等生の少年とは、なぜか、不思議とうまがあった。そして、二人で学友団の科学会を運営していた。夢みる少年と、理智的なI、それは、やはり、お互いの性格的な欠点を補いあっていたのだろうか。少年はよくIの家へ遊びにいった。

Iの家は、この土地の小藩の勘定方《かんじょうかた》に籍をおいた小身ながら、和算家としては、かなり名の通った名家だったが、廃藩で、この地に帰農したわけである。したがって、ただの農家とは少しく違っていた。

家は荒れ放題に荒れていたが、いたるところに天井までとどく本棚があって、そこには、大日本史料・国史大系など、それから、あらゆる県内外の地方誌がそろっていた。柳田国男や中山太郎の全著作とかいうものを、少年はここで初めてみた。Ｉを末弟にする当主の長兄は、Ｉより二十歳いじょうも年長で、すぐれた郷土史家であると同時に、日本でも指折りの、中世古文書解読のテクニシャンだった。それは、Ｉの家からほど近い、諏訪神社の室町古文書の解読から、きたえぬかれた眼であった。

少年は、そのＩの家の、いろりの榾火《ほだび》をかこんで、家中でジャガ芋の煮たのをかじりながら聞く、長兄の話に魅せられた。Ｉの兄は容貌魁偉《かいい》といおうか、大入道といおうか、その大きな影を、後の真黒な壁にゆらがせての、横座から語られる歴史の話は、少年を夢中にした。

「日本には天皇がいっぱいいた。あちらにもこちらにもいた。大和《やまと》の天皇も、諏訪神社の大祝《おおはふり》天皇も同格だった。ただ、経済の力が強く、支持者の多かった大和朝廷が勝っただけのことだ」

それは、少年にとって、何という恐ろしい話だったことだろう。この悪魔のささやきに、少年は身をふるわせた。そして、その言葉は生涯忘れることができなかった。Ｉの長兄は二冊の大きな本をとりだしてきた。いま思えば、それが昭和二年出版されたばかりの、梅原末治博士著『銅鐸の研究』資料篇・図録篇の大冊だった。

方　全　景

手の方，上社は左手の方面にあたる。向う側につらなる山々は赤石山脈・
いだろう。

「これが、その謎のすべてを握っている。この銅鐸が……」と彼はいった。

少年は、せっせとIの家へかよった。長兄の話もだが、少年には、その家内中で囲むいろりの雰囲気がたまらなかった。

Iと、長兄、魁偉《かいい》な長兄とは対象的に小柄な美しい嫂《あによめ》、そして、その長女で、Iとは四つしか違わない、女学校へ通っていた姪。……その少女はいつも、いろりの端にひっそりと座って、父の話を聞いていた。いろりの赤い火が、その白い円い額《ひたい》に、ちらちらと影をおどらせ、睫毛が黒々と頰の上に長い影をおとしていた。少年は、ラファエロのマドンナを思いだした。

『マリア・シャブドレーヌ』(邦訳・『白き処女地』)、そのころ、少年は、そうゆう題名の、フレンチ・

諏　訪　湖　地

中央手前に家屋の密集しているところが上諏訪の中心地。諏訪神社下社は右
甲斐駒・木曾駒・北アルプスなどで，名実ともに日本列島の背骨といってい

カナダ植民地の美しい少女の物語に夢中だった。その小説は、ある吹雪の夜、植民地の一軒の小屋の灯を慕って、森の中にふみまよい、生きぬくための凄愴《せいそう》な戦いの末、ほんの小屋の一足前で凍死していたルイ・エモンという少年の、背袋の中から発見された二つの原稿の中の一つだった。ルイは凍原の中を、永遠のマリアをさがしてさまよっていたのでもあろうか。

少年は、「田圃の中のいろりばたの少女」に、ルイの考えていたマリア・シャブドレーヌを発見したのである。少年は、蛇行する川の繁みや、ススキの中をさまよいながら、時々、学校から帰るマリアの姿を期待した。けれども、それは、ほとんどいろりばたの榾火《ほだび》のように、ちろちろと心の中をこがすだけであった。

マリアは死病にかかった。幾日か死と生の間を

田圃の中の村へ行く道にある石仏

左のはちまたの神，右のは道祖神と青面金剛である。

さまよった。少年は、毎日、無名の花束をとどけ、そして、ひそかに窓辺に祈り、そして泣いた。

マリアが死を越えたある日、少年はマリアの父に、その愛をうったえた。

Ｉの長兄は、大きな眼をギョロリとむいて、

「素人《アマチュア》学者はだめだ。おれをみろ、この家族の苦しさを。ちゃんとした大学をでたら相談にこい」

と、一言で、少年をつきはなした。

Ｉの長兄は、まったく生産的な何の仕事も手をつけなかった。そして、全国の同好者、さては専門学者たちが、その茅屋にやってきて、くって寝て、酒宴もした。そして、自分自身、旅行もした。その後のすべてを守り、子供をそだて、嫂は、その上に水田を作って全収入を稼いでいたのである。それでも、嫂は少年たちにすら、いやな顔一つみせたことはなかった。それが、また、少年にあの炉ばたを恋いしたわせるようになった一つの理由でもあった。

少年は、われにかえって、あたりをみまわした。

少年の家は何代もつづいた城下町の小売商で、封建制の上になり立っていて、その子は商売をついで、屋号を後につづけることだけが、使命と信じてちっとも疑っていなかった。中学より上の学校へ行く？　少年の家人は仰天《ぎょうてん》した。大変なことになった。まず、ブレーキが、少年の両親からかかった。それに、その昭和初年という時代は、日本自体が、にっちもさっちもゆかぬ、不況の泥沼にはまった最低なときで、満州事変の進展の、局面打開待ちの最中だった。田舎の小売商などが、子供を大学に送ること自体、だれが考えても無理なこととしか考えられなかったようだった。

しかし、少年は、すでにそのころ、学界へ調査報告をまとめて提出できるようにまで、成長していた。まだ若かった学界には、しばしば、こうした現象がみられたもので、当時の考古学も、そうした学界の代表的な例であったのだろう。しかし、それはそれとして、そうしたことが、面白くないはずがない。

少年は夢中だった。もちろん、学校の成績も考えないわけではないが、一度つかれた研究の魅力は、それが幼稚であろうとなかろうと、すでに問題のあり場がちがっていた。

高等学校への道はこうして、二重にとざされた。少年は、自転車で外商をしながら、遺跡をまわり、夜は物売台のカウンターの上で、その整理をし、報告を書き、夜がふけると、街の灯に溺れ、マリアの面影を求めて、さめざめと泣いた。

来る年も、駄目。

また来る年も、何かの故障がある。

こうして、学校への道はまったくとざされた。

やがて、少年のマリアは、何もいわずに、年長の医学博士に嫁ぎ、Iは八高から東大の化学へすすみ、「俺は生涯、君の持つ、夢を貴ぶよ」といって、故郷をでていってしまった。


後の話だが、Iは戦争中、北朝鮮の日曹の研究所で、鰯油から石油をとろうという、錬金術師のような研究にとりくんだまま死んだということである。

少年に生涯の啓示をあたえたIの長兄は、のちに社会党所属の長野県副知事になって、県中の農村・山村を走りまわった。その末に、感じたことがあったのだろう。その一切をあっさりすてて、日共の一細胞になったりしたが、日本中世史の一権威者として、今もなお健在である。そして、少年、その少年というのは、いうまでもなく、私自身である。

もう、私には、上の学校へいく必要がなくなったのである。

そのころ、私は一つの死につらなる想い出をもっている。昭和三年、同級生の家の大根畠から、骨の入った壺がでたというしらせをうけた。長野県岡谷市長地東堀、旧中仙道にそった土地と考えられる地点であった。

でてきたのは、灰釉の長い頸《くび》をもった壺の、その頸だけ打ち落したものらしかった。中には火葬された骨片と、灰・砂がつまり、上に恒武朝新鋳の隆平永宝一枚が入って、同じ焼成の高台つきの杯でおおってあった。それに小さな水瓶が一個伴なっていたが、まぎれもない平安初期から中期にかけての火葬墳墓で、もちろん、当時、長野県にはまったく類例のなかった貴重な資料である。私は完全に掘り採って、復原して、二階の物置兼土器室においた。

ところが、間もなく、私の可愛がっていた末の妹が病気になった。ほとんど、私の子守で育てられた少女である。私は命をかけて看病をしたが、妹はとうとう死んでしまった。父は早速、何やらの行者を頼んでおがませた。妹の亡霊がついたというその行者は、何と恐ろしいことに、「わたしには骨の怨霊がついている。何万巻とかの経文を上げてくれ」というのだった。

私はぎょうてんして恐怖した。何万巻とかのお経は金で片づけたらしいが、片づかないのは私のほうだった。とうとう、骨壺は、どうにももちきれず、上野の帝室博物館に、神林淳雄さんを通して寄託してしまい、私は私なりに、当時、最大の努力をかたむけて、愛妹の墓誌銘のつもりで、「隆平永宝を出せる蔵骨器」という論文を書いた。

その資料発見の件は、郷党の先輩、八幡一郎さん(現在、東京教育大学教授)にも報告しておいたが、やがて、未知の森本六爾《ろくじ》という人から手紙がきた。八幡さんは、私の少年期の縄文文化のレポートをいろいろと指導して下さっていたが、いままでと方面のちがう歴史考古学のもので、当時、雑誌『考古学』の主幹として、火葬墳墓研究の仕事の多かった森本さんに紹介したのだろうと思う。

くわしくいうと、その研究の報告を書いてほしいというハガキが、森本ミツギ夫人の筆で、五本きている。そして、この少年の原稿が送られて二日目、森本さんからは、まず電報がきた。アナタの原稿をみて感激したという意味である。つぎにハガキの速達、やがて手紙がきた。私の原稿が、みればみるほど良いものだということが、しだいに感激的に書いてあるのだった。それで、ほんとうに感激したのは、おそらく森本さんより、むしろ私の方だったろう。私はせっせと、森本さん宛、つまり東京考古学会の『考古学』宛に、論文や報告を書くようになった。昭和五年、二十歳のときである。

原稿を完成して送る、そうすると間髪《かんぱつ》いれずやってくる賞讃の言葉、私はそれだけで、充分すぎるほど満足した。当時、私と相弟子だった小林行雄(現在、京都大学講師)さんや杉原荘介(現在、明治大学教授)さんには、そんなことはなかっただろうか。

森本さんは、明治三十六年に、奈良県磯城郡織田村大泉の、農家森本猶蔵さんの子として生まれている。お父さんはやせた小柄な、鉄ブチの眼鏡をかけた顔のしゃくれた人で、理智的だった。お母さんは、肥った大柄な温かい感じの、愛情型の人だった。森本さんは、うがっていうならば、お母さんの体格とお父さんの性格ににていた。

大和三輪山《やまとみわ》を真向《まむか》いにみる、国のまほろばに育ったせいか、畝傍《うねび》中学に当時、日本考古学の鼻祖、高橋健自さんが、教師をしていた影響からか、大正九年、中学を卒業したころは、もう、かなりの考古学調査を手がけていたようである。畝傍中学卒業と同時に、小学校の代用教員になった。そして、三輪・香久《かぐ》山・都跡と各校を、それぞれ、一年ぐらいで変わっている。若い考古学者としての実力は、ほぼ、この代用教員時代の三年間についたものと思われるが、くわしい行動はわかっていない。

大正十年、森本さんは、考古学会に入会を申しこんでいる。その十月発行された『考古学雑誌』第十二巻第十号の会員動静報告欄に、奈良県磯城郡織田村大泉、森本六爾氏（直接入会申込）としてあるのが、今わかる最初の森本六爾という活字である。

この考古学アカデミーへの入会は、同じ号で、石田茂作氏（後藤守一氏紹介）、宮坂光次氏（山田保朗氏紹介）といったぐあいに、やはり、ある意味では厳然たる権威をもっていた。そこへ、奈良の田舎から、直接、十九歳の少年がのりこんでいるのだから、相当な意気ごみだったことがわかる。そのときには、すでに、翌年の『考古学雑誌』第十三巻第一・二号に掲載された「大和に於ける家型埴輪出土の二遺跡について」という長い論文は用意されていたのだろう。

それから、森本さんは、昭和元年までの五年間に、じつに四十三篇の論考および単行本二冊を、このアカデミーを中心に発表している。年内約十篇、これは、じつに大変なことで、現代ふうにいえばハッスルしていたのである。

その鋭材に目をつけたのが、考古学会の創始者で、当時帝室博物館および高等師範（現在の東京教育大学の前身）の実力者三宅米吉博士である。森本さんは、大正十三年四月、東京高等師範学校校長副手に登用され、歴史教室勤務ということになった。

いったい、なぜ、森本さんは、そのまま、官学にじっとおさまらなかったのだろうか。その辺の事情は、松本清張さんが「風雪断碑」というその代表作品にくわしく書いている。あまりに衒気が強すぎたとでもいうのだろうか。昭和二年七月には、有志を糾合して考古学研究会を創立して、雑誌『考古学研究』を発刊した。官学の中に、その外部を中心とした団体がくいこむことが、面白かろうはずがない。と思われるが、三宅博士は何も書き残されていないし、森本さん自体も、高師時代のことについては、まったく語るところがない。

この雑誌は三年、七冊で、つぎの東京考古学会による『考古学』にバトンを渡して、自然消滅になるのだが、発刊の言葉というのが第一輯にでているだけで、同人とか、スタッフなどは一度もでていないので、はっきりしたことはわからないが、通巻執筆者の、森本六爾・八幡一郎・坪井良平・

三輪善之助・直良信夫・榧本亀生・大髙常彦・樋口清之といった八人の名前からみて、まずまず、当時としては、最初にでてきた在野的色彩の強い研究会だったと考えていいだろう。

考古学研究会は東京考古学会に改組され、その機関誌『考古学』一巻が現われたのは、昭和五年一月であった。主幹森本六爾。そのときは、もう、完全に研究会の会誌でも、同人雑誌でもなくて、森本さんの個人雑誌の様相を呈していた。『考古学研究』二ノ四に、森本さんは会告として、つぎのようなステートメントを書いている。「本誌考古学研究は、発行所の厚意ある理解によって、凡《およ》そ這《この》種の学術雑誌の刊行の支障多きに拘はらず、かへって年四回を改めて月刊となし得るに至った。一大飛躍といはざるを得ないのである。しかも、編輯事務を除いて、雑誌の経営のすべてを発行所四海書房が、敢然として引受けられたことは、斯学進展のためとはいへ、深く感謝を表せずには居られない。……」

森本六爾氏
逝去されるわずか前，昭和10年秋，京都百万遍寿仙院にて。

昭和三年五月のこのステートメントにもかかわらず、実際の雑誌は、とんで四年六月に三ノ一がでて、その後も、実際には、月刊などまったく不可能に近かった。からくも年十冊刊にこぎつけたのが、小林行雄さんの献身的な努力が主力になった第五巻、森本さんのすでに晩年のことであった。この個人雑誌の苦しさというものは、やってみなければ想像もつかないきびしいものである。森本さんは、『考古学』のため一切の義理や人情らしいものを排して、非情に徹したようである。

かつての同志も、さっていった人、名前だけは残していった人など、若い有能な助力者も、意に満たないばあい、かんたんにすてられたりした。いろいろな新人が協力者に現われ、そして去っていった。

幾人ものなつかしい学友たちの名も、いつとはなしに消えて、そして、不思議と、ふたたび学界へ帰ってこなかった。

『考古学』二巻から四巻にいたる間に、編集の上でも、考えられるあらゆる手段が用いられた。編輯者言・同人欄・地方欄・地方支部欄・誌上出版祝賀会・時評・講座・その他、編集所日記まで登場してきた。しかし、その最後の、編集所の苦しさが、人々の心にしみとおっていった、ミツギ夫人の叙事詩のような日記が永続しただけで、他の企画、編集上のレイアウトは、じつに猫の目のように変わっていって、ついに、定型というものは生まれてこなかった。

森本さんの住所、すなわち、編集所も、同じようにしきりと変わった。麻布竜土町五九、小石川原町一二五、牛込矢来町一九、世田ヶ谷町久保一二七〇、青山南町六ノ一〇一、渋谷羽沢町九六と移り、発行所も、一時、谷木光之助さんが援助し、岡書院で出していたことがあったが、その他の長い発行は、ほぼ、森本さん夫妻の病身の肩にかかっていたようである。

森本さん夫妻の『考古学』維持のための命をかけた苦闘は、また別に、いずれ書き残されるべきものだとは思うが、こうして、それを書き綴らなければならないのは、青銅器の本質探求にかなり重要な役割をはたしておられるからである。

森本さんは、その生涯、昭和十一年一月二十二日に鎌倉で、三十四歳の生涯を終るまでに、じつに二百篇の論文・報告と単行本をだしている。亡くなる前々年の九年には、年間、じつに三十三篇という発表数で、これは、実際に書いてみるとわかるだろうが、驚異に近い大変な努力である。

森本さんの初期の研究は、ほとんど古墳時代の研究が主体で、やがて、上代火葬墳墓研究、つぎには青銅器の研究と、しだいに、その主題がおきかえられていったようである。そして、やがて、この森本さんの青銅器の研究自体も、大きな壁に直面してしまった感が強かった。

ここまでは、明治いらい、いろいろな青銅器の研究者が、完全に近い形式分類をみながら、そのじつ、本質については、一歩もふみこめない厚い壁に逢着して停滞してしまったのと、まったく同じケースだったとも思われる。

ところで、森本さんの特記していい功績といえば、その青銅器研究の打開点を、弥生式土器・石器に求めて、ごういんに局面を展開させた点にあるといっていいだろう。

もちろん、弥生式土器・石器を研究の対象として選んだ学究は、それまでにも、数かぎりなくいた。しかし、それは、いつもたんに土器あるいは石器としてであった。森本さんの把握は、青銅器を生み出した社会の、最低の基盤としての弥生式生活にあったのである。

珍らしい青銅器を、いくらあさってみたところで、それは駄目だ。それを欲し、それを使わせ、そして、それを作った文化の本質が明らかにされる、この方が、先決問題なんだ。森本さんはそう考えたのであろう。その根底にひそむもの、それが、弥生式土器であり、石器なのだ。

森本さんは、昭和五年『考古学』を発刊したころから、弥生式土器と青銅器との握手については、かなりはっきりした理念をもっていた。このことは、「長門発見の一弥生式土器、その青銅器との関連[九]」という論文に明らかだったが、昭和六年、パリ留学中の一年に、つくづくと、日本考古学の行き方を客観して、その着眼は、いよいよはっきりした形をとってきたもののようである。

青銅器の秘密をとくには、何より弥生式土器を追え、すべての謎は、弥生式土器が語ってくれる。しかし、宿痾《しゅくあ》に追われて、すでに長くない生命の日をさとられた森本さんは、やはり、先を急がれたのであろう。弥生式土器の編年や地方的な移衰の問題は『弥生式土器聚成図録』という計画だけを布石において、そのまま つきぬけ、直接、弥生式土器の語る、日本初期水稲農耕生活の様相につっこまれた。その辺の事情については、遺著『日本農耕文化の起源』所収の諸論文が、そのことごとくを語ってくれるだろう。

それは、後の話として、森本さんの昭和八年の『日本原始農業』の編集はこうして始まったわけである。

ところで私は、小林行雄君に教導されて、雑誌『考古学』には、一巻からの、ほとんど常連のような執筆者の一人になっていた。しかし、それはほとんど通信上の交渉ばかりで、直接にはあまりしらなかった。

心のマリアを失なった私には、もう考古学も、かなりうとましいもので、登山やスキーなどで鬱《うっ》憤《ぷん》を晴らし、酒もおぼえていた。いまだに保管してあるこのころの森本さんや小林君の書翰を読みなおしてみると、あの二人の先輩が注いでいた考古学への情熱のすさまじさにたいして、まったくチャランポランで、いいかげんだった自分が、穴に入りたいほどはずかしく感じる。

そんなころのある夜、私はふと出奔して奈良へいった。いろいろな事情があったが、要は、生活の局面を打開したかったからである。登大路の床屋へ入って、山から持ってきた垢をおとしていた。なぜ、家出先を奈良に選んだか。それは奈良の仏たちに見入ることが、最後の救いになるだろうと思ったからで、それが、絶望だったら、死ぬ気でいた。山へ入ってしまうつもりが、方面をかえたので、支度は山のぼりだった。床屋に入ると、隣の椅子にすわった男がいろいろ話かけてきた。私は骨董屋だが、山が好きだという。やせて背の高い、色の黒い男だった。私は何となく、その男の家におちつくことなった。猿沢池畔の名物奈良茶飯の柳茶屋だった。

私は一日中、古い仏たちをながめて、あきれば公園の芝生へひっくりかえって、遊山にくる京阪の女たちの美しさを満喫してくらした。

ときどき、主人が、大きな出土品らしい骨董の荷をしよいこんでくる。私は、それを勘で、いいとか、だめとかいえば、主人はひどく満足してかえっていった。大部分は瓦で、ときどき、百万塔や、勾玉《まがたま》、埴輪《はにわ》、須恵器《すえき》、弥生式土器などもみさせられた。主人は主人なりに、それで、居候《いそうろう》のソロバンはとれているらしかった。

私には奈良王朝の仏や寺の背後にあるものがみえだしてきた。

生《な》まの朱と緑、あるいは金ぴかの、つくられたばかりの伽藍《がらん》と、けばけばしい極彩色の壁画や、チンドンやのようにぬり立てられた塑像《そぞう》仏は本当に美しかったのだろうか。われわれの美しいと感じているエレメントのすべては、本当は当初の造られた精神ではなくて、頽廃からくる郷愁の中にある美しさではないだろうか。とすると、本物は何んだ。そこには、色と形と大きさからくる民衆への威嚇《いかく》だけが残るのではないか。

私は三笠山から若草山、それから雪解野の辺を、鹿を追って、毎日かけめぐった。そういう民衆の生活もあったはずだ。そして、結局、到達した結論は、より高い、底辺ならざるものは、その時代を代表するものではないということであった。

この大和のまほろばと、泥をこねた人・鹿を追った人たちとの基盤が、唐の文化を受けいれる唯一の偉大な母体だったことをしった。

私はふたたび、考古学へもどった。そして、神戸にいるはずの小林行雄君を思いだした。

小林君の強い学問的な刺激は、私にとって、まるで、気の遠くなるほどの高度のものだった。私は、東京へいって勉強しなおす決意をした。しかし、柳茶屋の方では、私を養子にほしいといいだしたので、私は奈良でも夜逃げをしなければならないことになった。私が、なぜ、こんな意味のないプライバシーを長々と書きつづけるかというと、それなしでは、「鐸」への私の追求の経過がでてこないからである。

東京へでた私は、下谷（台東区）東黒門町の竜東館という安宿に下宿して、毎日、上野図書館へ通い、手にはいらない銅鐸報告書類のコピーを始めた。私の生活費は月最低十五円で、今はいいたくないが、さまざまな金をつくる方法を体験した。毎日、上野「永藤」（ベーカリー）のゴミ箱にすてられるフランスパンの硬くなったのは、私のもっとも好きな食物の一つだった。しかし、辛棒《しんぼう》にも限度があって、とうとうがまんがならず、森本さんをたずねた。もちろん、適当な職業の斡旋《あっせん》を頼みにである。今いうアルバイトくらいは世話してもらえる期待をもっていたのである。

森本さんの家は、渋谷羽沢町九六の、立派なお屋敷街のなかのやや小さい一軒だった。そのときの情景を、かって、私はつぎのように書きとめている。

「忘れもしない昭和八年十月一日、私はよれよれの袷衣一枚で、渋谷羽沢の森本さんの宅の門をまたいだ。ちょうど、氏は玄関をでるところで、これから東大の人類学教室へ講演にいくから、一緒にいこうと、私が何一ついわないうちに、つれだって通りへでた。森本さんは黒ダブルの背広に、茶のベロアの帽子、心持ち左肩をあげ、カッカッと、フレンチ型の靴で、ペーブを鳴しながら、高樹町の角までくると、おもむろに肩をいからせ、ステッキをあげてタクシーをとめ、浩然とした声で、「赤門」と命じた。

車の中では、今日の東京人類学会の講演『大和の高地性遺跡と低地性遺跡』の、古い低平地の弥生遺跡が、新しい高地性遺跡にはい上ってゆく原始農業集落の様相を、早口に論じはじめた。突然の私は、であいがしらに機関銃を打たれた思いで、何が何んだかわからない。私はそっと顔をまげ、窓の外の風のように流れていく街々をぼんやりながめ、そして、まず食うことだとひたすら思い、そんなことはどうでもいい、おれは仕事の世話を頼みにきたんだと、いく度もいいかけてやめ、この赤門行を迷惑に思った。しかし、森本さんはしさいかまわず、ぐっと正面をにらまえ、ときどき眼鏡をすり上げながら、ステッキを握りしめて話しつづけていた。

古い赤煉瓦の人類学教室は、着流しに、チビたセル張りの下駄をはいた私には、およそ居づらい場所だった。私はガタビシャと下駄を鳴らして、一番後の席に腰を下ろした。

壇上にたった森本さんは、低い含み声で、後向きに、奈良県の地図を、しきりとつつきながら、懸命に説明していたが、話は下手中の下手といってよかった。「私はこうして話していても、初めは、一応の仮説として、青銅器を育てた弥生式水稲農耕社会の発展を説明するつもりであったのが、もはや、私の頭の中では、完成した定説に育ちつつあるのをとめることができない」と、力説したが、そんな話は考古学者たちのなかに反感をよぶだけで、さしたる賛成者もなかったのはもっともなことだった。ただ、一番後の席で、セル張り下駄を一杯に足膏ですべらせながら、終りには、爪を噛んでのりだしていた私だけは、空腹も忘れて、自分の道をききだしている思がした。

その日から、森本さんの弥生式文化論の論文書きがはじまった。奔流のような速度だった。

私も女中部屋の四畳半に罐詰になり、一つの課題をあたえられた。大橋八郎氏蔵、伝讃岐国発掘鐸の、有名な六区画表裏の銅鐸画の拓本があたえられて、それで「銅鐸面絵画の原始農業的要素」という論文を書き給え、という半命令だった。私はいく日も、その拓本を壁にとめて、ながめつく

大橋氏鐸

香川県出土と伝えられる。特に表面にえがかれている原始絵画で有名。

した。私は、暗号よみか、絵文字ときのように、あらゆる変わった方面から、その絵解きにかかった。そして、とにかく、三日間で、命令の題名の論文を書き上げ、それは、『日本原始農業』の中に、私の論文の一つとして、活字になった。

こういう論文のでき上り方が、いいとか悪いとかいいたくて、私はこの話を書きとめているのではない。由来、私の頭の中で、「銅鐸の祭は農耕の祭に関係あるものだ。」と考える原因になったことを記憶のうちに留めておいてほしいからである。

そのとき、銅鐸絵画として列拠した資料は、

(1) 伝讃岐出土大橋八郎氏蔵八区画袈裟襷文鐸

(2) 越前井向出土富田重助氏蔵の袈裟襷文鐸

(3) 岡部直景氏蔵の流水文鐸

(4)　伯耆泊出土山下元市氏発見の流水文鐸

との、計わずかに四口であった。

私の抽出によれば、四例中、農業図、すなわち、臼杵による脱穀の図が三例あり、つぎに家屋の、図、それも、高床の倉庫、おそらくは穀倉の図が二例。つぎは狩猟の図、これは類例がかなりに多く、農耕生活における狩猟の意義の大きさをまざまざとみせてくれるものといえる。

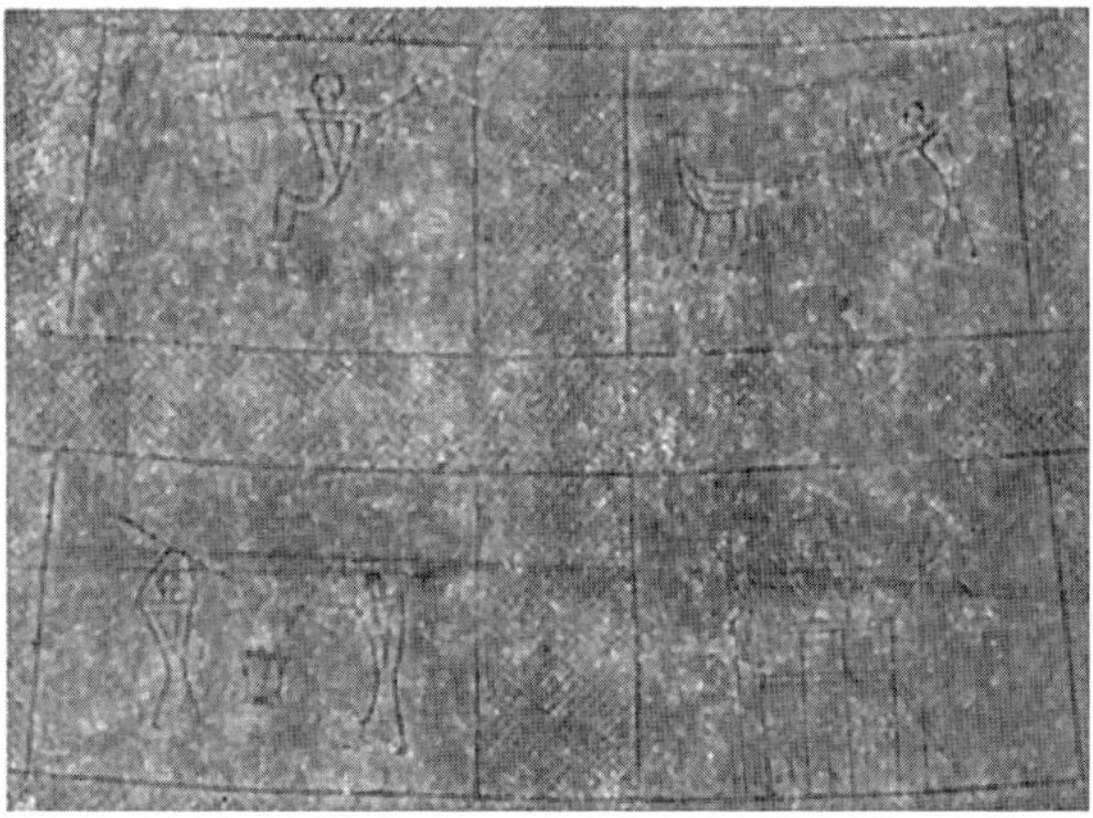

銅鐸絵画の例

大橋氏蔵の鐸。この図柄は狩猟・農耕を表わすものとして，銅鐸の絵画中でももっともポピュラーになっている。

以上にあげた類型以外の絵画のほとんどが、自然動物の画材である。この点、動物の種類の認定は、もっぱら、直良信夫博士の「銅鐸の動物画」[三]によるところであるが、シカ・イノシシ、鳥類では、ツル・ガン・カモ、魚類では、コイ、その他両棲類のカエル・イモリ・カメ・スッポンなど、その大部分は淡水に強く密着したものばかりだそうである。さらに博士は、虫の類でも、ヒョウタンムシ・カマキリ・トンボ・クモ、あるいはカニなど、いずれも水辺またはそれに近い草原で、しかも、もっとも季節的に集中されているのは秋であるところから、すべてが、秋の農耕収穫に関連性をもった行事に、この銅鐸は関与したものと説明された。

さらに、この銅鐸などというおそろしいほどの稀品には、まだかつて手もふれたことのない私の苦しい熟視は、いま一つの連想を生ませた。

それは、エーゼンシュタインの、モンタージュ画面理論の影響による、ニコライ・エッグなどの不連続画面による映画連想の構成である。私は、この表裏六コマずつ、計十二コマの画面による連想反応を、いろいろに試験してみた。秋というテーマ、食物というテーマ、トーテムというテーマ、戦いというテーマ、上陸というテーマ、生産の変転というテーマ、などを試験的に考えてみた。

それは私の小篇の結論として、それなりに情熱を持って書かれた内容であったが、本文では、けずられて活字にはならなかった。

その論考は、以上のような偶然的事情によるもので、もとより、学術的意義の薄いものではあるが、銅鐸究明のための一つのメルクマールとなったことは事実のようである。

三　さまよう銅鐸の研究

そうしたことで、私はこの不思議な遺物、銅鐸の究明こそ、「わが生涯の仕事」と考えるようになった。銅鐸さえはっきりわかれば、弥生時代の青銅器の実態はもとより、日本古代史のうちのかなりの部分がはっきりするだろう。

しかし、そこには、たたいてもなぐってもびくともしない、いくつもの壁があった。まず、銅鐸それ自体、手もふれることのできないガラスケースの中にあった。一アマチュア少年など、ただ博物館のあるいは陳列館のガラスに、額《ひたい》をつけて見入るいがいに方法はなかった。銅鐸を研究させてほしいと申しでたところで、かんたんに聞きいれられそうもなかったし、なお、それより、自分たちが手をつけるべきものでない、高所の学究たちの対象物のようにも、おもえるのであった。

その第二の壁は、じつに、梅原末治博士著『銅鐸の研究』[六]であった。もう、その業績が世にでていらい、銅鐸について物をいうことなどは、ばかばかしいほどに、大変な勇気がいったのである。私などは、それであるなしにかかわらず、同じ文化につらなる、弥生式土器の研究にでも、途《みち》を見出すしか方法はなかったのである。

そうだ、銅鐸出土地の調査がある。それなら、自由にできる。わたしは勇躍した。

まず、和歌山県下秋津村矢矧鐸の遺跡岩倉山、[一五〇] 大阪府高安村の恩智鐸にかかわる鷹之巣遺跡、大阪府川西村栄根鐸の加茂遺跡など、鐸の発掘地点が明確で、遺跡をともなう例を追求した。そして、前に話した崇福寺鐸の調査[一二〇]でいきづまり、それで完全になげてしまったわけである。これも、やっぱり壁は厚かったといってよかった。

私は銅鐸の追求を、あきらめざるをえないことになった。事実、調査に手をつけてみると、昭和までの日本における銅鐸調査のすべては、昭和二年七月上梓の、大岡山書店発行、梅原末治博士の大著『銅鐸の研究』資料篇・図録篇の二冊につきているようだった。

ところで、三百部とかぎり、定価三十円をうたうこの大著は、喜田貞吉博士がその序文ではっきりいってるように、石橋をたたいて、そうしてわたらなかった研究である。百余個の銅鐸の実例を、その出土地、畿内《きない》・東海道・東山道・山陰道・山陽道・南海道・出所不明および海外在鐸とにわけて、一つ一つの出所状態、その他、形式などをくわしくのべたものであるが、論考というものはほとんど一つもなく、すべて事実と信じられることだけの記述でいっぱいである。

したがって、天智天皇七年より大正年間にいたる銅鐸の発掘資料としては、一冊で、まったく完璧で、これ以上の何ものも、おそらく付加すべきものはないだろうと思われる。昭和年代の銅鐸研究は、また、すべて、この業績を土台に出発すべき性質のものであった。

もちろん、それは、それで結構である。けれど、同時に、また、銅鐸は一向に何ともわからない代物《しろもの》だ、手をつけてみたところでやりようもない、という考え方の出発点にもなってしまったもののようである。

梅原博士は、この本の二冊に、はっきり資料篇と図録篇とを銘記しておられるのだから、あるいは、今もって、未完の論考篇も考慮のうちにおかれているのであろう。とにかく、かの博覧強記の努力家たる博士をしても、この論考篇が未完であること自体、やはり、銅鐸が銅鐸たるゆえんなのであろうか。

それはそれでいいとして、実際には、資料篇だけが永遠の業績として残るという、学問としては本当に望ましい、いかにも博士らしい慎重な学術良心が、はからずも、研究にブレーキをかけたとしたら、学問の本質的課題として、いったいどういうことに考えたらいいのだろうか。

『銅鐸の研究』の序文で、坪井九馬三博士も喜田貞吉博士も、じつにのびのびと、いいたいことをいっている。『銅鐸の研究』がでるまでの、銅鐸の研究は、みなそうであり、また、それでよかったのだろう。もとより、学説として、いくばくのものが残りうるか、それはわからない。しかし、それだけ、考え、しゃべっただけ、そして、その論説が討ち死したエネルギーだけ、研究は前進していたわけである。ところが、もっとも初期の沼田頼輔《らいすけ》博士の『銅鐸考』から、『銅鐸の研究』は、いったい、どれほど進歩しているといえるだろうか。ただに、確実に資料が集められたというがい、じつは一歩も前進はしていなかったのである。

それでいながら、この前後十年の博士の採訪旅行の結果に結実した資料集を前にしては、ほかの研究者のいかなる学問的アイデアも、まったく、何一つの論説も、でてくる余地はなかったのである。梅原博士の業績は永遠に残り、学説は涸《こ》欠せざるをえないことになったのである。

事実この尨大《ぼうだい》な資料を握る梅原博士が何の論説もないのに、その資料を使って何がいえるだろうか。碩学故後藤守一先生すら『銅鐸に就いての二三』なる論説の冒頭において[16]、つぎのように述懐している。「銅鐸の研究は今日梅原末治博士の鋭意努《つと》められるところであり、同君はすでに『銅鐸の研究』の編述を完成されている。でもこれは資料編のみであり、考説篇は今おそらく準備されつつあるであろうが、ともかく、学界の仁義からいえば、銅鐸の研究は梅原君によって完成を期待すべきであり、われわれは責任のない御託《ごたく》をならべていてよいと思う」

完全に近い資料集成が世にでて、諸家論争の説は、ピタッと後をたってしまったのである。説というものは、学問にとって何でもない、無価値なもので、考古学とは、たんに資料を蓄積してみせるということだけが目的ということなのだろうか。または、やっぱり、学問の進歩ということよりも、仁義というものが尊重されるべきだったのだろうか。

といってみたところで、私の追求もいうまでもなく、博士の業績から出発して、行きどまりにあたれば、またそこへかえり、進めばその後を吟味することであろうと思われる。事実、それよりいたしかたはないのである。

博士の銅鐸分類を同書一八頁より表示してみれば次のとおりである。

第1類
- 大きさ七・八寸
- 肉厚手
- 帯黒色
- 上側面の双孔
- 底縁の凹入共にないもの多し
- 特殊の横帯文

第2類
- 大きさ一尺五・六寸
- 鈕は兜形
- 鐸身は扁平形
- 第一型　流水文
- 第二型　袈裟襷文

第3類
- 大型品多し
- 鈕が小判形
- 身は円筒形に近く高さ広さに比して大
- 薄手の鋳放し
- 技巧優れる
- 第一型　鈕に三個の渦文飾の耳あり
- 第二型　飾耳なく底部やや横張る

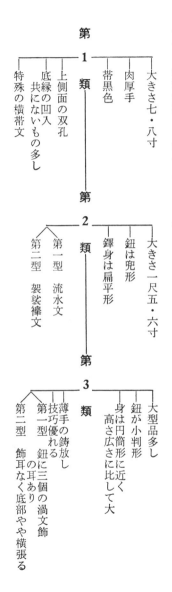

すでに、梅原システムより古く、銅鐸の形式分類の試みは、たくさんの学者によって行なわれていた。銅鐸追求の学問的な基礎工作である。鳥居竜蔵[三〇・五七]・沼田頼輔[一八]・喜田貞吉[三五]・高橋健自博士[三一]ら、日本考古学創始期の諸先生は、梅原分類の前提的役割をはたされたのであるが、それらの文献は、どれも、すでに稀書であって、原典にはあたりにくいが、幸いにも最近、三木文雄さんが、それらのすべてを表示してから、紹介批判しつつ、形式分類としては、ほぼ完璧に近いかと考えられる八分類法を『日本考古学講座』四巻・二一七頁、[一九九]『図説日本文化史大系』一巻[一五五]『日本考古学辞典』[三二四]などに掲出された。

　三木分類は、国立博物館蔵品という、かなりととのった資料を中心として、形態と装飾の変

菱環鈕横帯文鐸

右兵庫中河原，左同神種出土。ヒレはまだ発達していない。この形式が最古式の銅鐸ということに，議論はほぼ一致している。左の鐸の文様は後に重要な問題を提起する。

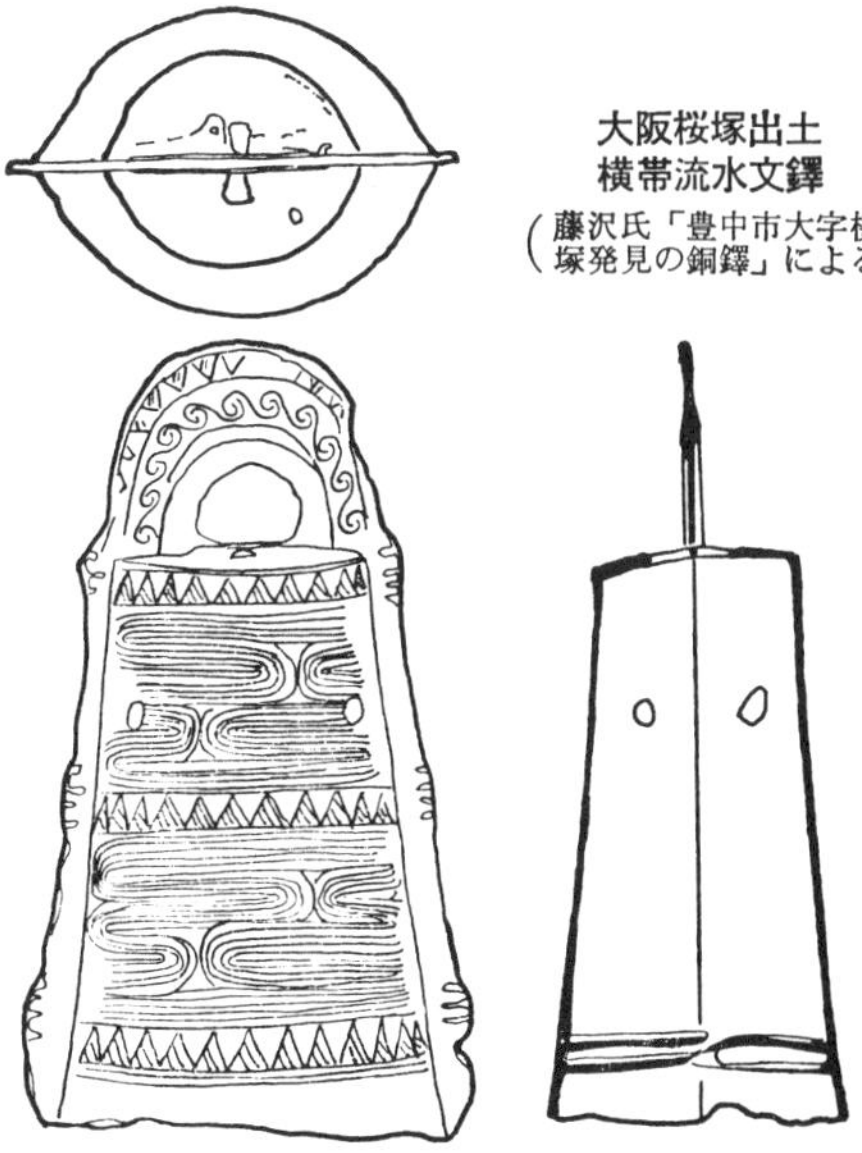

大阪桜塚出土
横帯流水文鐸
（藤沢氏「豊中市大字桜塚発見の銅鐸」による）

化を中心に、つぎの八式にわけられている。

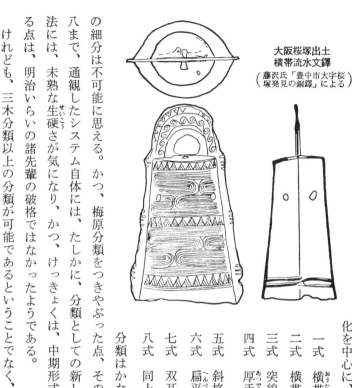

一式　横帯《おうたい》特殊文　　最古

二式　横帯流水文
三式　突線縦横区画内流水文　　前期

四式　厚手《あつで》の斜格子平帯縦横《ななめごうしひらおびじゅうおう》四区画文《よんくかくもん》
五式　斜格子平帯縦横帯六区画文　　中期

六式　扁平薄手《へんぺいうすで》の斜格子平帯縦横四区画文
七式　双耳ある突線縦横平六区画文
八式　同上耳無　　最新

分類はかなり精緻《せいち》であり、まず、これ以上の細分は不可能に思える。かつ、梅原分類をつきやぶった点、その意義は大きい。しかし、一から八まで、通観したシステム自体には、たしかに、分類としての新しさはあるが、分類の基準の表現法には、未熟な生硬《せいこう》さが気になり、かつ、けっきょくは、中期形式をふくめて、三時期編年法である点は、明治いらいの諸先輩の破格ではなかったようである。

けれども、三木分類以上の分類が可能であるということでなく、もはや、銅鐸分類はこれまでで、まず、これいじょうにもっていく手だてはあるまいと思われるのであって、つまり、形式的研究の大きな壁に直面したわけである。

さて、そこで、三木さんは森本分類をつぎのように批判しているが、この対比はたいへん面白い。

「森本六爾《ろくじ》氏はこれまでの形式分類の基準が、画一性を欠くことを指摘し、本質的で、普遍性のある鐸面の区画文をとって分類の基準にし、歴史的必然性を求めようとされたわけである。森本氏は、区画内の有文類と無文類を、A・Bに大別し、その二つの部門内に、それぞれ三つの型を考え、結果は二類六型としたわけである。

和歌山向山出土の突線文鐸

大型薄手・精巧・突線文・小判形の鈕・飾り耳などが特長である。

こうして、第一期の横帯文期を古拙式に、第二期の定型文の発達した時期を、定型式に分類して、横帯流水文と縦横帯文とを包含させている。ついで、第三期の突線帯文期を精巧式として、これも同様に、突線帯流水文と突線帯区画文とをふくめられた。」

ここで、三木さんはその分類を評して、「きわめて合理的にみえるこの分類も、銅鐸を形式的に把握したとはいえない」といっている。

三木さんのいうように、森本分類が、まず、鐸の表面の区画、その中に描《えが》かれているもの、という属性で、類別しているのは、形式分類の画一性からいえば、たしかに、おかしいだろう。その意味では、三木分類は形式上では完璧であった。ところが、その分類からは何も問題は伸長していかなかった。分類法からみて、不純な条件の介在した森本分類が、その不純物、銅鐸絵画という点で、そのあるものと、ないものとの差は大きな問題となってのびていく日のあることを、森本さんは予測していたのではないかと思われるふしがある。最近では、小林行雄さんが、森本分類、すなわち、横帯文式・定型文式・突線文式の三分法を踏襲しているようである。

考古学で、形式が、形態・文様を中心に分類されていくものであることは、すでに常識である。しかし、形態や文様のほかにまだ機能（働き）という一つの性格があるだろう。しかし、形式分類の上からは、いつも属性と考えられているこの機能が、形式分類の上に参与して悪いというはずはない。形態・文様によって形式分類が行なわれることの妥当性は、いうまでもないが、それに機能性を付けくわえて考えるのは、いけないことだとは思えない。

それは、考古学の分類のすべてにいえることであるが、今はそれまでとして、森本さんの考えた銅鐸の表面の空間部に何か鋳出されているのと、いないのとの相違は、末々まで重要な着想として残ることだろう。

けれど、もう、銅鐸は私にとって無縁なものになったんだ。そんなことはどうだっていいじゃないか。もう、銅鐸に手をだすのはやめよう。

そんなことを考えながら、私は旧石器や、縄文文化の研究に精をだした。だいいち、私のフィルドは、銅鐸とは縁もゆかりもない、信州の山奥、諏訪湖のほとりに、かぎられてしまったのである。

久しい忘却があった。

やがて、一つのできごとが、私をまた銅鐸の方へむかせた。

それは、あらゆる梅原銅鐸的なものをつき上げて、銅鐸の本質にせまる画期的飛躍だった。昭和三十五年に現われた『世界考古学大系』二巻「銅鐸の鋳造」[三〇三]と『図説世界文化史大系』日本I「銅鐸文化圏」[三〇四]なる記事に現われた佐原真さんの紐《ちゅう》（つり手）の形状による分類法である。

鐸《たく》が字義のように、大鈴であり、もともとつり下げて、ゆすり鳴らす道具としたなら、つるし下げられる吊手《つりて》「鈕《ちゅう》」こそ、もっともその本質的に器能を左右するものであるだろう。

鈕は、はじめ断面菱形で、まさに吊手にふさわしい形をしていたが、しだいにその部分の装飾的意匠《いしょう》が発達し、つり下げるためにはまったく不必要な、というよりは、つり下げることのできない装飾板にかわってくる。

それは何を意味するか。もちろん、本質が変化するのである。ここで、考古学遺物の分類法として、形態より文様より、もっと本性的な意義を持つ基準が一つ登場したわけである。森本分類による区画内の文様有無の区別とともに、機能による分類の一例として重要視されなければならない。

佐原さんは鈕を基準に、銅鐸を四つに分類した。

(1)　菱環《りょうかん》鈕式

(2)　外縁付鈕式

(3)　扁平鈕式

(4)　突線鈕式

である。

いますこし、佐原さんの説明をかりると、つぎの通りである。

菱環鈕式　高さ20〜30㎝のものがおおく、厚手。身の文様は横帯文か四区画袈裟《けさ》襷《だすき》文がみられる。鰭《ひれ》は施文の余地のないほどせまい。

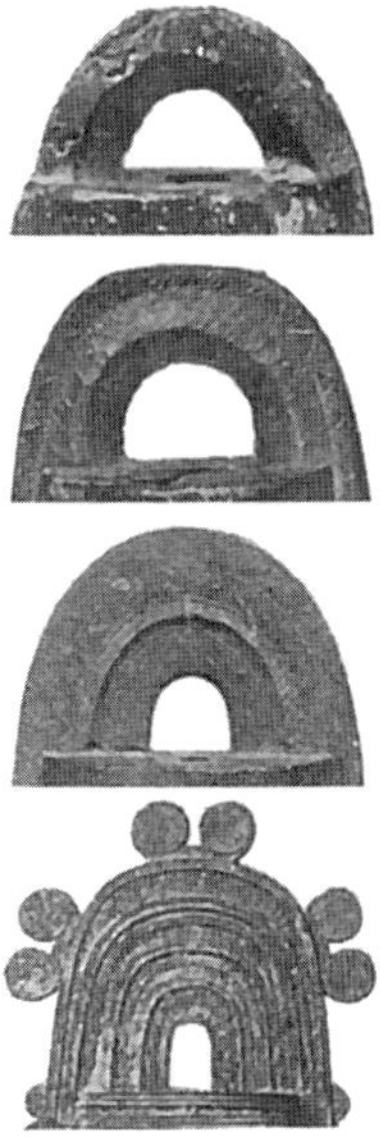

鈕による佐原分類
上から菱環・外縁付・扁平・突線の各形式。

外縁付鈕式　高さ20〜30㎝前後、菱環鈕式よりやや大型化。厚手。身の文様は二・三区画流水文か、四区袈裟襷文。かく部分を通じて、まだ装飾の方式が確立していない。鋳損《そん》じた部分の文様はタガネの刻線で補修している。

ところで、鈕の内面凸帯——ふり鳴らすためには、この凸帯が必要である——に磨滅痕のいちじるしいのは、この菱環鈕に外縁がついた、外縁付鈕式のときまでである。すなわち、ふり鳴らす鐸の機能が、まったく違うものにかわっていく時期である。（この意見は後に大きく発展する——筆者註）

扁平鈕式　鈕は扁平の板になり、かつての菱鈕は、一本の凸線となって中央に残る。高さ30～60cm前後、薄手。身の文様のうち、流水文は、全面一区の構成にかわり、袈裟襷文のほうは、いままでの四区画のほかに、六区画によりはなやかに飾られてきた。

やがて、中部地方でも作られるようになり、三遠式などといわれる、装飾文の地方色がはっきりしてくる。

突線鈕式　高さ50cm以上、1mをこえるものもある。鋳ばなしの大形品。鈕はもう鐸身の三分の一に近い、小判形の完全な飾り板になった。扁平鈕の外周、および身の施文は、帯の外側の境界から、いくつかの突線で、区別して飾られるようになる。はじめは、四区画袈裟襷文や流水文も使われていたが、まもなく、並列した六区画袈裟襷文のみが愛好されるようになった。

扁平鈕式にみられた地方色は、新しい一群に、より古い二・三群の特徴が組みいれられつつ統合され、ついには、近畿式とよぶ、六区画突線文鐸——小判形大鈕に、三個の双頭渦巻《うずまき》文の飾耳をつけた形式が、東瀬戸内地域で成立し、近畿中央部で発達したもようである。

ここで、必然的に、銅鐸はつるしてふり鳴らされた道具から、途中で、おかれてみる道具にかわったという事実が脚光をあびることになったといえるだろう。

これは、いうまでもなく、研究史上、特記に価いする飛躍である。

銅鐸とはどんなものであるか、という分類法に正面から相対する、銅鐸は何だったのだろうかという分類法であるともいえるだろう。

私は、ふたたび銅鐸を考える気になった。今度はいける、きっとかなりなところまではいけるだろう。佐原さんの分類で、一つの突破口はできたのだ。うまくいくと、あの、私の生涯に大きな暗示をあたえた言葉の秘密にいけるかもしれない。

ここで、私は、まったく放棄していた勉強を、またはじめた。それには何よりも、先学のみなさんの残したところまで、復習をさせてもらう必要があった。

扁　鐘

これは周末の蟠螭文(ばんちもん)の扁鐘である。

まず、その誕生についてであるが、梅原博士の『銅鐸の研究』の序文に、奇しくも、二人の先生の対立した意見が掲載されている。

坪井九馬三博士は、アンナン奥地のモン・

クメール族の土俗よりおして、この民族のもつ文様と、漢民族のもつ扁鐘の形態とが、朝鮮半島の大同江付近で結合して、銅鐸の祖型（もとの型）をなしただろうという意見で、論理的に多少飛躍はあるが、結論的な見通しとしては、案外に新鮮なものをふくんでいる点は後述するとおりである。[四六・五六]

喜田貞吉博士は、梅原博士の慎重な学術態度を大いに賞讃しながら、一方やっ気となって、かなり飛躍的な意見を書いている。その長い序文を簡約すると、銅鐸はわが国古説話のうち、天日槍《あまのひやり》伝承に現われた、大古半島から大挙移住してきたといわれる秦人たちの、唯一《ゆいいつ》の遺物であろうという考えである。[三五] これもいうなれば、秦人を媒介者として、朝鮮半島経由、中国古銅器文化の末端現象を考えている点では、坪井説と大差はない。

このように、古代中国の扁鐘から出発したものだという考え方は、かなり一般に信じられていた。なるほど、岡山県足守や、広島県福田木ノ宗山発掘例などの、かなり古いと考えられている横帯文の鐸身に、悪霊をはらう威力をもつ古代中国の怪獣の目のような文様がつかわれている点、鳴りものと考えられる点など、もっともな考察かとも思われた。しかし、鐘はあくまで、外からの打撃によって音響を発する打音器であって、銅鐸とはその点まったく同じとはいえないし、吊手《つりて》も、扁鐘は棒状把手で、まったくちがっている。扁鐘にはある身の乳《にゅう》が銅鐸にはないという理由から定説とはならなかった。

つぎに鳥居竜蔵博士は、華南地方の苗《びょう》族間に遺存する、銅鼓《どうこ》の影響を主唱されていたが、これも、

ドンソン文化期の銅鼓
右インドネシア・アルル島
左タイ出土。
苗族の銅鐸もこれと同じと考えられる。

直接の関連を考えるには、あまりに遠隔にすぎるという理由で、学界のいれるところとはならなかったようである。[三〇・五七] ただ、後藤守一さん[一七]と大場磐雄さん[一〇]の両碩学が、双方とも、直接の関連は無理というほかないが、周の扁鐘を遠祖とした、東方倭人の銅鐸と同様な意味で、南方苗族の銅鼓を考えていいのではないかという発言があった。
　また銅鐸論の始祖、沼田頼輔博士も、天日槍伝説の一族をこれにあてられ、いわゆる但馬民族をもって、銅鐸製作民族と考える説を発表されたこともあった。[一八・一九・三八]
これに反し新しい最近の研究は、どれも、上代日本人説に帰着したもようで、梅原博士は、ほぼ古墳時代初頭の人々で、前方後円墳の築造者に、擬せられたこともあった。（六四）後藤守一教授は、これをさらに進めて、大和朝廷の根幹をなす人々が、銅鐸使用者であろうとまで限定して考えられたようである。（六二）

こうした研究初期の論争は、たいてい、一人一説の華々《はなばな》しさで、相ゆずらぬ論戦となるのが普通である。しかし、ここに、東夷説を提出された藤田元春博士が、諸賢の論じているのは、文化の類似であって、人間の類似ではないというのが、はなはだしく光って感じられる。（六五）

これを契機に銅鐸の研究が文化形態学的見地にかわってきたようである。滝遼一博士は、鐸身断面の、円から楕円への移行現象をとらえて、西方系の正円鐘から、北方支那的な扁鐘への影響の移行を考えられている。（六六）

大場さんは右につづいて、中国の古銅器に、その起源をおくことは決して無謀でなく、朝鮮発見の小銅鐸は、その契機ともみられないことはないのだから、私は中国古銅器の異形化と考えたい。おそらく、華南の銅鼓もまったくおなじいき方で発生したもので、南方へ入っての異形化だろうと思うと述べておられる。

そしてさらに銅鐸の分布が、山陽道、瀬戸沿岸から近畿にかけて古式と思われるものがあり、かつ、九州が分布圏外にあることは、移入および伝播の経路を示すものではないだろうか。というのは、鉾《ほこ》と剣が、九州へまず入ったのにたいして、銅鐸は最初瀬戸内、ついで東方へ伝播したのではないかと疑えるふしがあるからである。しかも、弥生式土器の地方相が、中国地方から中期の櫛目《くしめ》文土器が盛行して、東漸すること、それは、ちょうどこの銅鐸分布圏の移衰と一致するものと思われるとのべておられる。この大場発言は、昭和二十三年で、九州に鐸がないというのは、必らずしもあたってはいなかったが、推論としては、たしかに注意すべきものだった。

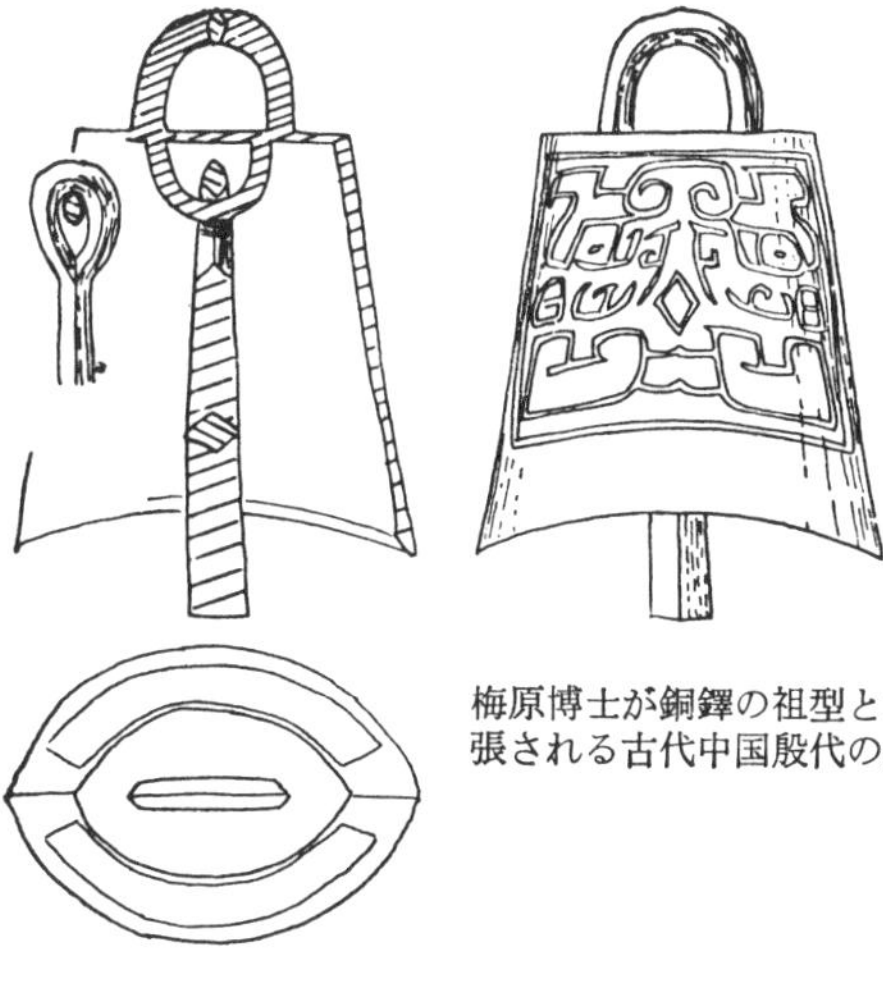

梅原博士が銅鐸の祖型と主張される古代中国殷代の鈴

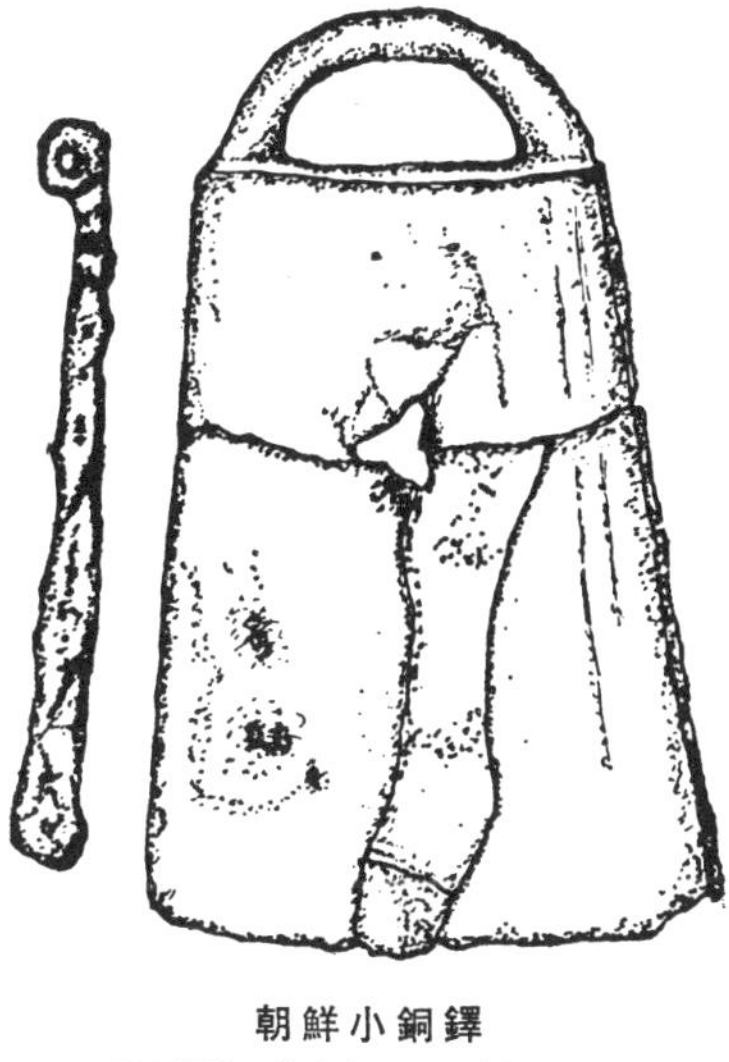

朝鮮小銅鐸

舌は鍛鉄で長く太い。日本銅鐸の祖型にもっとも近いと思われている。

一方、最近の意見の代表として、佐原さんの発言はつぎの通りである。[二〇四]
銅鐸は鈴《れい》とよばれる有舌（鐸の中に音をだす舌をもっている）有鈕の小型（5 cmから10 cmくらい）のかねの系統をひくものである。大陸文化のかけ橋である朝鮮には、中国漢代の馬鈴《ばれい》（馬鐸）がもち込まれている。しかし、さらに注意をひくのは、高さ10 cmから15 cmで、まったく文様をもたない朝鮮独自の鈴――小銅鐸の存在である。朝鮮の小銅鐸は、形の上で、日本の銅鐸の古いものに共通点があるし、また多鈕細線文鏡・銅利器など、銅鐸とも関係の深い遺物と一諸に出土することがある。いまのところ、銅鐸の先祖として、朝鮮の小銅鐸ほど有力な遺物はほかにない。
まず、最新の説として、本問題のかなりはっきりした解答かと思われる。
梅原博士も最近の銅鐸研究の論考『銅鐸攷』では、ほぼ、同様な見解を発表されておられる。[三〇]
一方、外来母型説に反対しているのは、三木説で、形態的に大陸の三つの銅器とは似てはいても、直接のつながりは、まず、認められない。むしろ、仿製銅剣の地盤をついで、外来の刺激を、瀬戸内海沿岸地域の独自の文化のなかにおりこんで誕生したものであるといっている。[一九九]
そうした前後のことである。一つの事件がもちあがった。
それは北九州から、陽鋳（浮きぼりのように鋳られた）の銘のある銅鐸が発見されたというのである。もし、そうだとすると、あらゆる銅鐸論に終止符をうってもいいような、大事件といわねばならなかった。

昭和四年四月、それは中山平次郎博士によって紹介された。福岡の深見氏の所蔵鐸で、流水文鐸の、文様も様式も整った、うたがう余地のない美事な優品である。下底部から五寸八分（約17・6㎝）の位置から、その問題の銘がはじまって、きわめて不可解にくずした字体ではあるが、まず「子々孫々宝」と判読できるものだった。鐸自身一点の疑いもなかったこと、銘が、追刻（後世に刻んだもの）の多い陰刻（浮きぼりでなく刻みこまれたもの）でなくて、陽鋳であったことなどが、研究者の好感をよんだ。喜田博士は昭和四年五月の考古学会総会にこれを発表、中山博士はその研究を「歴史と地理」や「三宅博士古稀祝賀記念論文集」に発表され、学界の視聴を一ヵ所に集めた。

銅鐸の正体は、もうなかばわかったもののような機運であった。きわめて古く漢字の入った時期の所産、それに、伝世の宝物なのである。

その報に鋭い疑惑を感じられたのが、森本さんだった。森本さんは、三宅博士の好意により、東京文理科大学の出張ということで、福岡へいった。中山博士の案内で、深見氏の蔵鐸を一見して、森本さんは、これはいけないと直感したといっている。そして、拓本をとるといって、多量に水をふくませた脱脂綿をあてて、しばらくおいた。時間をかせいだわけである。ところが、その陽鋳は、古銅色の古さもそのまま、わずかながらはげ落ちたのである。

この事件は、森本さんが、深見さんに、入手先きの骨董商の奸計であることを説明して納得され、決着をみたわけである。これは、森本さんの炯眼《けいがん》を云々するよりは、むしろ、こうした事件が、道具商の人々にまで浸透しているほどに、銅鐸の正体への関心が深かったものと考えられるできごとといっていいだろう。

では、銅鐸が使われだしたのはいつごろのことか。私はここまできて、はたととまどってしまった。それは、知友二人の意見がかなりかけはなれているからである。

その時期決定には、二つの方法が考えられる。まず、それをわけよう。一つは、銅鐸といっしょに出土したもので年代の手がかりとなりうるような遺物の線をたどること。いま一つは、鐸自体に残る特長から、年代比較の資料をうることである。

第一の方法として、大正七年五月五日、奈良県南葛城郡吐田郷村名柄の背面にあたる低い丘陵の端の水田中で、溜池新設のための工事をしていた時、外縁鈕流水文鐸一口が発見された。これに端を発して、その研究は急激に進展した。というのは、その名柄鐸には、見事な多鈕細線文鏡がいっしょに発掘されたからである。四〇・四五・七六 銅鐸の謎は、一緒にでた多鈕細線文鏡を解明することによって、一挙に解明することができると考えられたわけである。

多鈕細線文鏡は、細い並行沈線による鋸歯状文など幾何学的な細文を付した銅鏡であるが、その最大の特質は、多鈕と凹面鏡であることである。中国の鏡のように、背面の真中のつまみをもって、顔を写したミラーではなくて、これは、二つ以上の鈕で、胸などに吊すのに適して、光を反射した威示具なのである。しかも、それには、山をこえた大阪府柏原市大県で、きわめて類似した例が、一面発見されている。

奈良吐田郷出土多鈕細文鏡と伴出した鐸

一面は二区画流水文，他面は四区画袈裟襷文であることから，この二種の施文は同じ時期に併用されていたことがわかる。

（梅原氏著による）

また、大正二年には、山口県下関市富任梶栗浜の山陰線鉄道線路から、弥生式前期末の箱式石棺から、問題の多鈕細線文鏡と、二本の輸入細形銅剣が発見されていたのだから、その細線文鏡が、銅鐸の第二型式といっしょに出土した以上、その時期がほぼ、弥生式の中期くらいを考えていいのではないかというのである。それに、海をこえて、朝鮮の楽浪前期の多鈕細線文鏡、さらに小銅鐸との関連も考えられることになった。この発見にたいする学界の反応は、当時、高橋健自[四〇・四五]・梅原末治[三六]・喜田貞吉[三五]の三博士によって、さまざまに論じられたが、その要は、後に森本さんの「多鈕細文鏡考」、梅原末治博士の「多鈕細文鏡の再考察」、その他の研究につくされているので、いまはくわしくのべないが、要項化しておけばつぎの通りである。

一　外縁付鈕式鐸――多鈕細文鏡――舶載《はくさい》細形銅剣――弥生前期箱式棺――木の葉状文土器――朝鮮入室里の小銅鐸、という関係で、それぞれ、時間的関連が考えられていい。

二　名柄では、鐸と鏡は、約一尺ほどはなれて、同じ二尺ほどの深さに、鐸は横臥《おうが》、鏡は水面に埋没していたという。

つぎは広島市福田木ノ宗山の屹立する巨岩のかげから、細形銅剣・銅戈《どうか》および弥生式土器を伴なって発見された古い外縁付鈕式の鐸である。その発見状態は、広島市街から三里の奥、福田地籍にある優麗な独立山稜木ノ宗山の中腹である。花崗岩の屹立《きりつ》巨岩で二方をかこまれたその基部のせまい土砂溜りから、二剣はかんかく一尺で並列し、鐸は三尺はなれて、剣より一尺深く、剣とは直角に、横たわっていた。そして、鐸の横上より帯白赤色の径三寸五分（約10・5cm）ほどの杯一個分がでたが、土器はすてられて今はない、というのである。今まで、木ノ宗山の資料は、銅鐸文化圏と銅剣・銅鉾文化圏との握手《あくしゅ》の意味で重視されていた。文化圏の接点という意味では、それでよさそうであるが、一緒に出土したという形では、剣と鐸との深さ一尺の包含層位の違いについてのしかるべき証明がほしいところである。

何分にも明治二十四年の発見で、調書は大正三年、しかも、右の谷井済一氏の調査とは別の中山平次郎博士の調査は、同じ発掘者よりの聞書でありながら、少し違っているなど、まことに残念な点が多いが、名柄と梶栗浜例

広島県福田で伴出した銅剣（左）銅戈（中）と銅鐸

で、多鈕細文鏡を接点として、外縁付鈕式鐸と細形銅剣とは、鐸と剣との最初のであいの一ケースと考えていいようである。

すなわち、銅鐸の古い位置は、弥生式中期を遡るものといっていいだろうと考えられたのである。

つぎに、銅鐸そのものにつけられた文様と、弥生式土器に飾られた文様とのあいだの関係から、銅鐸の時期をつかもうとする努力がある。

こうした着眼、つまり、文様の類似から、その年代を追求しようとした業績としては、昭和八年、森本さんの「長門発見の弥生式土器——その青銅器との関連——」という論文が忘れることのできないものであろう。

大要は、かの、下関市梶栗浜山陰線線路敷地の組合せ箱式棺から、多鈕細線文鏡とともなって出たのが、じつにこの木の葉状文の土器であったらしいということで、その種の土器が、弥生式前期に属するところから、銅鐸の年代に一つの足がかりをつけようとしたすぐれた試みであった。しかし、結論的に論評すると、木の葉状文自体が、弥生式前期縄文晩期からはじまってはいるが、かんじんの鐸のほうはこのような文様は案外に新しい型式の鐸面にも使用された場合が少なくなく、年代比定のためには、あまり適当とはいえないことがわかってきた。つぎに、昭和十六年、小林さんの「銅鐸年代論」[31]という論考があるが、これは、銅鐸と弥生式土器との文様の上での関連を検討する、つまり、弥生式土器編年を利用して、銅鐸の年代を決定する有力な指針となった。小林さんは銅鐸のつくられた時期、すなわち、弥生式との関連について次の四箇条について論考されている。

(1) 銅鐸は弥生式時代の遺物である銅剣類といっしょに出土する。
(2) 銅鐸は弥生式土器と共通の文様で飾られる。
(3) 銅鐸は弥生式遺跡の一部から発見された例があり、また弥生式土器を伴なった例もある。
(4) 銅鐸は弥生式土器の使用者によって、その形を土製品に作られたことがある。

そのうち(1)についてはすでにのべたが、(2)については、銅鐸の第一式を、木ノ葉文、重弧文《じゅうこもん》・複合鋸歯文などを例示に、弥生式前期末に、流水文と鋸歯文とを共通因子として、第二式を弥生中期に、第三式は、原始絵画・双頭渦文などを証左として後期およびそれいごに、それぞれ擬定されている。この論考の細部については、なお、後出の資料によって訂正される点も出てくるだろうと思われるが、大綱においては、おそらく今後とも定説への基盤となるものと考えていいかと信じられていた。最近では、佐原さんの考察も、ほぼそれにに近いもののようであった。

一方、三十六年に出版された『日本農耕文化の生成』[三八]における杉原荘介博士の意見によれば、銅鐸をふくむ、日本製青銅器の鋳造開始を、西日本弥生式遺跡の系統的発掘調査からかなり新しく、後期前半以降に比定していられる。その大部分の原料となった、船載青銅器の輸入が一世紀とみて、銅鐸の年代を二世紀以降三世紀にまで降下させて考えるのも一理あるものとも考えられる。

前者は昭和初年からの弥生式土器研究の集大成『弥生式土器聚成図録』の総決算として提出された意見であり、後者は、三十年代の弥生式遺跡総合調査研究の総まとめとして、西日本弥生式遺跡の重点調査の結末から提出された学説である。

ところで、年代観についてだと、梅原博士のじつに注意すべき発言が登場してくる。いままでの博士の研究集大成の結論とも見られる「銅鐸攷《言》」においての意見であることは、きわめて重要な意義をもつものだろう。

博士は、今まで考えられていた、弥生式土器や石器の分類研究と比較編年することによって、発表して来た銅鐸年代観を、一挙に否定されたのである。銅鐸を、頭から、石器使用の弥生式時代の、古墳造営の年代に先立つ編年期に作りだされたものとして、土器の編年に並行させ、その鋳造の実年代的前後関係すら概説書に現われているのは、まったくもって不可だとはっきり反対されたのである。

それには、もちろん、しかるべきいくつかの理由を、博士はあげられている。実際に弥生式土器の伴なった例はほとんどないこと、銅鐸そのものが鋳銅という高い技術の所産で、一程度進んだ文物で、つまり、一文化降って考えるべきだということ。土器や石器のような、一般常用の普遍的遺物とは違うもので、銅鐸は銅鐸そのものから、考究するのが常道であるはずであること、等々というのが、博士の銅鐸をみつめてきた四十年の述懐である。これについては、さらに、つぎの「ついに行きづまった銅鐸研究」のところでふたたび紹介したい。

いずれにしろ、肝心な年代観が大きく、ぐらつき始めたのである。私は、ここでまた、立ちどまらざるをえなくなった。

四　ついに行きづまった銅鐸研究

だいたい、この謎につつまれた「銅鐸」は、外国から日本にもちこまれたものだろうか。それとも日本で作られたものだろうか。朝鮮漢代の一文物、小銅鐸などが、その母型にならったろうことは、ほぼ、想像のかぎりではゆるされることとしても、日本で発見された銅鐸とまったく同じものが、日本列島いがいからはしられていないのだから、その鋳造が純国産であろうことは、異論のないところであると思われる。また、明治年代に行なわれた先住民製作論、たとえば、秦人、苗人《びょう》など異民族が渡来しての鋳造説も、いまのところ考慮の余地はなさそうである。

ところで、それなら、銅鐸の原料はどこで生産されたものだろうか。杉原博士は、かなりつっこんだ意見で、つぎのように書いている。国産青銅器が鋳造されたのは、弥生式土器の後期の初頭、二世紀以降のことである。そのころ、大陸の後漢では、王莽《おうもう》の貨泉はもう市場価値を失なって、ただの青銅片と化していた。これなどは本邦に流入して、貨幣などまだ縁のなかった土地がらからいえば、絶好な銅鐸の原料となっていいだろう。国内鋳造銅器が、しだいに銅分を増加しているのも、

主原料が貨幣だったと考えていい理由になるだろう、というのである。[三九]

銭貨とまで、つきつめた意見は少ないけれど、小林さんの意見は、[四〇]代表的な、銅利器の鋳つぶし説で、大陸の鉄利器の発達が、銅利器の需要をまったくおさえて、いくらでも、化外東方の島国に輸出できる事情にあったことを理由にしている。

このように、輸入銅器の鋳潰《つぶ》し説は、まず一般の意見のようで、その理由は一つに、国内での銅の原産、そうした技術のあったことを肯定することのむずかしさにあるようである。つまり、原料は北鮮・楽浪《らくろう》郡を仲継地として、入ってきた輸入青銅ということだろう。それも、銅材として入荷したらしい原料材がまったくみあたらないとすれば、それはおそらく製品、後漢あるいは三国時代の漢式鏡・細型の鉾《ほこ》・剣・戈など、それに、銅容器・銭貨などのうちのどれかが、または、そのどれもかであったのだろう。杉原説の他、もっとも例品出土が多く、国内に散っている剣・鉾の類が原材であろうという説がもっとも有力のようである。

ところで、滋賀県小篠原一号の超巨大鐸、重量十三貫目を作成するのには、一本かりに三百匁として、四〇本いじょうの細形剣または鉾が集められなければならない。さらに、小篠原に集結して埋められた二十四口の銅鐸の推定質量七十一貫目は、じつに二四〇本の細形銅剣を集めた結果ということになる。いまひとつ、これを全国既知の約三百口の鐸に概当換算すれば、九百貫、剣になおして、じつに三〇〇〇本。青銅自体が、あちらではとにかく、海のこちらでは、すくなくとも、船来の珍宝だった一・二世紀のころとしては、まさに気の遠くなるような量だったに相違ない。

それにくわえるに、すでに発掘されて失なわれたもの、今なを、地中に埋もれているものなどの総原料は、思うだに大変なものだったと信じられる。かりに杉原説によるとして、銭貨を考えるとすれば、それは、もう計算するまでもなく、さらに尨大な量が想像され、中世古銭の埋蔵址《デポ》に類する発掘品が、一ヵ所くらい当然あってしかるべきと思われる。

事実、何が原料として用いられたものにしろ、その保有原料のすべてが、製品にかわってしまったというケースは、むしろ考えることの方が、無理というもののように思われる。国内で、わずか一枚ずつ、僅々、数ヵ所の発見しか記録されていない貨泉や、細身の剣や鉾にしても、打ったりたたきつぶしたり、あるいはメタルとして集積したらしいデポ(埋蔵址)が、一ヵ所くらいは残されても、むしろ不思議はないはずである。銅容器破片の例などは、わずかしられるもの一片やそこらでは、尨大な鋳造量からみて、あまりに心もとないわけである。

これは、どうしたことであろうか。

つぎに、その用いられているメタルについては、梅原博士の努力によって、専門家による定量分析資料が数多く集められた。《ち六》これを、外見観察からする表現におきかえれば、古式に属する菱環鈕《りょうかん》や外縁付鈕の横帯文鐸には錫《すず》が比較的多く、そのばあい、仕上りは厚手で、樹脂光沢をおびた黒色味が強いようである。反面、扁平鈕式から、突線鈕式にいたる後出形式のものの分析結果は、錫が減り、銅の量がふえ、その外観は、青緑色な、がさっとした肌の疎さと何か軽量感が目立つようである。

なお、終りの形式の鋳造には、アンチモンがくわわってくるようであって、それは、鐸自身、大型簿手・突線文化して、微細《びさい》な湯流れを用いるようになり、特別にくわえられた成分であろうというはなはだ注目すべき意見を、三木さんがのべている。[一九九] とすると、錫が減って、銅成分の多くなることと呼応して、大変面白いのであるが、最近、この意見については、小林さんが、まっこうからその誤認を指摘している。[三五]

アンチモンの問題はしばらくおくとしても、錫が減少して行く傾向は否定できないようである。それが、幾度かの鋳なおしによって、錫分が酸化し去っていったものという説と、意識的に錫を減らして、湯流れをよくしたという考え方とがある。

それでは、そういった何かの実用品を原料にして、造りだした和製青銅器は、いったい、どういう本質をもつものなのだろうか。

その点は、三木・小林・杉原さんたちの意見は、ほぼ一致していて、はなはだしい異論というものがない。その大要はつぎのようである。

日本人は大陸から、すぐれた武器として、白銅質の銅剣・銅鉾《ほこ》・銅戈《か》などを受けいれた。しかし、その出土量の百数十例では、当時の倭《わ》国の武力からしては、あまりに少ない。いうまでもなく、その足らざる点は、鉄武器または石武器があてられたのであろう。その鉄器の輸入が、銅器に先んじて、弥生前期からかなり進んでいただろうとする論点では、杉原説がもっとも極端である。銅器は、直接、入手できた人の個人的権威の象徴として、まったく宝器的なとりあつかいを受け、甕棺《かめかん》や箱式棺で、その個人の死後の生活の供をしているのが、よくそのへんの事情を物語っている、といっている。

ところが、その舶来の銅器が、和製に鋳《い》かえられた瞬間に性格は一変する。今まで、正しく刺突の利器であった剣や鉾《ほこ》は、広く簿い、まるっきりみてくればかりの飾りものになって、しかも、もう個人の墓に副葬されることはなく、特殊な一種のデポ(埋蔵址)に一本または数本、箱でもおさめられていたかの状態で発見されるようになる。

ちょうど、その状態は、舶載青銅器から鋳直された銅鐸が、墳墓らしい性格をまったくもたず、特殊なデポに埋められて、一個ないし十数個集積されて発見されているのと同じだというのである。つまり、日本の青銅器は、個人的色彩の強い宝物としての銅器から、共同体の宝物または祭器としての性格の変遷を把握《はあく》したものといっていいだろう、というのである。

ここに、はじめて、共同体という言葉が登場してくるのである。

そして、昭和三十九年の現在においては、共同体の宝器か祭器かのどちらかで、埋没されること自体が、祭祀のうちに包含された事物だ、ということに、学説はほぼ安定した感がある。

その点では、ほぼ同じころ、西日本を中心として剣・鉾の祭祀《さいし》圏《けん》と、中日本を中心とした鐸の祭祀圏との二つが、対立していたということであろうと思われる。昭和三十年代には、この分布圏のあり方のうえで、特記すべき二つの発見が、その東端と西端で、期せずしてほぼ同時に注意された。

分布圏東端の鐸
長野県柴宮から発掘されたもの。（塩尻市教委写真）

まず、東端では、かつて、銅鐸圏外とばかり信じられていた長野県中部の、塩尻市柴宮から、立派な突線鈕六区画突線文式鐸6で、典型的三遠式に属する優品

分布圏最西の福岡県春日町鐸
小型で古いらしい様相をそなえている。

が出現した。発見された場所は、犀川上流の松本平と、天竜川・木曾川の水源の分水点に近く、かつ、諏訪湖盆地を南方にひかえた桔梗《ききょう》ヶ原の一端で、若干の弥生式後期土器片および土師器、須恵器などを伴なって発掘された。これで、岐阜県までと考えられていた銅鐸分布圏は、はっきり長野県まで拡大したのである。しかも、かつて、長野県では出土地不詳、または、不確実のいくつかの銅鐸所蔵例が知られていたが、そのうち、松本市宮淵発見といわれる鰭部破片は、形式的に柴宮鐸とまったく同じもので、まず、一拠に確実な二例をくわえることになった。[三二]

西方では、北九州の鉾文化圏のまっただなか、福岡県筑紫《つくし》郡春日町の甕棺墓群にほど近いところから、10㎝ほどの小銅鐸が出現した。身の中央の二本の縦隆起文、内面の凸帯、それに、菱環鈕式の吊手など、きわめて、朝鮮の小銅鐸に似たものであることなど、銅鐸の出自について、位置からも形式からも、すこぶる暗示的な例であった。[三六]

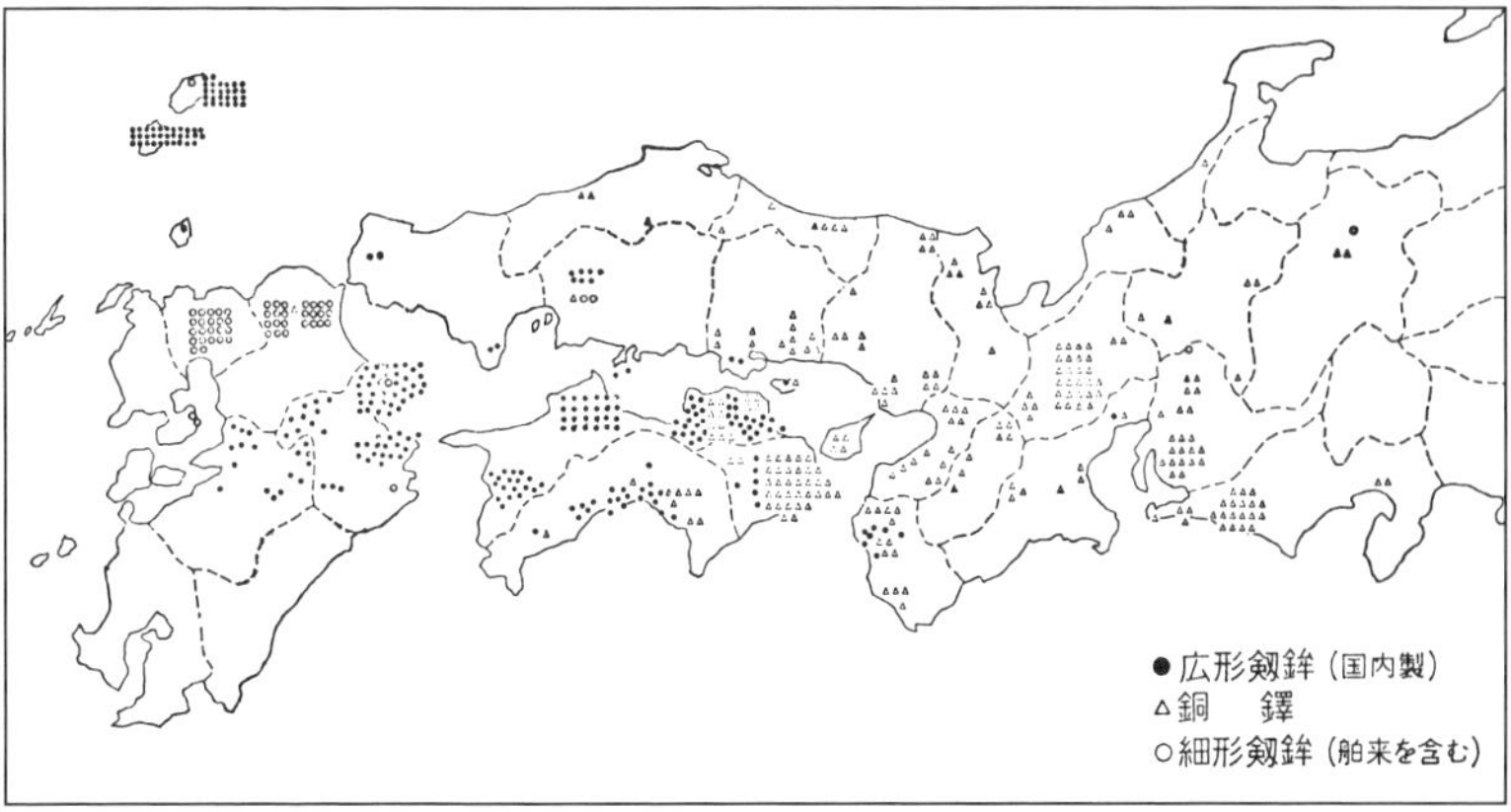

銅剣・銅鉾・銅鐸の文化圏

この図をみて分かることは，近畿を中心にして兵庫県・静岡県にわたっては銅鐸が多く，四国と九州の大分・熊本と対島には広形剣鉾が，北九州には細形剣鉾が多い。

ところで、この西方剣・鉾文化圏の中心からの銅鐸の出土により、東西、二大文化圏観は解消するものかというと、もちろん、そうかんたんにはいかない。かりに北九州にもっとも古いとされるような一例品があったとしても、それによって、かえられない厳然たるいくつかの圏があるようである。

いま小林さんの分類によって、それぞれの圏と特徴を把握してみよう。

東圏
- ①横帯文式鐸圏——中部瀬戸内地方
- ②定型式鐸圏——東部瀬戸内地方
- ③突線帯式鐸圏A——南海地方
- ④同　　　　　B——東海地方

西圏
- ⑤舶載銅利器——北九州地方
- ⑥国産銅利器——北九州地方
- ⑦特に平形銅剣——瀬戸内北岸地方

こうしたいくつかの顕著な圏は、それぞれ、いろいろに組みあって接触点をみせている。

①＋⑤　福岡県春日町で、ごく古い型の小銅鐸が、舶載銅利器を伴なう甕棺群遺跡に囲繞された位置ででた。

①＋⑥　広島県木ノ宗山岩陰から、横帯文式鐸と変形細形銅剣・広鋒銅鉾が伴出した。

①＋⑤　奈良県名柄で、外縁鈕付流水文鐸と多鈕細線文鏡が伴ない、山口県梶栗浜では多鈕細線文鏡が細形銅剣二口と伴なって発見されている。

②＋⑦　香川県羽方・安田・徳島県源田ではそれぞれ、定型式鐸が平形銅剣と伴なって発見されている。

以上のわずかな実例では、まだ、急速すぎるが、東鐸圏と西剣圏とは、もっとも古いとされる時期と、つぎの第二次的な時期に、接触をもった接点があったといっていいだろう。

昭和三十五年になって、姫路市名古山の弥生中期の竪穴住居跡の中から、一つの砥石《といし》が発見された。しかし、これはただの砥石ではなかった。最大幅28㎝の砂岩製。裏返してみると、銅鐸でおなじみの、袈裟襷文のチェックがきざみこまれていた。それは、学界のだれ一人として思いもかけなかった、四区画袈裟襷文鐸の鋳型の少部分で、熱のため内部刻《きざ》み目などは黝《よう》色（赤黒い色）にやけていたのである。

銅鐸の鋳造は砂型と信じこまれ、それだから、鋳型の発見はないはずとばかり思いこんでいた学

姫路市名古山出土の四区画袈裟襷文鐸の鋳型
古い鐸は石型で作られたらしい。

界には大きなショックだった。もちろん、これで砂型論がまったく引込んだわけではないが、少なくとも比較的古い型式の小型鐸は、石製鋳型を用いられたことが確実となった。

今まで、かつて、銅鐸はどこで造られたかについては、国内だろうという以外、一つの手がかりもなかった。しかし、今は、かすかながら手がかりがつかめた。名古山の鋳型はすでに砥石に造りかえられていたのだから、むろん、原位置ではないが、たかが破壊してみれば、ただの砂岩の破片である。そう遠くから運ばれてきたものとは考えられない。

ちょうど、姫路を中心とした兵庫・大阪・奈良・和歌山の四府県には、四区画袈《け》裟《さ》襷《だすき》文（二二六頁図参照）の鐸が、二十二個も群集している。もっとも多いのが、兵庫・大阪の各六例、六例出土した府県は全国で、あとは愛知だけである。そうしてみると、まず中部瀬戸内のうち、姫路市付近に四区画文の鋳造地があったことは、鋳型がたった一例ながら、まず確実となったわけである。また、作原さんは、外縁付鈕式流水文鐸は、弥生中期土器の流水文から推して、近畿中部の奈良県または大阪府下で造られたものと推論、菱環鈕鐸もやはり製作地は近畿中央部だったといっている。

ところで、大正年代に鋳金家の香取秀真さんは、銅鐸の鋳造については、二ついじょうの同笵鐸《はんたく》（同じ鋳型で作られた鐸）のあること、鐸身の各所にあいている孔が型持《かたも》ちの跡であること、鎔銅のふれるところは砥の粉のようなこまかい粉末を用いていることなどを注意している。私は昭和三十八年、中口裕さんの鋳造した、香取方式による銅鐸の模造品と、その工作過程の写真をみた。中空につくられるのだから、その鋳型は外型と、中型からなりたって、均一の肉厚を保持するためには、いくつかの型持ちが必要である。中口裕さんは、やわらかい柳の枝を芯《しん》にして、粘土の外型のわくをつくっている。しかし、銅鐸の現品については、まだ、いろいろな不思議が残っている。型持ち孔《あな》の位置についても、裾《すそ》や、舞上（銅鐸の上部の、平になった部分）の型持ちの位置などは、まず、そうであろうとわかるが、身の正面・背面上部にでてくる四つの型持ちの位置は、少々理解しかねる位置である。それは、のちに袈裟襷文鐸の四つまたは三つの区画の意義のところでのべる。

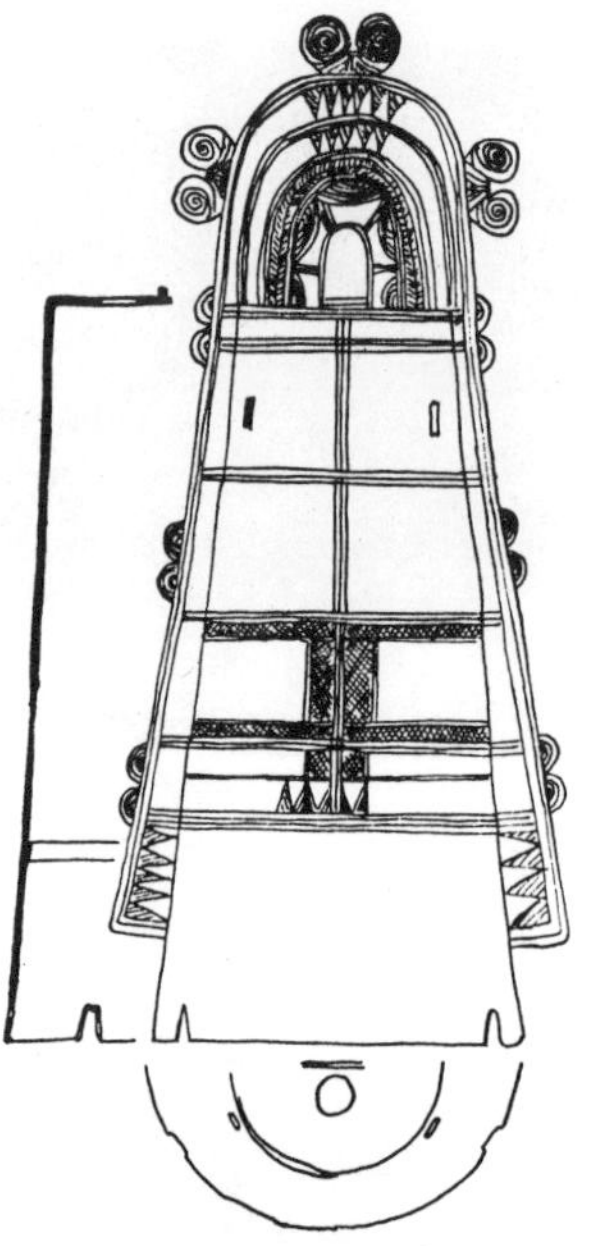

銅鐸の型持ち孔

舞上面に2孔，両側上部に2孔ずつ4孔，裾に2孔ずつ両面で4孔，計10孔ある。和歌山雨請山鐸。（梅原氏前掲著による）

さて、こうしたことで、鋳造の技術自体にはある程度の理解のめやすも立ったが、さて、不思議なのは、その尨大な青銅のメタルをどうして湯（鋳型に流しこむための青銅の熱くとけた液体）にとかしたかという不思議である。

つまり、鋳型《いがた》はあるが、青銅をとかした坩堝《るつぼ》がみつからないのである。最大は十三貫（約48・75kg）、小さくも三貫目の、青銅の湯をつくった坩堝《るつぼ》はどこへいってしまったのか。いまだかつて、弥生式土器にしても、土師器《はじ》にしても、鎔解《ようかい》した湯カス、またはノロという物質のついた土器の類は、どこからも発見されたことはないようである。けれども、湯がなくては、鋳物ができないことも事実で、どこかでたしかに鎔《こ》かしているのである。それは、なぜ、発見されていないのだろうか。

第一に、坩堝《るつぼ》は土器でも石器でもなかったとしたらどうだろう。つまり、かなりの規模の備えつけ炉は考えられないだろうか。そして、鋳造の工房集落がかくれ里のような目立たない地点に、はなはだしくかぎられた数、あるいは数ヵ所に限定されて造られていたとしたら、発見される可能性が少なくても、必らずしも不思議ではない。坩堝のない不思議さについては、岡山大学の近藤義郎さんもその不思議に気づいているようである。もちろん、坩堝のない不思議さは、青銅器の銅鐸だけにかぎったことではない。どの文化期についても、金属を溶解したらしい容器は少ないのである。

これは日本の鋳銅のすべてについていえることで、鋳型の研究の進展に比較して、鎔解のほうは一歩も前進していない。かなりはっきりした文献の残っている、七世紀の東大寺盧舎那《るしゃな》仏の鋳造についても、その坩堝のことだけは一向にはっきりしていないのも、同じようなケースである。おそらく、かなり大きな土坑が焼きかためられ、それをさらに炉に利用した、半恒久《こうきゅう》的な溶銅炉がどこかで埋もれているに相違ない。もちろん、それには、かなりの村落が付属しているだろうが工房自体はきっと、山丘を利用した地形で、粘土砂や、それに松林の多い、しかも、わりと人目につきにくい、いわば隠れ里ではなかっただろうかと思われる。そうした秘密の場所が、日本中央部に数ヵ所分在するとしたら、これは、なかなか発見されにくいことはもっともなことであろう。

これは、たんなる想像といってしまえば、それまでだが、証明に近い理由はあるのである。それには、桐原《きりはら》健さんの協力作成してくれた巻末の第二表をみられたい。

まず、菱環鈕または外縁付鈕形式の、文様でいうなら、横帯文・

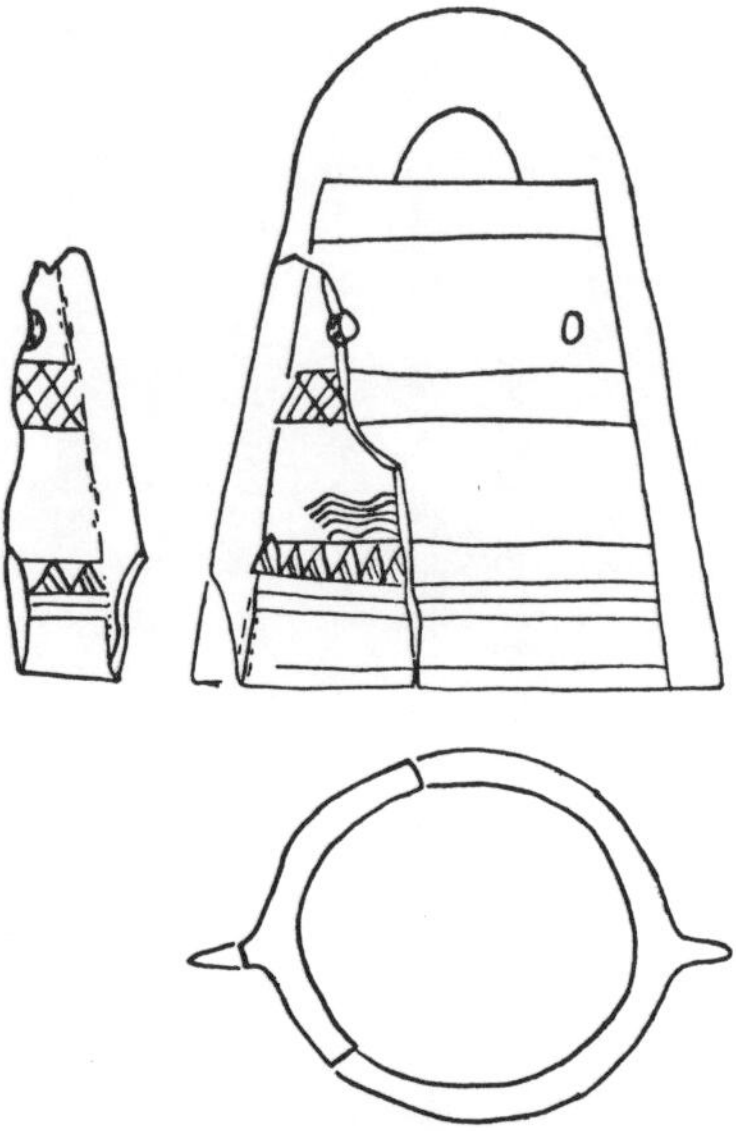

鐸型土製品

上，岡山上伊福，（次頁上より）愛知西志賀，愛知見晴し台および愛知岡島出土。鐸の各形式の特徴をじつによくつかんでいる。

流水文・四区画袈裟襷文などの、小型鐸の分布上の中心が、兵庫・大阪両府県にあることは疑いない事実のようである。そして、現に、姫路からは、移動されてはいるものの、石製四区画袈裟襷の鋳型が発見され、それに、さして遠くない岡山県上伊福からは、横帯文鐸に似た土製品がでていることも、注意しなければならない。

鐸形土製品が、銅鐸でないことはいうまでもないことで、また模造品とか、神献具とかいった性格もはなはだしく薄いものと思われる。それは、集落地または貝塚などで、まったく、土器片などにまじり採集されているところから、ほぼうなずけるところで、おそらく、聖なる鐸を造ることに関与した人のうちのだれかが、いたずらの手なぐさみか、玩具か、あるいは模型として、造ってみたものであろうと想像される。岡山県上伊福のように、小さくても、よくそ

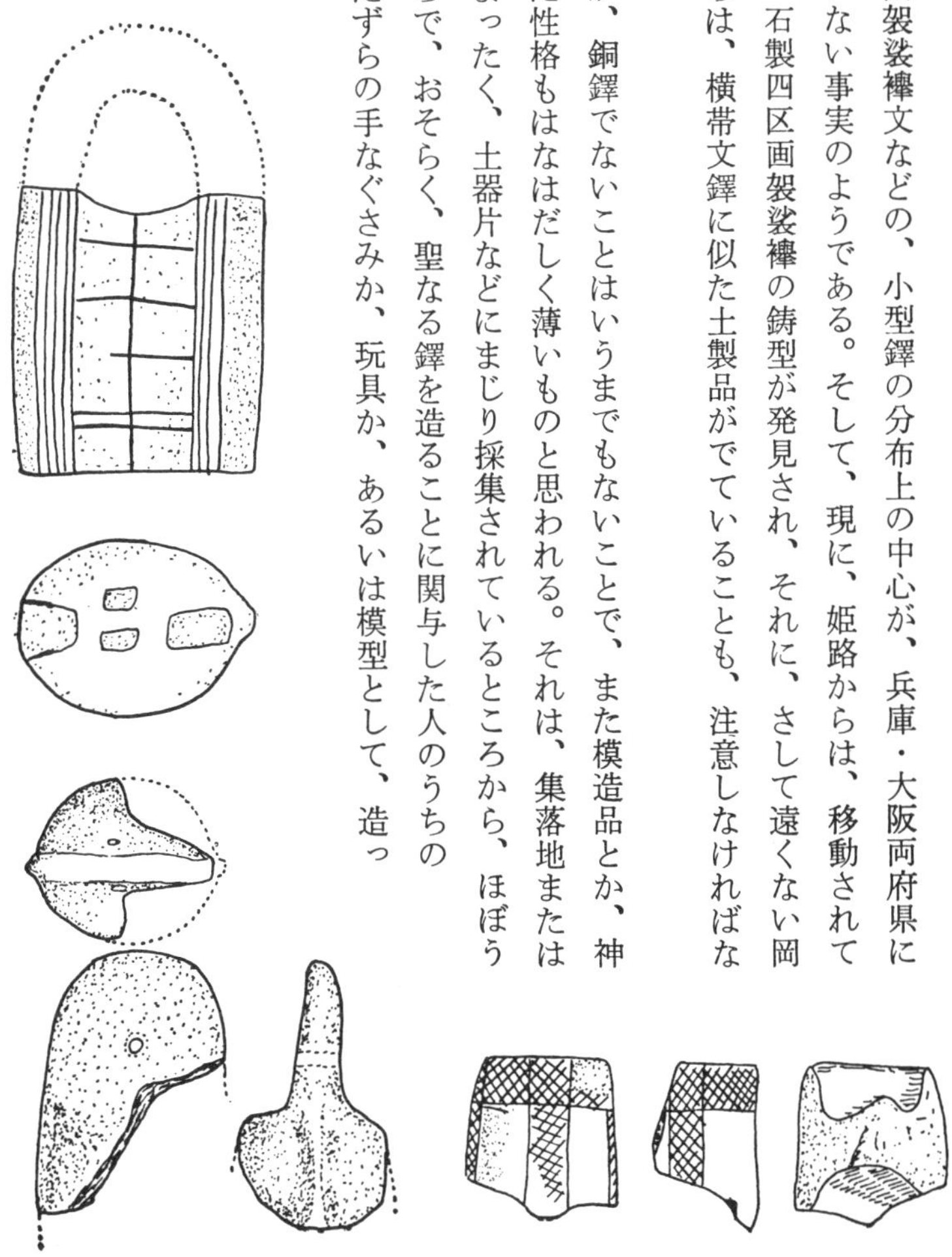

の特徴をそなえているのは、おそらく、ちょっと見た程度では模造できるはずのものではない。必らず、この土塊をこねた人は、横帯文鐸を手にとってあつかった人である。まず、岡山―兵庫―大阪の圏内に古い鐸の鋳造村落が、すくなくも、一つあったことは間違いないといっていいだろう。

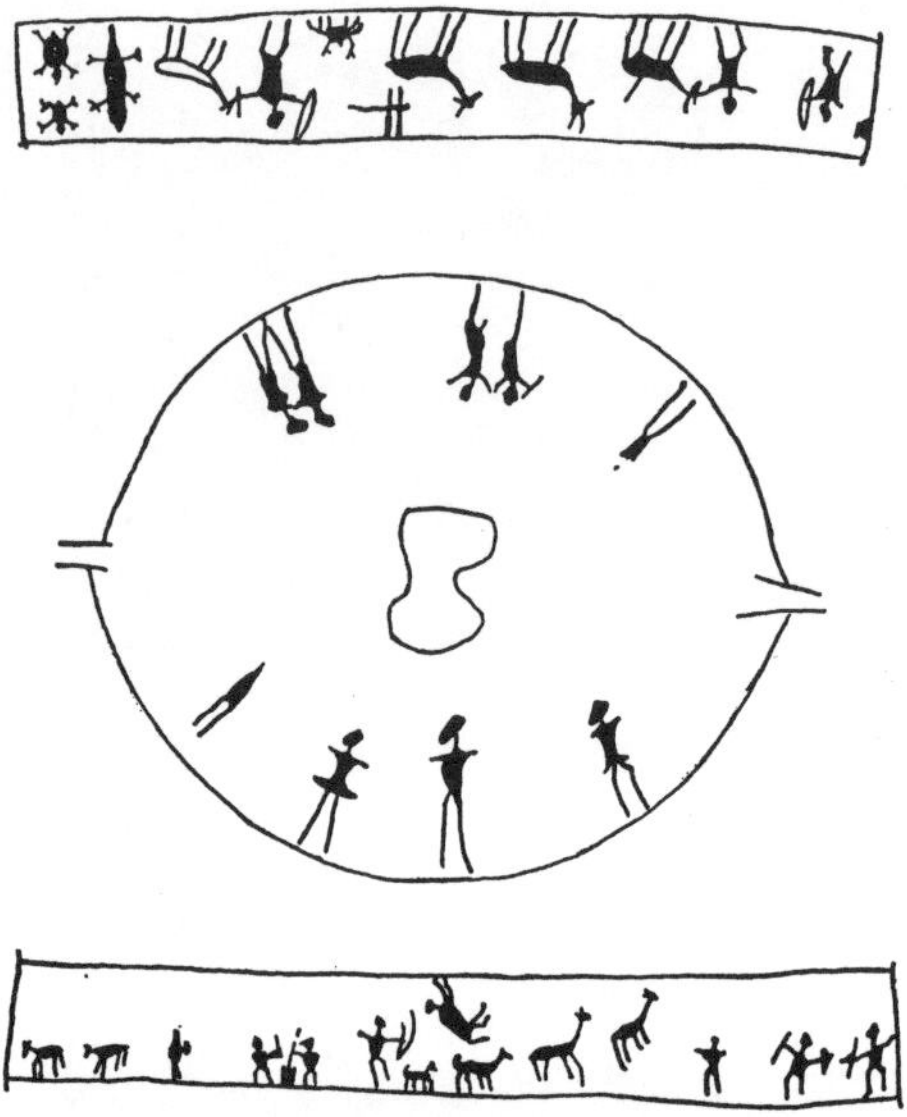

同じ鋳型から生まれた四個の鐸の原始絵画
中央が舞上，上下は流水文の中帯表裏である。何の絵のつもりかお考え願いたい。
（梅原氏「一群の同笵鋳造鐸の絵画について」による。）

いまかりに、数少ない山中の、かなり秘密な鋳造所で、ことによると、古記にいう天目一箇神《あまのまひこつのかみ》のような神格をもった呪者《じゅしゃ》がいて、鋳銅していたのかもしれない、と想像もできようというものであるが、それは、まだまだ、さきの話としよう。その鋳造された銅鐸はどう流れていったのか。

この観点については、梅原末治博士のしつような追求で、非常にいい例がいくつもわかっている。博士によれば、まず、鳥取県東伯郡泊村小浜池ノ谷で、二本の青銅舌をともなって発掘された流水文鐸は、胴部の絵巻物風な狩猟農耕図と、舞の上面に鋳出された人物群像とによって、有名であると同時に、また、同じ鋳型から生まれた兄弟の鐸、すなわち、同笵鐸をもつことでも、特別に注意されているところである。その兄弟のおなじ鋳型から生まれた鐸は四個。列記すれば、滋賀県野洲郡中洲村新庄(大坪正義氏旧蔵品)——鳥取県東泊郡泊村小浜池ノ谷(銅舌二本伴出)——出所不明(吉川氏旧蔵)——出所不明(辰馬悦蔵氏蔵)の各鐸である。

その四例中、幸いにも二例が、出土地をはっきりしてみれば、吉川氏旧蔵と辰馬氏蔵の二口がどこから出土したにせよ、この鐸の四兄弟が琵琶湖南岸から日本海へぬけ、遠く大山山麓の海岸までの、かなりはっきりした文化の流通路にそって埋められていたものではなかろうかと想像できる概然性が強い。

つぎに梅原博士は、なお、いくつかの兄弟鐸の組合わせをあげている。

大阪府中河内郡高安村恩智鐸——三重県安濃郡神戸村神戸木ノ根鐸——奈良西ノ京戸尾家蔵鐸——流水文

愛知県宝飯郡御津村広石鐸——愛知県愛知郡出土「金石款識」の拓本鐸——流水文

佐山伝左衛門氏京都購入鐸——和歌山県日高郡藤田村野口鐸(桝崎氏蔵鐸)

また、広島県福田木ノ宗山——伝岡山県足守鐸——伝伯耆鐸——伝出雲木幡氏鐸——と四個の邪視顔面表現のある横帯文鐸も、同笵とはいえないが、たしかに、同じ工房の生まれかと考えられることは、梅原博士の指摘した通りであろう。

以上、合計四兄弟と同一類で、通観できることは、同じ生まれの鐸は、地域的に地縁のある土地にだけ散っていること。梅原博士も四組を通観して、そのどれもが、編年上古式の鐸であることに、特別の注意をはらっていられる。

以上の考察を集約すると、古い鐸の鋳造地が、「広島・岡山・島根・鳥取」、「岡山・兵庫・大阪」、「滋賀・福井・鳥取」、「大阪・三重」、「愛知・三重」、「和歌山」と、いくつかの圏にわけられるのが莫然とわかる。そして、そのいくつかはしだいに集約されて、いずれそのどこかに、核がみいだされるときがくるような気がするが、どうであろうか。

さて、大型精巧な、突線鈕の六区画突線文鐸には、その複雑な構成ゆえか、鋳造のむずかしさからか、今のところ、まったくの同笵鐸《どうはんたく》（同じ鋳型から生まれた鐸）はないようである。これは、突線鈕鐸の時期になって、鋳型が石型から砂型にかわったからだと、私は思う。しかし、同一人が造ったとしか考えられないほどに、企画構成の近似した例は、いくつかのグループがあるようである。

梅原博士も、同じ鋳工によったものと想定される遺例がだんだんと注意されだして、大きな袈裟襷に飾られた鐸に、それが多いように見受けられるといっている。大きくいえば近畿式とか、三遠式とかいうバラエティーは、そのまま、その中心となった鋳造所のトレイド・マークなのかもしれない。したがって、その分布も、第二表で明瞭な通り、かなりせまい地域に密集していることは、やがてその分布圏の核をしる手がかりになるだろうと思われる。

また一方、小形薄手で扁平《へんぺい》な、六区袈裟襷文鐸が、和歌山県や、内海をわたって徳島県を中心に、たとえば上八万村で七例の同類を中心に分布している例なども、紀淡海峡をはさむ地域の一個所に、たしかに鋳造地があったろうことは、梅原博士の指摘されたとおりである。[三〇]

新発見の長野県塩尻市柴宮《しばみや》の六区突線文鐸は、この地が愛知県の名古屋――中津川――木曾川と通るのが、東海地方からの近路であるのに、遠江・浜名湖畔に多く分布する型のを、わざわざもちこんでいるのに注意したい。遠く、険路のつらなる天竜川のV字谷をつめたものと思われるが、これも、愛知よりむしろ、静岡に、一鋳造中心地があり、柴宮例のような浸透の仕方で、他地へのびていったものであろうと考えられるのである。

鳥取県泊の鐸の出現したのは、昭和八年だが、この報を第一にキャッチして、報告したのは倉光清六さんであった。[二六]第一報には、鐸の中に充満した土の中に二本の棒状の石片であったと書いている。もちろん、そのときは、何とも別に思わなかったのであろう。ところで、第二報には[二七]、あれは、驚いたことに、青銅で、二本の舌だったといい足しているのである。

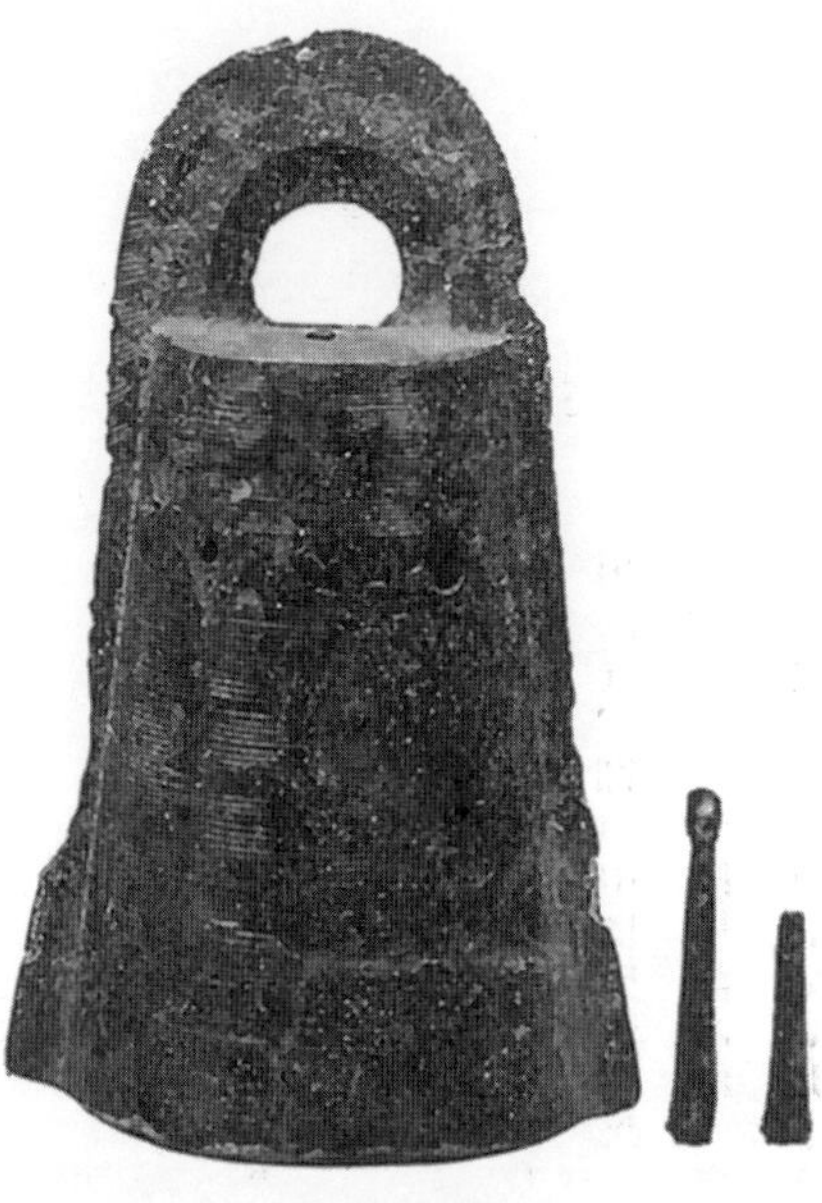

鳥取泊鐸

この鐸にはこの他3つの同笵鐸があることで知られている。また右のような二本の舌を伴なっているので二区画流水文鐸は，はっきり鳴器であったことがわかる。

また、淡路松帆村飯野中ノ御堂の貞享三年に、八個または三個出土した四区袈裟襷文鐸のうち、日光寺蔵品を実測した島田貞彦さんの述懐によれば、鐸と一緒に青銅棒があったので、何ということなしに、ノートに実測しておいたといっている。もちろん、倉光さんの注意によってこの舌の例も学界に生きたのであるが、銅鐸の機能上から、絶対不可欠な舌の存在は、わりあいになおざりにされてきていたのである。今、和歌山県有田郡箕島町山地の青銅舌伴出の例のほか、舞下面に舌吊りのための半環をつけた徳島県出土、四区画袈裟襷文鐸例も、むろん舌があったものと考えていいだろう。そうすると、泊鐸には三個の兄弟鐸があるのだから、まず、他の三例もたしかである。井向例では、中に貨幣のようなものが入っていたというから、あるいは貨泉か五珠が、舌のかわりにつり下げられていたのかもしれない。

銭状のものといえば、直良《なおら》信夫さんは、摂津加茂の丘陵下から発掘された大阪府川西村栄西鐸は、きわめて近くに銭状の銅片多数を伴なっていたと、明治四十四年の当事者からの聞書を伝えている。一般人に手がけられる鐸の出土は、まず、内蔵する土壌まで、こまかく調べられることは、少なかったであろうか、事実はかなりの舌がつられたまま埋められたのではないだろうかと思われる。鉄、その他有機物だったばあいは、まず残らないものと考えれば、なおさらのことである。小石などは見逃されるケースが多かっただろう。いや、これはまったく注意されずにすてさられるだろう。

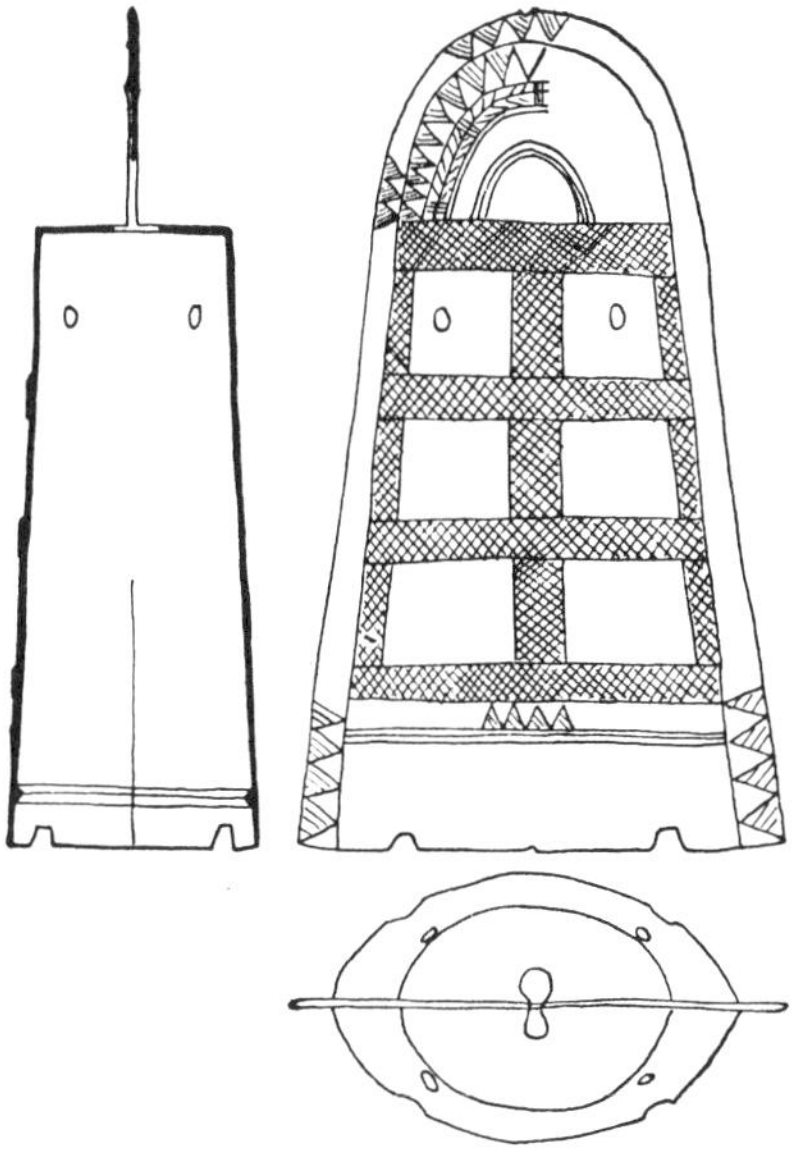

銅鐸の内部凸帯

舌がふれて鳴るためには，どうしても内面下部に凸帯が必要だった。大阪津門鐸。(梅原氏前掲「銅鐸の研究」による。)

つぎに凸帯であるが、これが振鳴のための機構だろうと考えられたのは、研究のかなり初期のころからで、沼田博士は「銅鐸考」[六]で、舌の発見にさきだって、すでにそういった意見を述べている。銅鐸の舞から、この内部凸帯までは、かなり長い。もちろん、こんな長い舌が考えられるわけではないので、ひもでつって、この突帯の線まで下げればいいのであるから、舌の形態は必らずしも、舌状でなくてもいいのである。

ところで、佐原さんの教示によれば、銅鐸内面の突帯は、扁平鈕式の形式のものまで、使用によって磨《す》りへり、平滑になっているそうである。これは何を意味するか。むろん、鳴器としての永い使用時間である。一方、突線鈕式の、身の1/3大の小判型鈕のつけられる大型薄手鐸にも、内面突帯があるのはどういうことか。佐原さんも指摘しているとおり、つるした鐸からおいた鐸に変遷したものとすると、なぜ、内面突帯は消滅しなかったか。

梅原博士が「銅鐸攷」[三〇]いらい、銅鐸二大分類説に変わられ[三七]『銅鐸の研究』の三分類論から、むしろ、逆走して大正の喜田博士の二分類に帰着された観については、すでに紹介したところである。そのぜひはしばらくおくとして、鳴らすものから、鳴らされないもの、つまり、カネからカネでないものに変わっていくことを、はっきり認められていられるのに問題がある。その結論からすれば、たしかに佐原分類の、つるすものからおくものへの変化に近いものといえよう。

しかし、なぜ、鳴らない鐸に内面突帯を造ったかということの解決にはならない。銅鐸の内側に一本または二本の凸帯をめぐらすことで、鋳造者は大変な手間損をこおむっている。それは矢原高幸さん[三九]も指摘しているところであるが、この凸帯のために、内型はそのつどこわしてしまわなければ鋳《い》上《あが》った鐸はとりだせないのである。

それなら、カネでない、鳴らない、おいてみるだけの鐸なら、すぐにでも、凸帯は廃絶してしまっただろう。つまり、銅鐸は終滅期の最後まで、鳴らす道具のつもりで製作者はいたのである。その証明は、長野柴宮鐸で、この末流にあるべき突線鈕鐸の内面凸帯はさんざんにすりへっている。僻地へもちこまれた最後の鐸として、いつまでも鳴らされていたものであろうか。

一方、銅鐸が埋められたものであることには、まったく異論はない。宝器隠匿《いんとく》説、祭器埋没説、とくに後者の、埋没すること自体が祭りの要素であるという考え方がかなり強力のようである。

しかし、埋蔵の実体は、まだまだ正しく把握されていないというのが実情のようだ。それに、一般の人々が偶然ほりあてたばあい、いったい、どのていど、埋没の状態を正しくみてくれるだろうか。ほとんどは、カチリとあたると同時に、工具をその一部にひっかけてほりおこしてしまっている。調査書の聞書も、いかに意識しなくても誘導尋問《ゆうどうじんもん》になりがちである。したがって、考古学の数値にものをいわせる方法が、どの程度にたよりになるものか私にはわからないが、第一表を基礎に、私はいろいろな表示を試みた。

まず、銅鐸はどんなところに埋まっていたか。遺跡総数二一八のうち、無理をしないで不確かな一〇五例をのぞいた一一三例について、山丘九三例、じつに82％、つぎが平野一七例の15％、湖底海中その他、特殊三例の3％である。

独立標式の巨岩

このような例は非常に少なく，この広島の福田と兵庫気比の２例だけである。ここでは剣・戈などがでたことで有名である。（矢印のところから）

海岸にある巨岩

この岩陰から４個の小型鐸が発見された（兵庫気比）。気比や福田の埋蔵例は末期の鐸の埋められ方とは違うようだ。（梅原氏前掲著による）

つぎに山丘のうち頂丘一二、中腹四二、麓二一、とくに例の多いのが、山丘では中腹で四五%ということになる。では、そういった中腹に多くなければならない理由でもあるのだろうか。

山頂出土例は、古い鐸の多い岡山・兵庫・大阪・奈良、とんで香川・徳島に多く、はっきり、兵庫県神種[190]などのように横帯文式に属するものもある。

山頂以外で、はっきり目標のある所に埋没された例は、岩の群に囲まれた所に埋めた例である。まず、広島県福田木ノ宗山例は、その中腹ながら、はっきり岩群に囲まれた土砂溜りで、兵庫県城崎郡湊村気比鷲崎の四個は、どれも扁平鈕式流水文鐸であったが、この一群は、津居山頂をのぞむ海岸岩礁《がんしょう》背後の岩窟内におかれて、入口を石で塞《ふさ》いであった。

そのほか、香川県大明神河原例が岩陰から発掘され、小豆島の安田牛飼場例は、岩塊中の巨岩下より発見されているが、これらは、はっきり埋めた場所の目標にしたような感じがあったかどうかはわからない。

こうした特殊例をのぞくと、銅鐸の埋められた場所というのは、一般的にいうと、まったく何の目標もない、ただの山腹で、何も目じるしがなかったということになる。とすれば、埋没された鐸の位置は、すぐ忘れられてもよかったのだろうか。これは少し、いや相当に変なことである。目じるしもない山腹に埋められたということに、どういう意義があったのだろう。

また、銅鐸の埋められ方をみると、一個だけ単独に出土した例が、一七八個、全出土数の81％である。このケースが今のところもっとも多い。これはすなおに、一つずつ埋めるのが常道だったと考えるのがいいと思う。ところで問題になるのは、複数埋没例が、四〇例もあることである。くわしくいうと、二個ずつが二九例、三個ずつが四例、四個ずつが四例、四個以上が三例、これを分解すると、一四個・九個・七個である。やや不確実ながら八個という古い記録もある。

これらを府県別にみると、複数例は、「静岡・愛知・三重」、「滋賀・京都・奈良」、「大阪・兵庫」、

「和歌山・香川・徳島」、および島根の五ブロックにわけられる。それをさらに頻度によってしぼると、(a)静岡・愛知、(b)滋賀、(c)和歌山・徳島ということになる。この三つの分布圏の核は、どれも、突線鈕式突帯文鐸の盛行地であって、古い形式の鐸の中心核、中部瀬戸内圏からはずれていることに何か意味があるのではないだろうか。

さて、そこで、銅鐸はどんなふうに埋まっていたか。かんじんな埋め方である。ところが、これが一向にはっきりしない。はっきりしていたとしても、はなはだ心細い事例が多いのである。けれど、そうかといって、慎重にすぎ、いつまでも手をださぬのも、臆病というものであろう。

まず、埋蔵の深さである。聚成によれば一尺(約30 cm)に満たないもの一例、一尺から二尺が八例、二尺〜三尺は八例、三尺〜四尺三例、あとは、五尺、六尺各一個、一丈(約3 m)以上二例となっている。一丈または五尺・六尺というのは、どれも、傾斜面で崖面からの目測や、再堆積の深さを加算したものなどがあり、また二尺未満のばあいは、記録に深さのでない、地表に一部みえていたもの、崖面の穴に現われたものなどを加味すると、はるかに多いわけであろう。要するに、確実のところで、銅鐸の埋蔵は、せいぜい三尺くらい、つまり一メートル未満が圧倒的に多いということである。

埋蔵という心理から考えれば、これは非常に、いや意外に浅いといっていいだろう。むしろ、浅すぎるといった感が深い。しかし、粘土層、赤土層、ローム層出土などと、はっきりしているもの一〇例にたいして、黒土中出土とした例は一例もないことから、地表に放置しての自然埋没ではなくて、ごくわずか掘り凹めて、それに土をかけたものであることが明らかである。

つぎに、埋めた姿勢である。一番ありそうな直立は三例、倒立が一例、そして横臥《おうが》が二四例で圧倒的に多い。まず、横たえて埋めるべきものだったことは、はっきりしている。ところで、横臥を分析すると、鰭上下が八例、鰭水平が一六例である。ところで、鰭上下は埋没法とすると、きわめて、不安定な姿態でおかしいが、これについては、矢原高幸さんの[三九]、鐸の平常安置されたと想像される殻庫内における、銅鐸のおかれ方に関係があるという考察がある。事実、このきわめて不安定なおき方は、精査するほどに意外に多いようである。

銅鐸は何でもない山腹を、ちょっとばかり掘って、何の施設もせずに、横たえたもののようである。方向も埋め方も、なんらの意識性がなく、ほとんど、ひょっとおいたくらいにしか思われないのが通例だということになる。

世紀	銅鐸発見数
7	1
8	2
9	2
10	
11	
12	1
13	
14	
15	
16	
17	1
18	22
19	94
20	109

私はいろいろな観点から、ことによったらあたるかもしれないという情けない可能性を信じて、いくつかのデータを集めてみた。発見年次の表もその一つである。七〜

徳島県入田町で同時に4個出た銅鐸

銅鐸の出土状態が確認されることはじつに珍らしい。それも，たいていは一度掘り上げてから研究者がかけつけ，ああかこうかと尋問して復原したものである。しかし，この2例のようにヒレを上下に埋られていたということはかなり重要なことである。

九世紀にしばしば発見され、はるかとんで一八世紀、さらに一九世紀・二〇世紀になってがぜんその発見を増していることは、古記録の残りうるよき時期と、暗黒な時期の差にもよるだろうが、もっと、考えられるのは、仏教文化の開拓時代と、農業近代化による農地の高地開拓工事とに、それぞれ関係あるものと考えられる。つまり、日本水稲農耕第一期の弥生時代農耕

静岡県伊奈の三鐸発掘の状況

たがいちがいにヒレを上下にしたこの埋められ方は，はなはだしく普通ではない。

立地とは、あまり関係のない地帯が、おもな埋没地だったといっていいものと思う。

つぎに、私は複数埋没例を分析してみた。

まず、入れ子（銅鐸の空洞にほかの数個の小さな銅鐸がかさねて入っているばあいをいう。）になった例だけピックアップした。この入れ子は大いに意味があるらしい。鈕があり、鰭《ひれ》があるのだから、この入れ子は、バケツの入れ子とはわけがちがって、どれでも、手当りしだいに組合わせるわけにはいかない。つまり、かなりたくさんの鐸の中から、あうのを探し出す必要があったに相違ない。

そして、けっして使われた時の姿態ではなかった。たぶん、入れ子は、すれあわないように、かんかくを埋める何かのパッキングがつめられていただろう。とすると、これは明確に格納された姿なのだ。つまり、祭りで埋められたと考えるより、格納するために埋められたと考えた方が当をえているだろう。

と考えてみると、静岡盛参野の入れ子は二つともに六区画突線文鐸（例、次頁写真参照）だった。福井井向は、一つは流水文鐸、一つは四区画袈裟文鐸だが時間的にはまずまず同じといっていいだろう。滋賀小篠原の昭和三十七年の三例は、三つ入れ子の計九個がことごとく六区画突線文鐸らしく、大阪四条畷《なわて》例は二個とも袈裟襷文鐸であった。つまり、入れ子鐸はほぼ同じ時期に組合わさった保存の姿態であって、埋没するときも、そのままだったといえないだろうか。もちろん、さんざん、内面凸帯

静岡悪ケ谷鐸

突線鈕鐸の原始絵画のあるものは，すべて静岡県出土の例品のみである。六区画の下段一面または二面に線画で水鳥・鹿などが鋳出されている。これも，一製造所，さらに一工人によって作られた稼ということができるかも知れない。

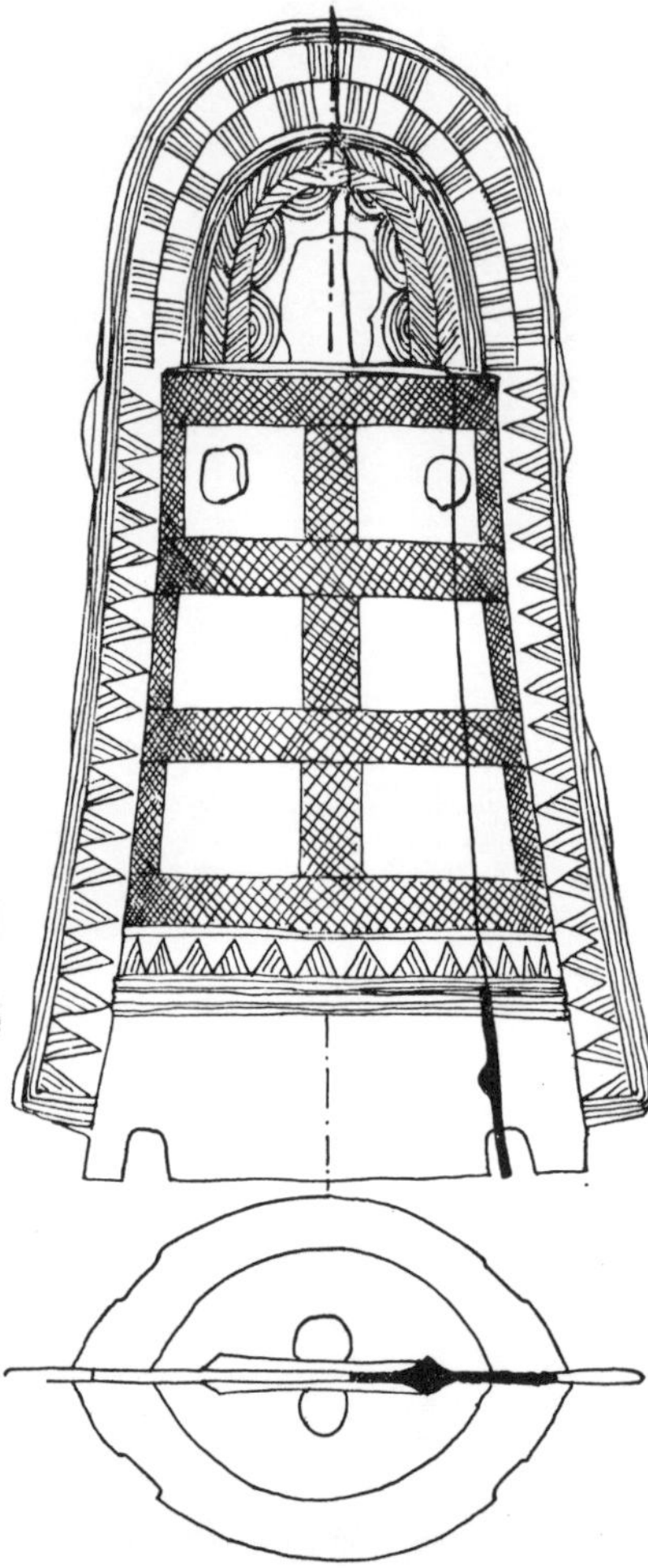

愛知県峯出土六区画袈裟襷文の例

（梅原氏前掲著による）

の磨滅するほど、使われてからではあるが、少なくも埋没のときは、保管の状態であったといっていいだろう。

つぎに、入れ子かどうかわからないけれど、とにかく、一緒に出た例のものがある。大部分は並列・上下・互いちがい、それに入れ子などであったろう。その各例を含めて第一表にしてみた。この方は類例も多いが、まず、それぞれの地域内にもっとも最末的に行なわれたと思われる鐸の組合わせが、原則のようである。静岡の六例はすべて、三遠式六区画突線文鐸の組合わせである。愛知県では谷ノ口の例が、四区画袈裟襷文鐸二個と六区画突線文鐸一個という組合わせで、他には愛知二宮山の四区画袈裟襷文鐸二個という組合わせがあるだけで、まずまず、複数鐸の埋められたのは、銅鐸最末期に一斉におこった現象のように思える。

以下、表によって通観すると、要約つぎの通りである。

① 菱環鈕または外縁付鈕横帯文の古い形式の鐸には複数出土例がない。
② 中部瀬戸内の大阪・兵庫・岡山には、複数例がわりあい少ない。
③ 各地域において、もっとも後出したらしい形式が、複数埋没鐸の中心である。
④ 新旧あまりかけはなれた鐸は、一緒に埋められていない。
⑤ 奈良秋篠四個、兵庫鷲崎四個などの、比較的小型例のそろった例もある。

第一表　複数出土の銅鐸の分布　（●は入れ子例）

番号	出土地名	横帯文	流水文	四・六区画袈裟襷文	六区画突帯文
4・5	岐阜 上呂			○○	
10・11	静岡 中川				○○
16・17	荒神山				○○
18・19	西谷				○○
24・25	梶ケ谷				○○
26・27	盛参野			●●	
28・29	木舟				○○
38〜40	愛知 谷ノ口			○○	○
41・42	二宮山			○○	
44・45	宮崎				
48・49	神領				○○
54〜56	伊奈				○○○
60・61	三重 青木山				
74・75	福井 井向		●	●	
77・78	滋賀 高塚			○○	
82〜85	新庄		○	後三個不明	
86〜99	小篠原			○後七個不明	○○○○○○

複数鐸が埋められたとき、それが銅鐸のこの地上から姿を消したときだったろうことは、すべての保有鐸が保存の姿、入れ子のままで、浅く乱雑に、急いで埋められたらしいことからも、ほぼ想察できるが、とすると、単独出土の鐸にも、そうした何かの気配が認められなければならない。

四国において銅剣といっしょに出土したときはどうだったろう

100〜109	滋賀	大岩山				●●●●●●●●●
110・111	京都	匂ケ崎				●後一個不明
112・113		由良				○○
115・116		比丘尼城				○○
120・121	奈良	石上		○○		
122〜126		秋篠			○○○○	
134・135	和歌山	石井谷			○○	
136・137		新堂			○○	
141・142		富田				不明
149・150		向山				○○
152〜154		朝日谷			○○○	
158・159	大阪	四条畷			●●	
185〜188	兵庫	鷲崎		○○○○		
224・225	島根	仮室		○		○
245〜248	徳島	入田町				
249・250		小松島			○○	
264・265		椿曲り			○○	
267・268		長者原			○○	
275〜279		美田			○○○○○○	
281〜283		源田			○○○	
285・286	高知	切畑山				○○

か。まず、平型銅剣である。香川県二宮で、六区画袈裟襷文鐸にともない、同じく安田では四区画袈裟襷文鐸といっしょに出土している。また、徳島県源田では、大形細身銅剣が銅鐸にともなっている。これらは、平型銅剣の柄の部分の文様をあげるまでもなく、弥生時代末の文物であることが明らかである。

　また、もっと古いはずの広島県福田木ノ宗

広島県木ノ宗山（上），香川県吉原（下）
上は矢印のあるところから，下は○印のあるところから鐸が出土。

山の横帯文鐸に伴出した有孔細形銅鐸・銅戈の例も、かならずしも古い埋没とばかりいえないふしもある。谷井済一さんの聞書によれば、「銅鐸の横上よりは帯白赤色の土器（径三寸五分許の坏一個分の破片、発掘の時放棄して今はなし）発見」とあるが、これはどうも、弥生式土器より、むしろ古式土師器らしく思われるのはどういうことだろうか。例をあげてみると、東から、長野県柴宮、愛知県外山、同伊奈、兵庫県北芝、同望塚、同神津、鳥取県米里、香川県内間、同加茂などの数多い諸例は、どれも、鐸の形式にはあまり関係なく、いずれも古式土師器らしいものと伴なっていた実例である。

　さんざんに銅鐸を追求した結果として、こまかい形式分類を否定して、銅鐸をすべて同時期と考える説や、二つにわけて、カネとカネでないものにわける傾向が、でてくるのは、銅鐸だけみつめれば分類すべきであり、出土状態だけを集成すれば、一時期ではないかと思われるという、妙な結果からもたらされたのではないかとわたしは思う。

とすると、つまり、銅鐸は、造られて使用されたときと、埋められたときとは、有機的にはまったく無関係だったのではないかと信じるようになった。

そして、この思いつきは、小林さん・杉原さんの考えている、埋没すること自体が祭りのうちに包含されるものという考え方とは、衝突することになった。

上 静岡県和田，下 同芳川

このような低湿地からも突線文鐸が出土している。

銅鐸の内面凸帯は、ほとんど、すべての形式にあるが、舌の振鳴によるすれあとが顕著なのは、まず、扁平鈕《へんぺいちゅう》鐸の段階までだという佐原さんの発言を、うらがえしにいえば、もともと、すべての銅鐸は鳴らすためのカネだった。内面凸帯のあるのが原則だったわけである。ところが、おいたかつるしたかということは、しばらくおくとして、終末期式の突線鈕鐸の凸帯に、すれあと、使用根跡のほとんどないのは、突発的にいっせいにおきた、ある埋蔵事情によって、鳴らした期間が短かくて終ったものと考えるのが、もっとも、当をえていると信じられてきた。前述した長野県柴宮鐸など、山中の末梢の現象として、しばらくおいてである。

しかし、そうした一切の説は、どんなにすぐれているようにうけとれても、いずれも、それは面白いですねといわれておわるはかない思いつきの域をでるものではなかった。もっと、学問的に、とくに考古学者のすきな科学的データによらなければならない。

私は、弥生式文化を専攻する桐原健さんに、事情をうちあけて応援をたのんだ。

桐原さんは、銅鐸にかんするあらゆるデータを蒐集し、はじから数値にかえっていった。頼まれ仕事なので、結果のいかんなど考慮に入れる必要はない。きわめて明確で、本書巻末についたいくつかの聚成表がそれである。

その諸表の数値を基礎にして、二人はいろいろなことを考え、それから忘れ、ああでもない、こうでもないと迷い、しだいに、これはだめだ、壁だな、ということになった。

それどころでなく、私は自分の現実をもっとみつめなければならなかった。私には、このはげしい経済流動の中にあって、少なくない家族や従業員の生活を保証しなければならない、小さいながら事業主であった。

五　鉄鐸の発見

そのころ、昭和三十五年六月のことであった。

長野県下諏訪《しもすわ》町、私の住んでいる諏訪市の隣りの町の、諏訪大社(下社=秋宮)内にある宝物館で、一つの盗難事件がおきた。

それは、総檜宝殿造りの宝物展示殿兼町営博物館の窓に嵌《は》められた太い欅《けやき》の桟《さん》を、糸のこで引き切って入った盗賊が、数ある陳列品から迷いもせず、一直線に「忠吉」在銘刀(旧国宝)と、伝佐々木高綱奉納の宇治川先陣の説話で有名な綱切丸の二振を、もちさったのである。とくに前者は、もう数少ない平安伝世刀のはっきりした一例であり、信長——家康——松平忠輝とつたわった、その系歴も正しく残った名宝だった。

指紋一つ、足あと一つ残さなかった、その鮮やかな盗みぶりは、田舎の警察陣を、完全にあきれさせた。

そして、警察は県内の刀剣愛好者、古美術品蒐集家を、一人一人、現場へ招聘することにした。

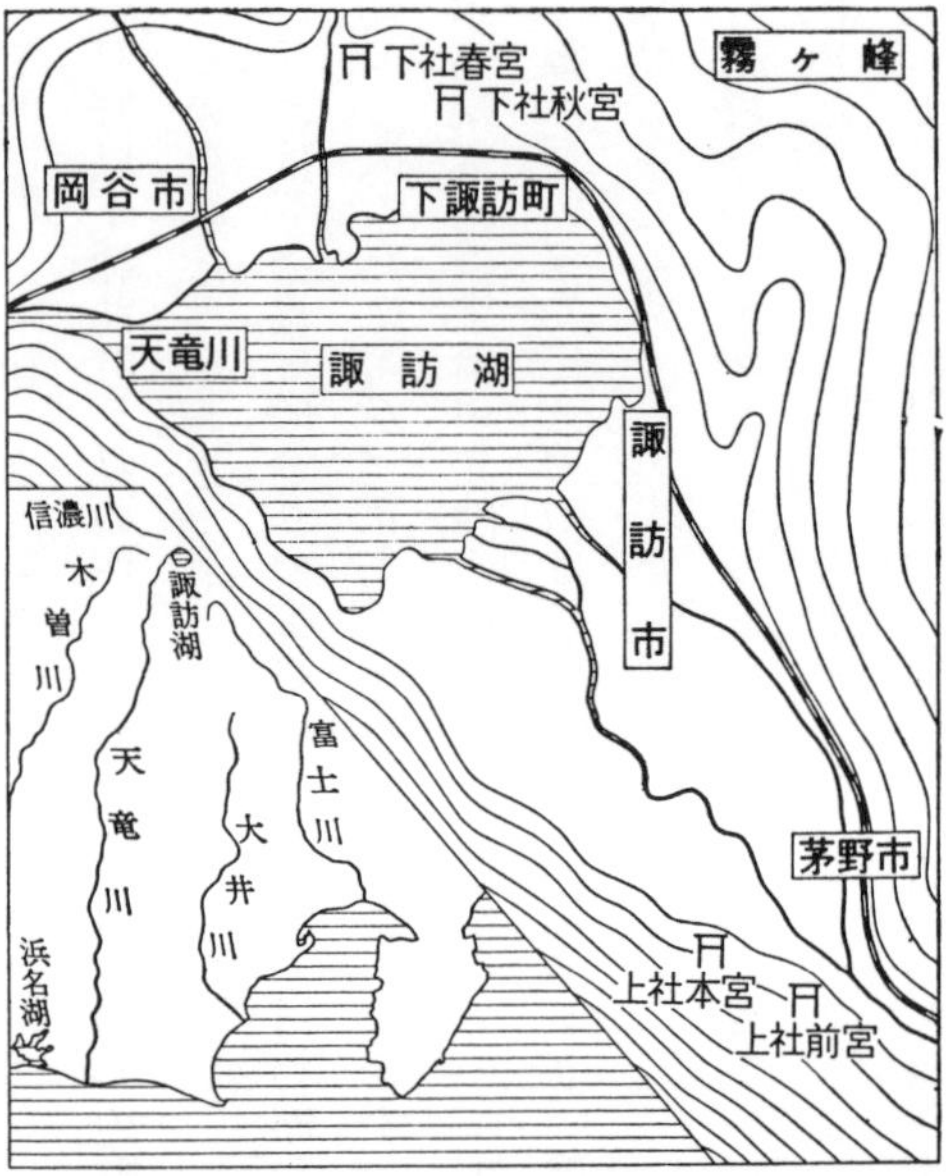

事件捜査上の参考に御意見をうけたまわりたいという主旨である。けれど、捜査は一向に進まなかった。新聞は、その日、その日の、学識経験者の推理に、多少フィクションをくわえて、面白おかしく報道した。

由来、宝物というものは、略奪によって、処をかえることによってのみ、永い生命を保ちえたものなのだ。いずれ、どこかで、大切にされ、そして何十年もたって、前より数段高い位置の宝となって現われてくるものだ。それでいいんだ、騒ぐことはない、と、私がのんきなことを考えていると、意外にも、ある日、私にも、おいそがしいところを恐縮だが、捜査に協力してくれといってきた。

諏訪神社は諏訪湖をはさんで南岸と北岸の二社に別れている。南が上社《かみ》（本宮と前宮）、北が下社《しも》（春宮と秋宮）で、今は一つに合併されているが（といっても建物は四つでもとのまま）、もともとはまったく異なった性格の神社だった。私はその下社（春宮）にいまある宝物館へいったわけである。古い中仙道の宿場街のひなびた雰囲気の中に、その宝物館はあった。

私は、その調査本部へいってみた。

そこの雰囲気は、なかなかに御意見をききたいなどというやさしいものではなくて、やはり宝物マニアとして、蒐集者一人一人の、善悪品定めに他ならなかった。私はいやな感じがして、答えながら、横をむいて、宝物館の中をみまわした。

諏訪神社随一の神宝
「さなぎの鈴」といわれる鉄鐸の第一号である。

創立のとき、楽浪《らくろう》遺物の蒐集家として有名だった故伊東槙雄《まきお》さんが、ここの館長になり、私もたのまれて、郷土の考古資料、かねめはまったくない石器や土器を出陳して手つだったきり、一度もきてみなかった陳列館である。自分のだした懐しい品物もあるが、どれもホコリをかむり、手入れしているようすもない。——楽浪のかなりな品が無事なのに、刀だけ狙《ねら》うとは？——私はぼんやり考えた。

ふとそのとき、すぐ頭の上のガラスのケースに、諏訪大社神宝「さなぎの鈴」が、赤茶けた鉄サビにまみれて、やっぱりホコリだらけで出陳されていた。私は訊問《じんもん》に関係なく、ちょっと頭をなでて、ひとりごとをいった。

「ははあ。鐸《たく》には、出土品ばかりでなくて、伝世品（伝えられてきた品）もあったんだな」

今でこそ、こうしてガラスケースの中に、ただわけもなく放置されたままになっているが、後にのべるように、中世には、じつにこの諏訪神社の神格を代表するような、重要な位置に、この鐸はおかれていたことが、そのとき、私にもわかってはいたのである。

諏訪上・下二社、古事記の説話につらなる国内有数の古社である。その神職は出雲大社の千家《せんけ》氏のように、「大祝《おおはふり》」諏訪氏と「神長《じんちょう》」守矢氏が、古くから代々連綿と、きわめて歴史の古い家柄が現在までつづいているのである（但し現在は三輪磐根氏が宮司として奉職しておられる）。この代表的な古い神社の本態を究明することは、銅鐸の本質にもつながらないともかぎらない。――そうだ、あの伊藤富雄先生のいった謎のことばはこれだったのか――私は、刑事の質問とは一向に関係のないことを考えだしてしまった。

すっぽらかしてしまった銅鐸の追求、いくら考古学的に切りきざんでみても、何もわからないあのスフィンクス、あれは形式も年代もほぼはっきりしたのに、何につかったか、どうして土中に埋められたのか、それこそ、想像もつかなかった。

と、いま、私の前にあるこの鉄鐸、これはいつのものともわからない。けれど、幸いに使い途がわかっているのである。

これは、いったい大それた望みなのだろうか。鉄鐸と銅鐸が、同じものだという証明ができるならば、諏訪神社伝世の鉄鐸の時期がわかり、同時に、銅鐸の使いみちが類推できようというものである。

私はおどりあがるよろこびをかくして、急にハキハキと意見をのべ、刑事さんのゆるしをえて、家にかえった。

そして、猛烈ないきおいで、鉄鐸の追求に狂奔することになった。

昼も夜も、それに没頭した。

諏訪神氏神長官職、守矢真幸さんの蔵する守矢文書の中に、「神氏御頭日記」という記録があり、その天文四年巳未（一五三五）の条につぎの記事がみえる。

「此年、武田信虎ト碧雲斎於堺川ニ参会、当社御宝ヲモタセラレ、於堺川ニ御宝鈴ヲ被仰候、神長ツツラノ箱ニ御宝ヲソヘテ六人ニカトカセ御供申、信虎、碧雲両所ノ間ニテ神長申立テツカマツリナラシ申候、堺川マデ御宝御越候事往古ヨリ是始ニ候、彼川ノ北ノハタニテナラシ申候、往古ヨリナキハウニ候間、九月十七日ニ御宝鈴鳴而其月ノ内ニ又不会、武田殿ヨリノ参銭金七出候」

解説などするまでもないかと思うが、碧雲斎というのは、惣領家諏訪頼満で、永い武田家との確執の末、双方とも疲れはてて、一応の和議《わぎ》が成立し、両軍は諏訪郡富士見町山神戸の南一キロほどのところを流れている、甲信国境の境川の北岸で、地点は不詳だが、講和談判をしたわけである。離反定めない戦国の世だった。双方、それぞれ胸算用あっての和議だったが、それだけに、すくなくとも、相手だけには守らせるように信じさせる手段《てだて》がほしかった。いうなれば至上の約束の証人である。

かくて、諏訪神社の領域、県《あがた》の他へでたことのない御宝鈴をつづら箱におさめ、六人の社人に担《にな》わせて、神長官《じんちょうがん》がつきそい、一二キロの山道を出向していったわけである。そして神長《じんちょう》(ふつう神長官はつかっていない。神長官というのは神職の最高のものである。)は、この二人の梟雄の間で、和議の申し立てをのべた後、おごそかに宝鈴をならしたのである。すなわち、それは、神を仲介としての絶対の誓約のしるしとなったのであろう。

ところが、かような御宝鈴の遠出は前例がなく、違法ゆえ、九月十七日結ばれた和議は、その月のうちに早くも破れたという。これを記録した神長守矢氏は、いくども、この無法をかきくどきのべ、ぎりぎりとした怒りが、激しく文中ににじみ出している。よほど口惜《くや》しかったのだろうし、また、それだけに権威のほども思いやられる。

神長はそのおり、講和のイニシアティブをとった武田信虎から、参銭として金七をもらったと書き残しているが、甲刕金《こうしゅうきん》七個という意味だろうか。別にこのお札にたいして、多いとも少ないともいっていないので残念であるが、比較資料はいろいろある。

まず、永禄四年辛酉二月十四日付神長官宛の武田晴信の定書によれば、

「諏訪上宮御宝鈴銭之事」として、つぎのように定価表の申し入れがある。

一　上　　五貫五百文
一　中　　参貫三百文
一　下　　壱貫弐百文
右以二如レ此之積一、可レ鳴二御宝鈴一、向後此外不レ可レ有二増減一候之間、其意得尤候、仍如レ件

宝鈴をならしての礼銭が一定していなかったこと、それは、また、かなりしばしば鳴らされていたことは、この一文書でもはっきりするだろう。また、その例示として、文書に現われたところでは、武田晴信の「諏訪上下宮祭祀再興次第」に、つぎの一例がある。

湛神事退転之所令再興次第

一　三月舟渡湛、神田八段、在家壱間、竹居庄ニあり。彼八段之田あり所を不レ知、而径二百五十年一之儀、不二虚説一之由、神主千野出雲振二当社之御宝鈴一令二誓詞一上者不レ及二是非一候

このようなときにも、信刕対甲刕の境についても、すべて土地にかんするいろいろな誓約・誓詞《せいし》を、成立させる神の仲介を、この宝鐸は司《つかさど》ったもののようである。また、武将間では、穴山左衛

門大夫・穴山六郎治郎と、小山田兵庫と、おなじ武田の武将でも、北、巨摩郡（逸見筋・八ヶ岳山麓）の主と、南、都留郡（郡内・桂川流域）の主との間で、とりかわされた誓約のときに振られた例もある。

それにしても、戦乱たえず、諸事万端出費がかさみ、宝鈴の礼銭を安くして欲しいという意味の記録すら残っていることは、この時期、室町末はとくに、それ以前から、誓約のあかしとして、盛んに用いられていたことを意味するのであろうことは疑う余地はないだろう。

これが、この「さなぎの鈴」鉄鐸を「誓約の鐸《うけひ》」と考える理由である。

ところが、「さなぎの鈴」の神社における本来の用途は、そんなこととは、少々ちがっていたようである。

すくなくとも、小坂円忠によって「諏訪大明神画詞」が書かれた正平十一年（一三五六）ころまでは、神社第一の祭事、大御立座神事《おおみたてましのしんじ》の主役であった。大御立座神事は、大立増神事とも書いている。現行御頭祭、三月の初の酉の日であるので、酉日祭またはたんに酉の祭ともいっている神社第一の大祭である。その内容は、神使が内県《うちあがた》、小県《おあがた》および、小立座神事で外県《そとあがた》へ、それぞれ巡幸にでていく、出発の祭りなのだが、鉄鐸はその祭に重要な役割をもつ、貴い神器だった。

いったい、神使巡幸の神器と、誓約の鐸と、どんな関係があるというのだろうか。

これからは、中世の、しかもむずかしい文書を読みわけなければならないだろう。けれども、私は考古学以外、まったくの素人《しろうと》である。考古学というのは、物証で追う推理学だと、私は信じている。だれが何といっても、土の中から掘りだされたものだけの学問とは信じられない。主題が古代であろうと、中世、いや近世であろうと、過去の物質的資料はすべてが、われわれの資料となりうるだろう。もちろん、諏訪神社がテーマであっても、一向にさしつかえないはずである。

われわれは、物の寸法や形式分類を、すべての基礎にして出発している。しかし、それは、絶対に目的ではないのである。われわれは、たしかに無機物をあつかっている。しかし、それから、もっと、人間にふれ、さらに、人間をつきこんで考えていったって、むろん、結構なわけである。そうでなければ、なんで、一度しかないこの人生のすべてをささげて、物の寸法や、形式だけを追うものだろうか。

こうしたことで、私は手あたりしだい、こんどは鉄鐸にかんする物証を追った。銅鐸の追求がどうにもならない壁にあたってしまったからである。

さんざんに迷路を追ってみて、ついに白だったり、はじめから、あきらめて見逃していたばかばかしい物証が黒だったりした。いやになって投げたり、自分の学問にまったく絶望したり、病気で前途をあきらめたり、私の経営する営業の不振、借金で逃げまわったり、いろいろなことをした。

一番、おそろしい敵は高血圧症だった。二百を突破すると、私は寝た。けれど、思索に熱中すると、かんたんに二百をこえた。私はギリギリ先きを急ぎながら寝た。その間、唯一のささえは妻の全面的バックアップだった。ちょっと、おもはずかしい次第だが、ほんとうのことなら、これもやっぱり、人間の大切な現象として記録されていいであろう。

こうした暗中模索《もさく》は、宝刀盗難事件いらい、二年つづいた。書きぬきはノート四百頁に達する長いものになった。私はそれに「暗中模索ノート」と題字をかいた。

本当は、そのノートこそ、生のままだしたら、さぞ、面白いだろうと思う。

学説などというものは、しょせん、はかない寿命のものである。著者の訂正のきかない死後は、たちまち滅びるだろう。滅びなければ、学問の進歩がないというのが、学問をになうものの宿命なのである。そうしてみると、学説もさることながら、その学説を生みまた育てなければならなかった、生きている人間の現象の方が、はるかに、重要で、かつ面白いではないだろうか。

私の場合もほんとうはそうしたいのである。その経過こそ、一つの学問の歩いた経路として面白く、赤裸々にだしてみたい。しかし、私は今、へたな推理小説を書いているのではなく、あくまで、考古学の話を書いているのである。

さて、そこでむずかしいそうした私の前途には、すぐれた先達が一人いたことに、はなはだ申しわけない話だが、最近になって気づいたしだいである。

それは大場磐雄博士である。

こうしたことになる前に、この鉄の鐸の存在を私がしらなかったわけではない。ただ、銅鐸の追求とは、まるきり無関係にしってもおり、また興味をもったにすぎないので、銅鐸と鉄鐸を、おなじ土俵のうえにのせて、相撲をとらせてみようなどとは考えてもみなかったのである。

したがって、大場磐雄博士の三つの論文「小野神社蔵鉄鐸」[一三四]「信濃国の銅鐸と鉄鐸」[一六七]「銅鐸私考」[一七五]には、存在すること自体しか、さして注意をはらったことはなかった。とくに、もっとも重要な「信濃国の銅鐸と鉄鐸」は戦争末期のこととて、戦地の私はまったくしるところがなかった。それにしても、むしろ「あれは考古学じゃない」と、自分がいわれるようなことばを、むしろそれらの仕事に向かって投げかけ、黙殺していたような、誠に申しわけのないしだいであった。深く謝して改めて大場さんの意見をききたい。

大場さんの意見を[一三四・一六七]、戦前と戦後にわけて、その大要を紹介するとつぎのようである。

昭和八年、「小野神社蔵鉄鐸」がおそらく、最初に活字になって現われた鉄鐸の考古学的研究である。

「長野県筑摩地村北小野所在、県社小野神社に、鉾がある。神代鉾と称している。それには多数の白和幣がとりつけられ、身もかくれるばかりとなっているが、さらに興味をひかれるのは、その

神代鉾

右は小野，左は矢彦の各神社蔵。鐸の使用法として，もっとも古い型ではないかと思う。小さい銅鐸は，そっくりこの鉄鐸と変えてみたいほどである。

中に数個の鉄鐸が存することである。

鉄鐸は六口を一組として麻緒をもって結びつけられている。それぞれの大きさは若干の相違は認められるが、その制は、ほぼ同様である。

全部が鉄製からなり、身は一分内外の鉄板を、円形または楕円形にまきあわせて、截頭円錐状に造り、上端に近く、身と直角に閂様の鉄棒をつらぬき、それに楕円形の鉄環をつけ、その上下に同形のやや大なる鉄環を挿入させ……」

と、かなりくわしい鉄鐸の記述をのせていられる。鐸の説明へ入ると、この記述はすこしく現物とちがうようで、後からの私の調べによると、小野神社鐸でなくて、諏訪神社鐸の間違いのようである。いずれにしろ、注意すべきことは、大場さんは、すでに、この文で、「その制および形状から、本品と銅鐸とが、まったく無関係ではないと思考するものである。もちろん、両者を直接に結びつけようとはしないが、銅鐸の有する宗教的要素をうけた遺檗ともいうべきものがこれに認めらるのではあるまいか」と将来の問題のあり方を暗示した。

久しくたった昭和十九年、大場さんは「信濃国の銅鐸と鉄鐸」で、信濃国にでそうでない銅鐸の不思議をのべ、信濃からは必らず銅鐸がでると予言した。その理由として、隣県岐阜の上呂から昭和七年の高山本線工事で発見された小型袈裟襷文鐸二個、愛知県からは、飯田線から峠一つの、下伊那郡に近い南設楽郡作手郷田嶺村から、古く発見された一宮砥鹿神社蔵鐸の二つをあげられた。古代の交通路から考えて、信濃へ入ってくるだろう銅鐸文化のあり方についての一示唆である。つぎに、すでに県内にある銅鐸についてであるが、上田市にある出土地不明、伝承不詳の三口は、とり上げるに術もないが、松本市城山宮淵出土と伝えられる鈕部破片にいたって、その出土の妥当性をといて、必らず、信濃は銅鐸圏内にあるという自信のほどを示されている。

さて、つぎに大場さんは「鉄鐸の存在」なる一項をもって、鉄鐸があるゆえに、銅鐸もきっとあるという論の終点を考えていられたが、事実は、昭和三十五年松本にほど近い塩尻市柴宮鐸が現われて、大場さんのいう通りになったわけである。それはそれとして、じつは、そのことよりも、その項が鉄鐸研究の、もっとも頼りになる文献としての価値の方が大きいのではないかと思われる。かなりな長文なので、その要点だけをひろってみることにしたい。

いま、国内の古社で鉄鐸を蔵するもの、諏訪神社上社、小野神社、それから上伊那郡小野村矢彦神社である。静岡県伊豆加茂郡の式内社《だい》箕句神社宝物中に存在すると聞くがはっきりしない。

諏訪神社には、現在六口ずつ三組あり、形状・大きさは大同小異である。社伝によると、往古神使の巡廻に使用した宝鐸で、室町時代には、これを打ちならして誓約の証とした記録がある。古来の神宝中でも、特別な位置をしめた重宝である。製作の時期については、資料およびそれ自体に記録がないのでわからないが、相当年代までさかのぼりうることは否定できない。

諏訪大明神画詞には「大鈴ノゴトシ」とあり、池原香穉のみともの数には「さなぎの鈴」と記しており、神社では宝鈴とよんでいる。古典にいう佐奈伎がこれにあたるのだろう。

サナギについては、古来二、三の人がその考証をしているが、その形状についての研究はほとんどない。類聚名義抄には、鐸をオホスズ・ヌリデまたサナギの訓をつけ、和名類聚抄《わみょうるいじゅうしょう》にも鐸を、大鈴と註をしている。これが鈴とちがうことは、延喜式四時祭鎮魂祭の条で「鈴廿口、佐奈伎廿口」と区別していることでわかる。伴信友《ばんのぶとも》が阿伎留神社の神主《かんぬし》からの暗示として、蚕の繭《まゆ》が籠っている殻をサナギと称することと関連させて、鐸の形状を考えているのも卓見であろう。藤田元春氏は、同名の地形から、サナギが銅鐸形であると論じている。なお三代実録や扶桑略記《ふそうりゃくき》などで、すでに銅鐸・宝鐸という名称をつかっていることは、諏訪神社のこの神宝を鉄鐸とよんでよい有力な証拠ともなるだろう。

大場さんの記述はなおつづく。

矢彦神社のは、麻鉾とよばれる一本の鉾に付着して、一口の鉄鐸がある。柄《え》につけた符票には、「ぬさほこ五垂鈴」と書いてある。もとは五口なのだろう。鉾は鉄製中透しの身に、白木檜《ひのき》の柄をつけ、鉾身の長さ一尺、柄の長さ五尺三寸、総長六尺三寸、鐸は身の上部に小孔を穿《うが》って、直接、鉄環をとりつけたかんたんな円筒である。毎年八月廿八日の御射山祭に、これを祭場に持参し、終れば新しい麻幣をとりつけるという。

小野神社（上）と矢彦神社（下）

この2つの神社は小さな溝を境いにならんでいる。
谷間にあるので冬は雪が深い。

小野神社例は、そ

の制、矢彦とほぼ同じ。鐸数ははるかに多く十一口、全体が小形品。ほかに舌一連があるから、もと十二口なのだろう。舌はほとんどにあったらしいが、今は二口だけ失なっている。諏訪神社のより素朴の感が強い。それが、神代鉾にとりつけられている。鉾の身は鉄製中透であるが、その左右に、鎌形の刃が付着している。柄は白木の檜《ひのき》で矢彦とおなじ、麻幣も鉾身が大部分隠れるほどしたたれている。

現在は祭はないが、七年毎の御柱祭に、麻幣をとりつけているという。

三社の鐸を通観して、諏訪のものも、がんらいは小野・矢彦のように、鉾に懸垂したものと思われる。それは宮地直一博士も指摘しているところである。九州を中心に発見されている銅鉾の中にも、袋部に孔があり、何かをとりつけたことと思われる。

また、矛《ほこ》に鐸をつけたことは、古語拾遺《こごしゅうい》の天岩窟《あまのいわと》条に天鈿女命《あめのうずめのみこと》が「手持二著鐸之矛一而於二石窟戸前一覆二誓槽一」とあるのでもしれる。これが故事となって、後世、猿女の奉仕する鎮魂《ちんこん》祭には「サナギ」が使用されることは、延喜式《えんぎしき》でも明らかで、今日まで宮中に残ると聞いている。鉾を衝《つ》き立てて音響を発し、さらにこれを効果的にするため、鐸や鈴をつけることは、その音楽的機能もあるが、鐸鈴自身にも神秘性があったと考えてよい。

古典には鈴を神体とした例があり、鐸を神体としたものには、延喜式神名帳所載の鐸比古神社・鐸比売神社、ともに河内国大県郡があり、社名からいうと、但馬国朝来郡の佐襄神社や、三河国西加茂郡の猿投神社も考慮に入れる必要があろう。……自分（大場博士）は銅鐸や鉄鐸などを包括して、わが国古典に現われた鐸（佐奈伎）の解決を試みたいと思っている。

その結語は、戦争をこえて、昭和二十四年に実現された。すなわち「銅鐸私考」[一五]で、とくに――使用民族の問題について――という副題がついている。

大場さんの主論の根拠は、つぎの四点にしぼられているようである。

一　銅鐸は貴重な器具であって、これを入手または製作できたものは、有勢の一団だったと推定される。

二　発見地が近畿を中心にした一定の地域に限定されているから、それを持った民族は、その範囲内に分布した集団であったこと。

三　後世の古典、記紀・風土記にでてこないところから、銅鐸を所持した集団が、被征服者のような位置におかれたかと考えられる。

四　銅鐸の古型式は、山陽・山陰に多い。その地方に栄えた集団が、はやくから大陸との交通を行なって、金属文化をとりいれたもの。

以上の諸前提の上にたって、今まで、形式を中心に銅鐸そのものの研究に重点をおいていた視線を、ひと思いに遺跡の方へ向けた。それも、銅鐸出土地点との地名、さらに、その付近にある古社の調査である。たしかに、考古学の事象と神社とは、どこかに接点があって、歴史時代へのつなぎの役をはたすはずである。にもかかわらず考古学者は、その接点をさがす仕事には、一向に関心を示さなかった。というよりも、むしろそうした動き方を邪道視する傾向すらないとはいえなかった。

大場さんによると、先史時代末期に、近畿を中心に、そのような集団が勢をはっていたら、これが古記録にとうぜん現われないはずがないというのである。方法としては、個々の出土地を徹底的にあらい、その付近に居住したと信じられる古民族の有無をあらいだすことであった。

資料としては、古社と古地名が考えられた。古氏族の記載は、古典にはほとんどない。しかし、氏族は神社とともに移動している。神社名から、これを奉斎した氏族を推定することはさほど困難ではないと、博士はいっている。

もっとも、大場さんをして、こうした、かなり冒険的な着想へまでもっていかせたことには、一つの理由があった。それは昭和十七年、三河砥鹿《とが》神社蔵の銅鐸[58]の調査につづいて、同国の銅鐸出土地が、ほとんど、加茂郷・美和郷内にあったことから、さらに遠江をみると、浜名郡では、大神郷・弥和山神社の所在地に多かったことから、これはたんなる偶然とは考えられないということになったもののようである。

つぎに、くわしくは「銅鐸私考」[一三]の論中にゆずるとして、それぞれの鐸の出土地と、古氏族の関係のみのデータを、大場さんの文中からぬきだしてみることとする。

(1) 大和・吐田郷名柄。旧葛上郡。延喜式内社が、大十二座・中八座・小五社の中、四つが鴨族に深い縁故をもっている。出土地点名柄は、新撰姓氏録によれば、名柄氏、出雲神につらなる立派な鴨族の故地である。そのほか、カモ氏近縁の地名も多く、同じ北葛城郡上牧からも鐸119が一口出ているが、隣村馬見村には式内讃岐神社があり、かつ和名抄散古郷の所在地で、銅鐸の古和名「サナギ」と密接な関連をもつと考えられる。

(2) 河内高安村恩智・堅下村大県・玉手村玉手山例。北高安大竹に式内鴨神社、大県に式内鐸比古・鐸比売神社、玉手山には式内鴨高田神社。なお、この一帯は弥生中・後期の大聚落群で、高尾山（鷹之巣山）の城塞風な山頂遺跡（一説には鐸比古・鐸比売神社の故地ともいう）もある。

(3) 摂津川西村栄根、多田村満願寺山、神津村中村、加茂弥生式中期大聚落遺跡群の中心に近い栄根、その遺跡の中心は式内鴨神社の後身であり、付近から多田村にかけて、住吉の大神郷にふくまれる。おそらく鴨・三輪両族の居住中心地であろう。

(4) 三河国岡崎市洞町。字鴨田は和名抄にいう鴨田郷、鴨氏一族の居住地。

(5) 三河国三和村小島。この三和村は古記にはないが、三輪一族の地名と思われる。

(6) 三河国御津町付近からは、つぎの、御津町広石・御油町水戸山・八幡村十両・豊川市源祖・小坂井町伊奈・豊橋市瓜郷付近などの各鐸例が発見され、全国に冠たる密集地の一つということができるが、和名抄宝飯郡賀茂郷が、この地方に該当する。荻村所在、上下賀茂両社がその氏の奉社にかかわると思われ、豊川の対岸、八名郡美和郷、また北方には賀茂村があり、賀茂神社がある。また、豊川下流御津町には、御津神社が祭神大国主命で、付近に居住した出雲族が奉斎したものと信じられる。

(7) 三河国北設楽郡田峯。三輪川畔で三輪村の隣村である。同村鴨谷は和名抄設楽《しだら》郡賀茂郷の名残りか。また一山こえれば東加茂郡賀茂村である。

(8) 遠江国白須賀町鍛冶谷。付近に式内大神神社、和名抄大神郷などミワ族の居住地。

(9) 遠江国三ヶ日町釣、気賀町小野、中川村中川、三ヶ日町北方只木は、式内弥和山神社、また、三ヶ日町英多神社は和名抄《わみょうしょう》にいう英多郷の鎮座で、古事記にいう「天菩比命之子建比良鳥命遠江国造之祖也」という浜名県主の治所に奉祀せられた古社と考えられる。まず、出雲民族の占居地とみていい。中川村の北、金指町に三和の名のあるのも偶然ではないだろう。

いご、さらにこうした実例の列拠がつづくが、西方へ移って、若狭堤・因幡加茂・破れ岩・伯耆米里・泊・八橋・播磨閏賀・須賀沢・淡路中川原・中条・阿波上八万・下八万・源田・小松島市・八多・讃岐加茂村鴨など、合計三十六ヵ所の銅鐸出土地が、ことごとく、カモ・ミワなど出雲系祭神を奉斎する古氏族の居住地であるというのである。

大場さんも、はっきり認めているように、出土地名百数十ヵ所のうちの三十二例はわずか、二割五分にすぎず、かつ、紀伊・近江のような鐸出土例の密集地に、加茂・美和氏族の根跡が稀薄なこと、山城、さらに出雲のような、その本拠地のようにいい伝えられていながら、銅鐸の出土発見がない点など、はなはだしいくい違いもあって、もちろん、前出二氏族のみが銅鐸に関与したとはいい切れないと、慎重を期している。

さて、そうすると、カモ・ミワなる氏族はどういう人々だったのだろう。大場さんの長い記述はつづく。これからは、博士一流の古典の神話よみであって、ひどくむずかしい。私としては、批判的な思惟方法が各所に現われるが、今はその概要のみを抽出しよう。カモは大和葛城地方を基にして平野の西南部に蔓延《まんえん》したのにたいし、ミワは大和三輪付近を本拠に、東北部を占めて対立していた。長くなったので、古典的裏付けは一切原文にゆずることにしよう。カモ族は近畿にひろがり、西方に進出していった。ミワ族は、三輪山の神奈備を中心に栄えていたが、一度、勢力上の均衡が破れて、あるていどカモ族に同化したものという。すなわち、二氏ともに大和朝廷設立以前の土豪、地祇の有力者だったわけである。記紀によっても天皇外戚に、しばしば登場してくる点でも、その旧態の勢力のほどは察せられる。

さて、この大国主命の直系で最初に国土を支配していたといわれる国津神二氏の分布は、近畿を中心として、東海は遠江・駿河まで、東山では美濃・信濃、北陸は比較的浅く、山陰は因幡・出雲・隠岐《おき》と栄え、山陽では播磨・備中、南海では阿波・伊予・土佐に繁栄し、西海では筑前・豊前に分布を見る。大体において本州の中央部をしめ、東は函嶺以西、西は瀬戸内以東に、はっきり中心がある。また、ミワ・カモと後に出雲国を中心としたイズモとは、必らずしも同一の土豪集団ではないと語り、そして、大場さんはつぎの三つの結語で結んでいる。

(1) カモ・ミワ二族は、先史時代以降、わが国土に居をしめた豪族で、後に大国主神を中心とする、いわゆる出雲神族とされた。

(2) 分布は近畿・中国を中心として、東は函嶺以西、西は瀬戸内海を主とする。

(3) 神話によれば、この一団ははやく大陸方面と交通があったらしい。

この三条は、回顧するまでもなく銅鐸の存り方と一致するようである。

銅鐸はこつぜんとして消えうせる。古語拾遺の天目一箇神のつくって、天鈿女命が持った矛《ほこ》についた鉄鐸、後世、宮中の鎮魂祭の祭典中の佐奈伎廿口、旧記顕宗《けんそう》天皇紀に老嫗置目《ぬいで》が鐸をならして進めるとある鐸も、諏訪・小野・矢彦三神社にある鉄鐸も、銅鐸の後身、古典にでるサナギ・ヌルデの古態としか思えず、銅鐸とまったく同一なものとはいえない。

銅鐸は後をたった。しかし、それは何も鐸だけのことではなく、弥生式文化の文物のすべてに近くいえることである。剣も鉾も、古墳時代の鉄製剣・鉾とは必らずしもおなじでない。戈にいたってはまったく消滅している、ただ三種の神器の草薙《くさなぎのつるぎ》剣が銅剣らしいと伝えられるばかりである。

銅鐸の使用は、わが上古時代のある時期に栄え、古墳時代に入ってほとんど跡をたったということは、以上まで明確という他なく、漸次、勢力を拡げた大和氏族のため、出雲族は本拠大和をさり、一部は出雲に隠退するにいたったもので、銅鐸が、一種の宝器として、一族の権威の象徴たる理由から、征服者からは、没収または奪取もされたろうし、所有者がわからは、隠蔽もしたばあいもあったろうことは当然である。

大場さんの記述はまだまだ長い。おそらくその文化、いや祭政の交代の真実の一部を、うがっているのかもしれない。しかし、本質的には、考古学者が、そっとなでるだけですぎたあつい壁を、方向がまちがっているかどうかはのちの問題として、一応、うちやぶってみようと試みたことこそ、本当の意義なのである。

私はいま、鉄鐸《さなぎ》を文献上にあたるという、分に不相応な冒険を前にしている。考古学者として、大場さんの仕事も、私のいこうとする方向も、ほんとうはタブーなのである。このいかにも面白い、いや、これきり他には結論はないだろう大場学説が、昭和二十四年から、今日にいたるまでまったく黙殺されて、一言の評論もないのも、ほんとうはその学説の当否でなくて、この方法がタブーであるからである。「考古学は物をもってして語らしめよ。研究者がとやかく類推する必要はない」。それは、考古学者の骨の髄までしみとおったかたくなな信念である。その中に、私は鉄鐸を、文献や伝承のうちにさがそうとしている。それをあえてするのは、いいか悪いかというのは、しばらくおくとして、いまや、これしか方法が銅鐸究明には残されていないと、私には思われるからなのである。

私は、大場さんの仕事一切をまったくふせて、それにはとらわれず、しらぬことにして、私は私なりの考察へ入っていくことにした。それがはるかに大場学説におよばなかったにしても、それもまた学問の一現象として、やむをえないことだったと思うのである。

六　湛《たたえ》とよぶ土地

そういった不思議なえにしで、私の銅鐸追求のフィルドは、思いもかけぬ自分の居住地、諏訪へかえってくることになった。それについては、まずその舞台となる諏訪神社について、若干の補足説明をしておいたほうがよいかと思う。

諏訪神社は元官幣大社で、上・下の二社をあわせて一つの神社となっている。延喜の制の名神大《みょうじん》社であり、信濃国の一の宮として全国でも有数の古社である。古くから南方刀美神社《みなかたとみのじんじゃ》・諏方南宮《すわなんぐう》・上諏訪社・下諏訪ノ社など、いろいろによばれてきた。もともとの祭神は、建御名方富命《たけみなかたのとみのみこと》と八坂刀売命《やさかとめのみこと》であるが、その二柱と、上・下社との関係は、諸説があってよくわからない（現在は上・下両社ともにこの二柱の神を共通に祭神としているという）。

古事記に、オオクニヌシの子の勇猛なタケミナカタが、天孫に抵抗の末、出雲から信濃の諏訪にのがれ、ここに長くとどまったとある。そして、その子孫の神氏《しん》が、後に諏訪神社に祭ったものといわれている。

神社上社(前宮)の位置

正面が霧ケ峰，右手に八ケ岳山麓，左手に諏訪湖盆地をひかえた中央の要地である。

神氏は諏訪大社上社の祠官《し》であり、大祝《おおはふり》家ともいった。後に諏訪氏とよび、世襲されて今日にいたっている。平安時代の中期いらい、神氏の嫡男が「大祝《おおはふり》」の位につき、神に奉仕すると同時に、祭神の身代りとしてあつい尊崇をうける風習ができあがったといわれている。(下社は金刺氏、のちに武居氏が大祝となるのを常とした。)

この「大祝」の下に「神長官《じんちょうがん》」(上社、守矢氏)、禰宜《ね》《ぎ》大夫、権祝《ごんのはふり》・擬祝《こりのはふり》・副祝《そえのはふり》などの神職がおり、神長官守矢氏以下の家々もまた連綿としてつづいてきているのである。

上社《かみしゃ》には前宮《まえみや》と本宮《ほんみや》があり、下社には春宮《はるみや》と秋宮《あきみや》がある。そして本宮と春秋両宮ともに本殿にあたる建物がない。本宮は拝殿の奥に磐座らしい巨岩があるだけであり、下社春秋両宮はともに拝殿のうしろに宝殿二棟がならび、その二棟の中央のうしろに神木があるだけである。(上社、下社の関係位置は一一四頁の地図を参照されたい。)

鉄鐸の故郷，諏訪

中央の森のまわりが総御左口社（みしゃぐちしゃ）すなわち前宮を持つ神殿一帯である。

信仰の対象としては、大昔は狩猟神として、農耕時代に入ると農業神として、さらに鎌倉時代になると武神として全盛をきわめた。全国の津々浦々に分社が勧請《かんじょう》されて拡散していったのは、主としてこのときのことである。祭祀には七年ごとの御柱祭があまりにも有名だが、毎年の例祭の御頭祭《おんとうさい》、御射山《みさやま》祭、大御立座神事《おおみたてましのしんじ》なども、きわめて古式をのこしているといわれてきた。

これからの舞台はもっぱら上社にかぎられる。

さて、その鉄鐸――諏訪神社でいう「さなざの鈴」の謎をとく第一の鍵は、大御立座神事である。その正体を把握できれば、ある程度のことはいえるだろう。私は自分で蒐集《しゅうしゅう》できるかぎりの文献とをとりくんだ。これは、私にとって、辛棒《しんぼう》のならないほどに頭のいたい、また退屈な仕事で、あれにあたって折れ、これを読みちらかしてやめ、一向にらちがあかぬまに、夢中で数ヵ月がすぎた。何が何んだかわからないのである。

私は、蒐集したたくさんな文献の中から、もっとも原典といえるつぎの十一点をえらび、それを重点として、他は必要の参考だけにとどめることにした。

まず、有名な「神長官」守矢真幸氏蔵の守矢文書中の室町期の記録から、(1)「年内神事次第旧記」(2)「諏訪大明神画詞《えことば》」(3)「諏訪御符礼之古書」(4)「大祝職位事書」(5)「諏訪社物忌令」(6)その他御頭帳類をえらんだ。つぎに、戦国荒廃後の室町末の資料として、武田信玄の下知状(7)「諏訪上下宮祭祀再興次第」をとり、江戸の文献はとんで、現在のでは宮地直一博士の大著(8)「諏訪神社の研究」上下(9)山田肇「諏訪神社鑑」(10)飯田好太郎「諏訪神社誌稿」(11)諏訪史談会「前宮及本宮その付近史蹟踏査要項」を基本文献にえらんだ。

(1)の旧記。これは、神事のしだいより、供膳・役割・祝詞など、行事のしきたりの教授書のようで、わりあいに祭の記述はリアルでない。それに、おそるべき難解さで歯もたたない。ついに兜《かぶと》をぬぎ、いっそ、伊藤富雄先生に助けてもらいにいこうかと考えたが、心のうちの何かが、それに抵抗した。そして、自分だけで、いけるところまでいってみようと思いなおし、つぎの(2)の画詞にあたった。これは明解で、記述がリアルである。その画巻自体の成立は、神社の自画自賛的な誇張が少なくないが、その祭事にかんするかぎり、何の作意もない誠実さがうかがわれる。この祭り自体に、作者は神威を誇示すべき要素を発見できなかったことによるのだろう。私には非常な幸いだった。(3)は後に出るが、諏訪神社の内務命令控のようなもので重要。(4)は最高現身神大祝《おおはふり》の即位の式次第。⑸はしきたり一切。⑹は遙役割当帳。⑺はその一切の文献の活用例と、いじょう、私のデスク・ワークの資料は一応そろったのである。そこで、私は私なりに古文献をよみ、⑻の宮地博士の名著で、一つ一つ吟味しながら、つぎに祭事次第をのべることにした。したがって、描写される祭の実際は画詞成立のころ、室町初期（一三五六）と承知されたい。

春に入り、人々が生産について新しいめざめを覚えるころ、諏訪上社では、三月初午《はつうま》の日から、十三日間も連続して、春の祭が行なわれる。その皮切りを承るのが、初午の日の外県御立座神事《そこあがたみたてましのしんじ》で、これは、外県《そこあがた》へ出向する当社神使、外県介《そこあがたのすけ》・宮付《みやつき》二人の出発の儀式である。ついで、初酉《とり》の日には、内県《うちあがた》・小県《おあがた》を巡る二組の神使、内県介《うちあがたのすけ》・小県介《おあがたのすけ》それにそれぞれ付随する二人の宮付、計四人の出発のための祭事、大御立座神事がある。もともと、二つの祭は同じような意義の祭りで、外県が遠く旅程が長いため、三道の神使の帰社の日を調整するために分立した相違と思われる。

ここでも、春の祭は農耕祭だろうと思われるが、これと一貫した祭として、晩秋の十一月二十八日になって、あまり顕著な祭とはいえないが、ほぼ同様なしだいで、三つの県《あがた》の神使御立座《みたてまし》神事がある。初春と晩秋、すなわち播種直前と収穫の直後である。この神使が巡幸するタイミングは何を意味するものだろうか。宮地博士は、その農閑期的効果をねらったものと考えていられるようであるが、はたしてそうだろうか。大御立座神事は、中世より、今にいたる、七年に一度の御造営に伴なら御柱祭《みはしらまつり》をのぞき、上社《かみしゃ》最大の祭である。いうなれば、神社最大の経営価値と意義をもつ祭りなのである。そのタイミングこそはずせない、強い時期感がなくてはならないようである。

その祭の舞台をすこしくわしくいうと、長野県茅野《ちの》市小町屋地籍、諏訪神社上社《かみしゃ》、前宮《まえみや》（方向の前でなく、時間の前の意）は湖にのぞんだ、東に大きくひろがる八ヶ岳の火山灰台地と、その沖積水田地帯をみおろす山腹のゆるい斜面にある。ここは全域を神原といって、諏訪大神氏の現身神大祝《おおはふり》の祭域であると同時に、居住地でもあった。

その神原は、だいたい、四つの段状の土地から成立しているようである。

第一段は諏訪神のニエである鹿肉をはじめ、奉斎品をささげおく贄《にえ》掛場兼、一般人の拝所らしく街道に面している。

つぎの段には神原廊（十間廊・実験廊）という細長い吹き払いの廊と、内御霊殿という神殿が並存している。廊は祭りごとのとり行なわれる場であり、内御霊殿は神体をおさめ、かつ、現身神大祝《おおはふり》が顕現する場所である。

つぎの上段には、まず、御室社という、年間の行事万端が神意にかなうかどうかを占う、原始的な竪穴掘立柱の斎場があり、少し北にはずれて、鶏冠社（かえでの宮）がある。この小さな祠の前には、大きな盤石があって、大祝はこの大岩の上の葦の席の上で、即位、すなわち現身神になるのである。上段からははるか高い、最上段の位置に前宮本殿があり、これが大祝現身神の宮居すなわち住居であったと思われる。

さて、その当日の夜景にうつろう。六一〇年の昔の一夜を、再現しようというのである。神原廊の百数十個もの銅灯籠は一杯に火が入れられ、大松明五ヵ所・走松明《はしりたいまつ》五百をたき、神氏・氏子たちが、これをとりまいて、拝みさざめき、見守っているうちに、祭は日没とともにはじまる。まずは夜祭の一般的情景である。

諏訪神社上社の前宮

御左口神信仰の本拠と考えられるが，この明治初年の古態を見ると，完全に住宅建築のようである。

夕暗とともに、廊上では饗膳がはじまる。画詞の表現をかりると、禽獣の高盛、魚類の調味美をつくす、といったふうで、当時としては、非常な豪華絢爛《けんらん》のささげもののの群であったようである。この膳は、一つ一つ、壮厳あるいは不気味な、太鼓《たいこ》の調子にのって廊上に手送られてくる。氏子はかたずをのんでそれを見守っていたことであろう。

戦国ごろの実例によると、その供膳の内容は、だいたいつぎのようである。七献に用いる酒、二重・手懸・鶴の抱行器・同莵・置鳥・置鯉・同十二合などの厳物、御供の高盛、突飯八膳・肴十八・一ツ穀三百余膳、俎板百二十帖におく鶴・雁・鹿の頭（現代にまで残る鹿猪の頭七十五であろうか）から、海のもの、さらに大刀・征矢・沓・行騰《むかはき》（皮の脚あて）・腹巻・馬にいたる引出物までを、大祝《おおはふり》は、一段と高い座の上から、引きならべみすえているのである。

この私には、名もわからぬ捧物《ささげもの》は、むろん大祝《おおはふり》ばかりではない。神長官以下、禰宜《ねぎ》・大夫《だゆう》・権祝《ごんのはふり》・擬祝《こりのはふり》・副祝《そえのはふり》ら五官はいうにおよばず、家老・奉行・神人・家人・巫女《みこ》にいたるまで、さまざまな品物が引出物としてだされる。この乏しい経済的ヒンターランドしか持たない小盆地の人々にとっては、今考えてさえ、気の遠くなるような出費だったに相違ない。このすさまじいばかりの経済的負担は、前述した内県介を出す御頭郷、およびその協力村、枝郷の役ということになっている。

さて、饗膳がおわると、参会の神官たち（神官というのは後出の十四人）が、てんでに所持の榊を献ずる。これには頭髪筋一両づつをつける。頭髪のもつ呪性を意味するものだろうと、宮地博士はいう。神具官はこれをとりそろえて、一束にあわせて捧持する。

これが御杖である。

神長はつづいて御宝《おたから》（大鈴《おおすず》のごときものと画詞の作者小坂円忠はいう）を錦の袋におさめて頭にかける。何個であるか、だれの頭ともわからない。しかし、これがじつに問題の鉄鐸であることは疑う余地がない。肝心なところである。私はあらゆる文献から、その後、御宝がどう処理されていくかを読みとらなくてはならない。あたまのいたい夜がいく夜もつづいた。

そこへ、主人公内県介《うちあがたのすけ》と宮付が登場、着座、つづいてたって、大祝の前にひざまづく。大祝はその頭に玉鬘《たまかずら》をかける。

こんどは、神長が内県介に御杖を授ける。内県介はこれに手をかけると同時に、なぜか助人に介助されて本座にかえる。彼は御杖に手をかけただけで、なぜ、介助される必要があるのだろう。不思議である。神道史学の人なら、きっと、内県介、これは御頭郷から選出された童男であるが、御柱は、それ自体、大神の憑代《つきしろ》であり、童男はその瞬間、すでに人から神――神使に変身する経過で、その虚脱の状態を意味するもの、というだろう。

さて、それから、内県介宮付、小県介・同宮付と、三人は内県介と同じことをくりかえす。それから大祝の申立や、それにたいする神使たちの復唱や、大祝の拍手、これに和する氏子などがあって、やがて、神使たちは庭にでる。庭にはすでに馬が用意されている。

御立座神事の御杖柱

約6尺ほどの檜材の先に，柳，クブシ，柏，チシャ，五尺絹などが結びつけられているが，かつては鉄鐸がついていたのだろう。

ここで、神長が御宝《おたから》を、禰宜《ねぎ》大夫が御杖をもつ。大御門戸《おおみかど》（神原の最下段か）にでて、神主に命じ、その身に御宝をかけさせるとある。この身はだれの軀かわからない。少なくも頸にかけていたのは神長だから、おそらく神使二人だろう。「社例記」によれば少くも江戸時代ではそうだった。御杖は神主に付するとあるが、これもわからない。神主は十四人いる。けれど、江戸時代にはオンネン柱（御杖）を神使が背負っていた。これも、おそらく神使が御杖と御宝とを背負っていたと考えて間違いないだろう。「画詞」では御杖（賀主の役騎馬）としてある。賀主というのはだれのことかわからない。けれど、画詞の権祝本の割註には御宝（或ハ御杖エツケ或ハ別ニモツ）としてあるし、神長本には、はっきり御宝を御杖に懸《か》けとある。どうも、がんらいが、御杖と御宝とは、一緒のものらしいのである。祭式一般からみると、この行事にかんするかぎり、御杖が主で、御宝が従である。もともと、御杖のいくところ、御宝はついてまわったからであろう。

さてそこで、御宝は既述した問題の銅鐸の末裔《えい》鉄鐸である。神杖は、現存しているのは、前にだした写真のように、柳・クブシ・柏・チシャなどの小枝と、五色絹などを一杯に結びつけた。白木の檜《ひのき》、約六尺ほどの角柱で、まことに妙な、鉄鐸とはさっぱり結びつきそうもない代物《しろもの》である。

御杖とはいったい何だろう。

庭上では、神使四人が乗馬して並列している。馬は北頭、介が西面、宮付が東面。一方神原では、清酒の御柏を、四つずつ手向《たむ》けて伝進し、御杖に着奉る。「旧記」によると、四つの御柏のうち、二つを片柏ずつ御杖に差し、また片柏ずつを介と宮付に供すといっている。このへんのことは私にはよくわからない。そして、雅楽《ががく》の役で、三声御幣と喚《よ》ぶ。そこへ、大祝《おおはふり》を先頭に、神原より一同が庭上へ下り、御幣をもつ。神長《じんちょう》これをうけ、介の馬の頭に向って申立をする。そこで、神長は大声で、「御手放レナリ」とさけぶ。ここで、初めて、御杖・御宝・神使・御馬と、一体となった神使の神格が成立するのであろうか。

こうして、馬上の二組の神使たちは十四人の在郷の神主をしたがえて、大祝の神殿を中心とした神原を、二巡または三巡してのちに、夜ふけの御廻神の旅にでていくのである。

その夜、内県介一行は千野泊り、明けて、千野・矢崎・古田と、現茅野市の八ヶ岳火山地帯の咽喉部の一部を廻り、前宮にかえってくるのが五日の後である。旅程はきわめて楽で、往復迂廻距離8*km*、二泊目は矢ヶ崎であるが、いずれにしろ、一個所で、小一日ほどの祭事が行なわれたことになる。内県という名そのものからしても、位置からしても、ほんとの神殿から一望の手のうちで、最重要な領域ということができる。

小県神使は、その夜、近くの上原にとまり、六日後に、諏訪市の上桑原・下桑原・大和、下諏訪町の馬場・友之町、岡谷市の小井川と、諏訪湖の東北岸をまわって、同じ往路をかえってくる。この一行は24*km*、祭事は下桑原・上桑原と上原で、往復ダブって祭が行なわれ、計九ヵ所らしいから、ややいそがしい旅である。それだけ、内県より粗略だったと考えていいだろう。

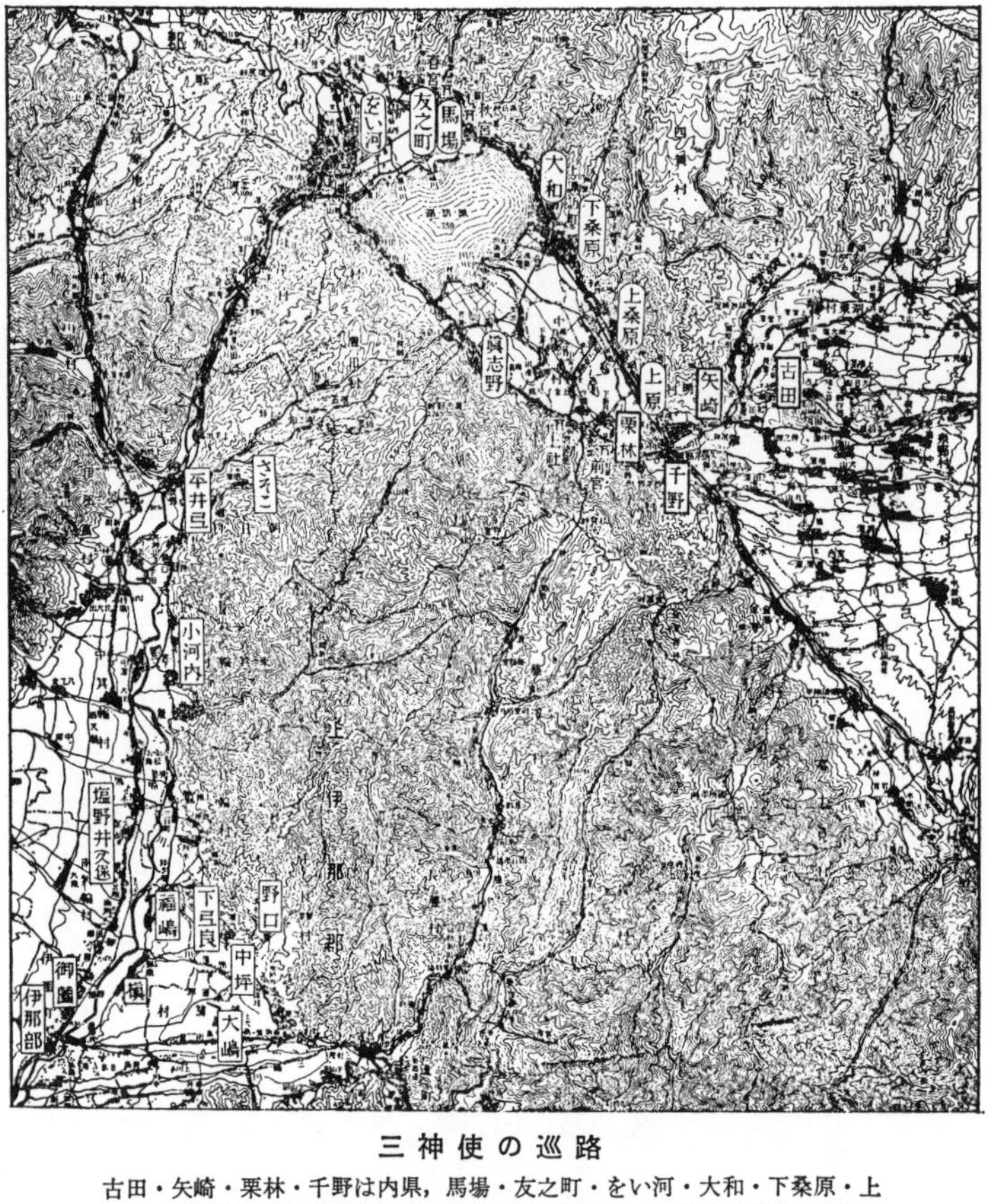

三神使の巡路

古田・矢崎・栗林・千野は内県，馬場・友之町・をい河・大和・下桑原・上桑原・真志野・上原は小県，その他長方形に囲まれているのは外県である。

外県神使はさらに遠く、その夜のうちに深更、赤石山系の有賀峠をこえて、天竜川上流の上伊那郡にでて、平井弖（湛）、小河内（宿湛、一泊したのだろう）、常土の輪（神事）、ここで天竜川を渡って、左岸から右岸にうつり、北南の御薗、伊那部（湛）、この辺から、また天竜川を渡って左岸にかえり、大島の郷・槇の部（湛）・寺の福島・下寺・野口・中坪と美すず・手良地域の三峰川冲積平野を巡り、ふたたび、天竜川右岸の往路を引きかえして、途中、前淵（昼湛）さこそを通り、有賀峠から諏訪に帰っている。

三つの神使の巡路にはいくつかの不思議がある。

内県は、なぜ、南諏訪の高原地帯や、八ヶ岳山麓一帯の村をまわらなかったか。小県は、なぜ、湖の東北岸をふたたび引きかえすのか。西南岸にも有賀・真志野・小坂などの古郷があるのに、そこを通過しないのはなぜか。諏訪下社の膝元《ひざもと》の馬場・友之町などの祭事は何を意味するか。そこまでは、室町の前記諸記録にかなりはっきり伝えられているが、さて、それから出先きで、どんな祭事が行なわれたか。なぜそうした土地をまわったか、肝心のところは一向に記載されていない。

現在は、もちろん、神使の役などはるか昔の日に、廃絶してしまったし、人々の記憶に残る江戸末期でも、すでに、神使の行列は神原をたどったのち、神長官邸内の精進小屋にかえり、一切の行事は終っている。

私はとるべき道に窮した。

ただ二人の先学が出典の明記はないが記述している。宮地博士は「諏訪神社の研究」四五六頁に「その後、それぞれの県に向って、湛神事《たたえ》にしたがうことになる。このかんを通じ、御杖と御宝とは、もちろん行を一にしている。かくて、一行のいく先々の途すがら、これが音色の清々しさは、御杖の神々しさと相俟って、いかにも大神のお使いらしい気分をそそったことであろう。これに出合った地方民は御廻神と称して礼拝する」

飯田好太郎氏の「諏訪神社誌稿」によれば、現認してでもきたかのように、情景はさらに躍如たるものがある。「本社廻神祭の時、神使の一行、此鈴一飾づつを竿頭に結びつけ、これを鳴して巡回せしと。而して、各御《お》頭郷《こうごう》御《み》左口社《しゃぐちしゃ》に到着すれば、この鈴を神体として祭祀を執行す。この所を湛《たたえ》と称す。信濃国中到る所に、何々湛、何々御社宮司という遺跡あり」と。ここまでくると、もう手がかりは十分である。しかし、この拠典の探究は努力のかいなく、二著者とも存命されず不可能だった。それはそれでやむをえない。しかし、ここで、たしかに二つの焦点がみつかった。湛《たたえ》・御《み》社宮司《しゃぐうじ》である。それから攻めていけば、きっと前面はひらけるだろう。

私はまず、「湛《たたえ》」にくいついた。

「湛《たたえ》」　この漢字には、水流をたたえる意義以外、神を祭る意はまったくない。室町時代諏訪社関係の人々のうちには、相当な文練者が代々いたようであるが、それでも誤字あて字は相当に多い。湛も神の讃え言葉からきたあて字なのであろうか。

諏訪神社関係には、タタエといわれる讃詞がなかなかに多い。中でも、もっとも顕著なのは七木の名ですべられている称木《たたえぎ》の群であろう。

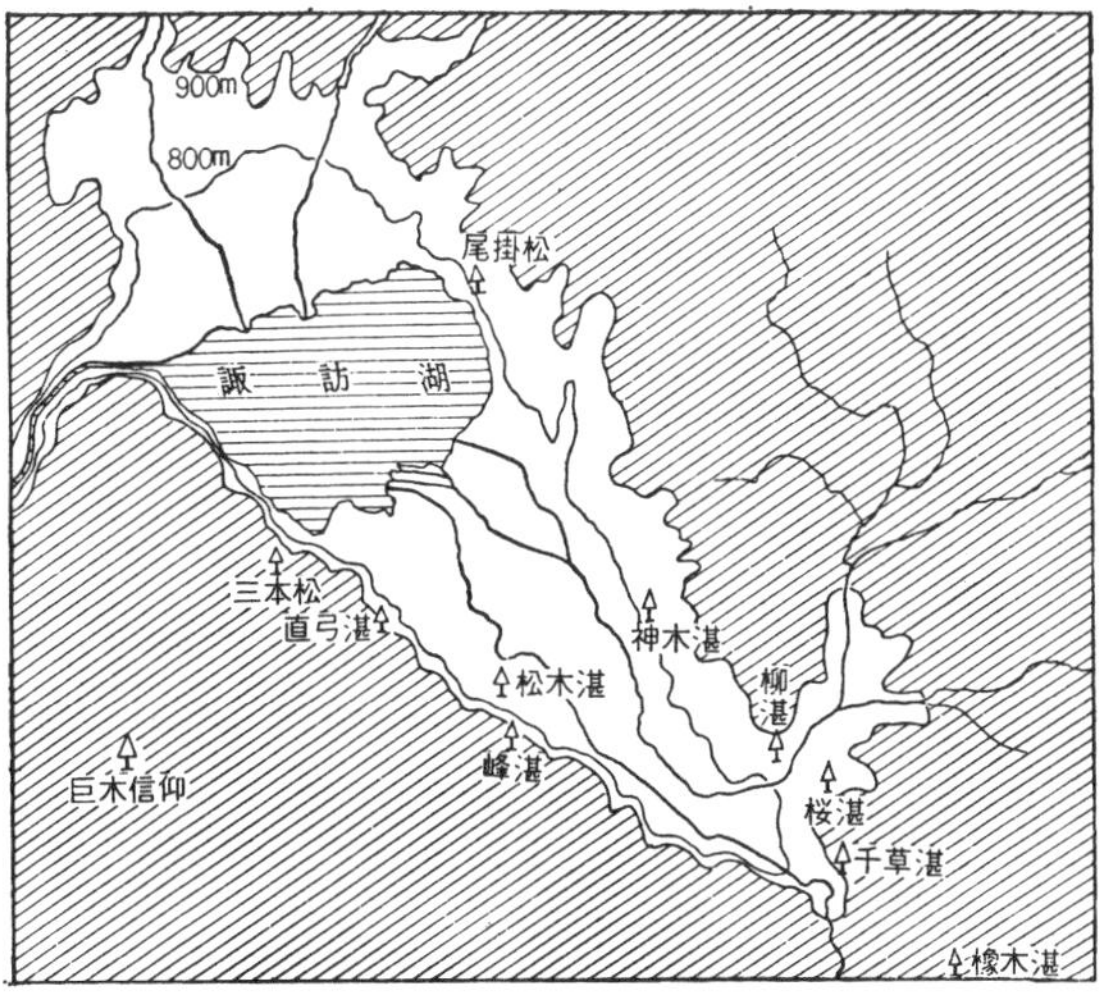

諏訪の七本湛

今までわかっているこの地方の巨木信仰で，
古くはもっと方々にあったのだろう。

桜《さくら》　タタエ(茅野市粟沢。今その跡あり)
檀《まゆみ》　タタエ(諏訪市真志野)
峯《みね》のタタエ(茅野市高部火焼山頂。現存)
檜《ひくさ》　タタエ(茅野市玉川神の原七社明神境内)
松《まつのき》　タタエ(諏訪市神宮寺上社本宮内今橋)
栃《こちのき》　タタエ(諏訪市四賀神戸北小路、神木様または橡木様)
柳《やなぎ》　タタエ(茅野市矢ケ崎)

前掲の「諏訪社物忌令」の原文を、現代ふうに書きなおし、これに諏訪史談会の実地踏査と私の調べを該当させると、右のようになるが、今は、峯のタタエ以外には、該当する古木はなく、地点も、二、三は推定の域をでない。ただ、注意したいのは、物忌令の右列記の後尾に「此木共ノ本ニテハ皆々神事有」という、ただし書がついていることである。

みねの湛（たたえ）

高部火焼山中腹の巨木，峰のタタエで，鉄鐸の祭りが行なわれたことは確かである。銅鐸にはそうしたことはなかったろうか。

巨木の下で祭が行なわれる。そういえば、諏訪地方には、松の巨木に四本の御柱を立てたり、常時シメ縄を張ったりする風習がある。諏訪市有賀小敷原《こしきばら》の三本松、下諏訪町高木《たかき》尾掛松《おかけまつ》、岡谷市勝弦《かつつる》峠一本松などがそれである。きっと、七という吉祥の数字に関係なく、何十本でものより高き木、あらゆる姿よき木にはすべて神が降り憑《つ》かれたのであろう。湛はやはり神降ろしの場なのである。前掲の「諏訪神社の研究」にもその好例が紹介されている。

河合弘淵（文政頃の人）「洲羽七木たたへという事の考」に、「いにしえの人等これ等の下によりつどひて、神に称事《たたえごと》もうしおろがみけるゆへ、たたえ木とはいふなるべし、……下官《やつがれ》、ひととせ、室内という所の榎《えの》木たたへという所に住しに、かたはらに瓦器畠《かわらけばたけ》という処ありて、いまにいたるまで、いつべ・ひらかのくだけたるものさわにあり」とあるそうであるが、これも、その称木《たたえぎ》の一種であったのだろう。なお、その部分に、土器散布地のあったことは、ひどく示唆的である。しかし、文献をあさるにしたがい、タタエは神の称詞というよりは、民俗学の方では、タタリ、すなわち依坐《よりまし》の意にとっているという意見もしった。それならなおさらのことである。私はタタエ木と称する地点の踏査をはじめた。このフィルドは長いことかかり、いろんなことがあった。

現存「みねのたたえ」は、火焼《ひこぼし》山の丘尾で、本拠前宮はもちろん、諏訪盆地の全般をみわたせる景勝地である。現在の独立木が初代であるかどうかは、もちろん、わからないが、桂らしい樹種不明の濶葉樹《かつようじゅ》の巨木である。古老の伝承によれば古は松とのこと。「さくらたたえ」と「やなぎたたえ」はやや平地であるが、その他の四地点はいずれも、山腹の傾斜地であった。遺跡とは、どうもさしたる関係はなさそうである。

くわしい見聞記は略すこととして、あるとき、私には一つの回想がひらめいた。――山腹の、何にもない傾斜地に多かったもの、岩石も地形も、何んの目標もなくて、埋められているものがあった。銅鐸である。そうすると、銅鐸の埋没も、埋没の目標はありえたのだ。いや、たしかにあった。それは独立巨樹、すなわちタタエである。――私はボコボコとタタエからタタエへ歩きながら、こんな思いつきを考えた。

銅鐸が巨木の神の憑代の元に埋められたとしたらどうだろうか。そして、ひとりで苦笑しながら否定した。――思いつきはいかん――

それでも、何か笑殺してしまえないものがあった。そうだ、タタエを徹底的に洗えば、きっと何かでてくる。私は勇躍した。

湛——内県・小県・外県と、三道の神使が、御廻神の旅にまわった三十の祭場「タタエ」はどんなところだろう。この調査には、幸にわれわれ諏訪考古学研究所、諏訪史談会、上伊那郡史編纂会などの多くの諸氏の調査を、協力集成することができた。がんらい、考古学的調査の行きとどいた土地柄であるだけに、その尨大な調査表は、かなりの信憑性をもつものとなった。あまりの長表であるので、精しくは別稿[三八]を参照願うとして、ここには、その総括だけをあげることにする。

一　湛のある村は、どれも冲積層上の低地性の村である。もちろん、古い稲作地の中心であろう。

二　近くに縄文中期・とくに加曾利《かそり》E期の遺跡をもつものが多い。ところが弥生式遺跡は比較的少なく、むしろ、土師器《はじき》・須恵器《すえき》の遺跡である場合の方が多い。とくに末期横穴式石槨円墳と、密接な関係があるらしい。その地点はまた灰《かい》陶の存在により、平安期の聚落でもあったようである。

三　古牧に深い関係があるらしい。

四　「峰のタタエ」は樹木に神を降ろすそのもののタタエであり、「古田」は近くの栗沢に桜タタエ、矢ヶ崎に柳タタエ、「真志野」にはマユミタタエがある。けれど、直接の関係はわからない。「下社馬場」では、シヤクジンノ木という巨木があり、その木にタタエ神事が行なわれたことがわかっている。巨木信仰はたしかにくさい。しかし巨石信仰には関係がないらしい。

五　以上のすべての条件よりも、はっきりしているのは、タタエと御左口神《みしやぐちじん》との、まったく切っても切れない関係である。

以上をいま一度総括すれば、縄文中期中葉からつづき、末期古墳が作られ、たくさんの馬具・鉄製武器類、とくに鏃・直刀、須恵器・土師器などが副葬され、初期の古牧がみえはじめた六世紀～七世紀ころに、もっとも栄えていた水稲農耕村落で、独立巨樹に若手の関係がある。

六・七世紀の水稲農耕村落では、鉄鐸にはとにかく、銅鐸とは何の関係もない。ただ、鉄鐸がそうした村々の、大木の下で神降ろしの祭事をしてまわったものとすると、銅鐸にもそうした類推がゆるされるかもしれないという程度である。つまり、銅鐸の埋められた山腹には独立巨木があったかもしれないというのである。そうとすれば、銅鐸の埋没が、どんなに奇想天外な位置であっても、一向に差支えないのである。

しかし、思いつきではだめ、こっちも、まず、行き止りである。

私は、湛えに行きづまって、こんどは御左口神《みしゃぐちじん》の追求をはじめた。それには、いま一つの動機もあった。

上社《かみしゃ》の旧神楽大夫《かぐらたゆう》茅野氏をたずねときの、談話の中で、「神使に選ばれた御頭郷の十五才の童男のうちに、祭後、ふたたびその姿をみたものがない例がうんとある。密殺されたものらしい。そこで、その選をおそれて逃亡したり、乞食または放浪者の子をもらい育てておいて、これにあてたことがある」ということを聞いた。馬鹿な、そんな話ってあるものか。むろん、茅野氏も、祖先からの聞き伝えであろうから責任はない。しかし、私にとっては、学問的にはどうあろうと、この馬鹿げたほど、反人道的な説話は聞きのがせなかった。そして、それが、いくつかの文献から読みおとしていた事実を思いだす契機になった。

まず、「画詞」の記述のうちに、妙ちきりんな一条があった。神使出発に際して、一度乗馬した神使を馬の向う側につき堕《おこ》している。そのときは、わからないままにほおってしまったが、これは何を意味するか。

そのつもりで読むと、まだ一杯ある。江戸中期の「歳中神事祭礼当例勤方之次第」によれば、擬祝が御杖を飾り、ついで副祝か神使を藤で縛《しば》るという一事がある。これはいったい何んだ。

また、「信府統記」五の場合はもっとひどい。「前宮の内に入れて七日間通夜をさせ、祭日にはだして葛をもって搦《から》め、馬に乗せ、前宮の馬場を引きまわし、打擲《ちょうちゃく》の躰をなす」

宮地博士の伝聞(「諏訪神社の研究」)には、まだひどいのがある。「百日の行をさせた上で、藤蔓で後手に縛って馬に乗せる。藤蔓の痕が容易に消えないので三年のうちに命を失なってしまう。また、乗馬出発にさいして、神人が棒で地面を敲《たた》き、馬をおどして暴走させた」等々、神使虐待の話はきりがない。

　ここで、私が思い出したのは、能登、羽咋《はくい》市の気多《けた》神社大祭のことである。この諏訪神の兄と父をまつったといわれる祭神の春祭、三月彼岸の平国祭（国むけの祭）は五泊六日で、邑知平野の西のはし気多をでて、七尾《ななお》まで邑知潟《おおちがた》の北岸を巡幸する。これが、おいで祭、七尾から東南岸をめぐって羽咋《はくい》に出て、帰社するまでが、おかえり祭である。神殿の中で祭られているはずの神が、神使を巡幸させ、適当な位置で神降《かみおろし》をしている点、御立座神事とおなじで、しかも、今もなお、その神職たちの騎馬は、いたるところで、待ちぶせしている氏子の青竹に馬をたたかれて落馬したり、暴走させられたりするのだそうである。大場さんのいう出雲《いづも》系の人々の生活には、そうした形式の祭式がついてまわっていたのかもしれない。

　しかし、この年齢もゆかない少年にくわえられる不当な仕打を、私はただ信仰上の行事として、かたずけてしまうわけにゆかなかった。

　だれがいったい神使になるのか。またそれは、だれがきめて、このあわれな宿命を十五歳の少年に負わせるのだろうか。

七　ミシャグチ神の不思議な宝印

このように悲しいつらい役目をはたす神使には、だれが選ばれたのかを調べてみよう。室町時代にしぼって「神使御頭之日記」によれば、享禄元年より天文廿三年までの、二十七年間の内県介御頭には、すべて諏訪郡内の古郷があたっている。神使巡幸の湛の位置とは関係がないようである。金子・小坂・上原・福島・栗林・上桑原・下桑原・大熊・真志野・矢崎・有賀・千野・埴原田などの諏訪の古郷で、ただ一回だけ上伊那郡の御薗があたっている。栗林郷だけは、金子・福島とよんでいる上下両郷をあわせて、二十七年間に八回もあたっている。だいたい四年に一度、かのあわれな童男も四年に一人、これは思うだけでもたいへんな負担だったに相違ない。

同じく宮付、小県介およびその宮付には、多く諏訪以外の古郷があたり、外県介と宮付だけが、まったく違って、社家のうちの五官、神長・禰宜・権祝・擬祝・副祝が交代であたっている。まったく登場してこないのが、大祝《おおはふり》および家老・奉行のたぐいである。現身神《あらひとがみ》の憑代《つきしろ》たる神使、この重要なるべき役に、大祝自身はとにかくとして、なぜ、その身内が登場しないのだろうか。年歯《としは》わずかに四つの神長の子が、神意とはいいながら、大雪の深更、冷い馬上にくくりつけられて、七日間の外県のつらい旅にでていくのを、祭の総司令・神長が、いのるように見送っているあわれな記述もある。内県の大御立座神事のような、尨大な失費はないにしても、神長以下五官はまったく在郷村の御頭と同じあつかいである。

この神と人とは、どうしてわけられたか。鉄鐸の本質、ことによると銅鐸にもつらなるかもしれない。神使撰定について徹底的に洗ってみる必要がある。

神使御頭番役の決定は、堅氷いてつく元旦の深更、前宮御室社《みむろしゃ》の御占神事《おうらしんじ》の神意によって決められる。御室社は土室《つちむろ》の掘立柱《ほったてばしら》、垂木《たるき》は土までとどくと「画詞」にあるから、これはもう完全な竪穴住居である。さて、御室の土床の萩組みの座の上で、大祝と神長だけが対座して、この奇怪な占いがはじまるのである。

大祝は祭のはじめの申立だけ、つまり司会だけで、以降完全に脇役、神長がもっぱら主役で占いは進行する。大祝が欠席しても、神長だけで祭は執行できるが、神長を欠いては占いは成立しない。

御占《おうら》の小道具が、幸いなことに、今もなお、神長守矢家に所蔵されている。木製の剣先版《けんさきばん》、竹柄の小刀子、藁馬、薄の芯二十一本とそれをたてる竹筒、およびこれらを格納する木製二重のふたつき重箱、すなわち御頭箱である。さてそこで、占卜は、まず選出すべき、内県介・小県介・外県介、およびそれぞれの宮付、計六名と、すでに毎年きまっている十四人の存郷神主の役名を書いた二十

御占神事の剣先版，藁馬，小刀子，ぜいちくなどの小道具。

藁馬に乗せられた木剣の上に小刀子でとめられるのが御左口神の宿命である。

枚の剣先版を、次々に藁馬の上にたてる。つまり、乗せられる意味なのであろう。

そして、この占卜を主掌する神、じつに御左口神を奉書の紙に請い、神長がこれにふたたび役名を墨書する。つまり、神長の墨書と同時に、その奉書が、御左口神の憑代となるわけであろう。つぎに剣先版の上端にきざみこまれている横溝へ、その奉書をかけ、上から小刀子で切りこんでとめるのである。剣先版の上に、横に刺された小刀子の鈍い光は、この呪術の不気味さを思わせるに充分である。

こうして、その年の神使の選出と、重い賦役の義務を負わされるべき、六つの御頭郷の候補が、神意にかなうかどうか、薄の芯で重半の法により、占われるわけである。

剣先きに鉄刀で、射し止められる御左口神、これはいったい何だろう。そして、「馬に乗った剣」、これにいたってはまったく想像もつかない。しかし、いずれはわかるような気もする。今は御左口神だけを考えよう。鉄鐸と御頭郷の湛、その前には、またも大きく御左口神《みしゃぐちじん》が立ちふさがっているのである。

今、この御左口神の正体を懸命に追っかけているのは、茅野市宮川村誌編纂主任の今井野菊女史であろう。村誌をやっているうちに、眼の前に立ちふさがる、御左口神の不思議にとらわれてしまって、村誌はいつできるかわからない。今も、この神を追って東日本を遍歴している。

女史によれば、その名の呼称には、つぎのようなたくさんのバラエテイがある。「御社宮神・御社宮司・社宮司・狭口神・左口・三社口神・左久神・御三宮神・座護神・射軍神・三社宮神・尺神曲口・社雲神・社軍司・護神・佐軍神・左口神・作神・おしゃも神・お杓子神・おしゃくしさん、それから、おしゃもじさま」などで、名前は一定しない。室町の文献では御左口神と作っているので、私はこれをつかっているが、さて、どれが古いかは、わからない。とにかく、今は淫詞邪教である。今井さんの調査表によれば、祭神は、サルタヒコノカミ・アメノウズメノミコト・保食神《うけもちのかみ》・お産神・産土神《うぶすな》・役除神《やくよけ》、また漠然と、諏訪明神お子神などが多いようである。明治新時代の、神格明徴による波もくぐりぬけ、記紀に登場する筋の通った偉そうな神にものりかえもせず、いずれも、あまりぱっとしない経歴の持主、ちょっとユーモラスな、一風かわった神々を守り通してきたことは、それ相応の理由があってのことと思われる。古い土着の生殖神の色彩が濃厚であるが、土地・道路の神とも思える。それはいずれ別に論考しよう。

分布は、諏訪郡内に五十数祠、むろん、諏訪だけでなく、伊那・筑摩など長野県全般にわたり、山梨県でも、武川筋・辺見筋を、八ヶ岳・茅ヶ岳山西南麓にひろく分布している。さらに静岡県全円、神奈川・東京・埼玉・群馬・栃木と、銅鐸圏の東の圏域を中心に中部日本全域に、かなり広大な一つの圏をみせている。この圏はもっともかんたんにいうと、中期縄文文化の繁栄した圏に概当するともいえる。今井女史の調査票によれば、一つ一つの御左口神祠のあり方も、中期縄文遺跡の在り方と、ほぼ一致するようである。

じじつ、御左口神の神体は石棒や石皿・石臼であるばあいが多い。新しく作りだされたリアルな、一見男根状のものもまれにはあるが、立石状自然石や、明瞭な石器時代の石棒頭がもっとも多い。その石棒も、縄文後期以降に多い、石剣や石刀や、磨かれた緑泥片岩の小型石棒は少なく、中期縄文に多い、安山岩敲製《たくせい》の雄大な石棒である。

これがかつて、御左口祠が淫祠視された理由のもので、民間の性風俗から、すべて中・近世の民間信仰物のように考えられていたのだが、じつはその逆のようである。

そのもっともいい例を、最近の調査ノートから摘出してみよう。

これは、長野県塩尻市筑摩地の北小野の例である。北小野には現存する御左口神《みしゃぐちじん》が三基ある。現在、小野部落は鉄鐸で問題になった小野神社を中心に、街道沿いに発達した街村であるが、小字名

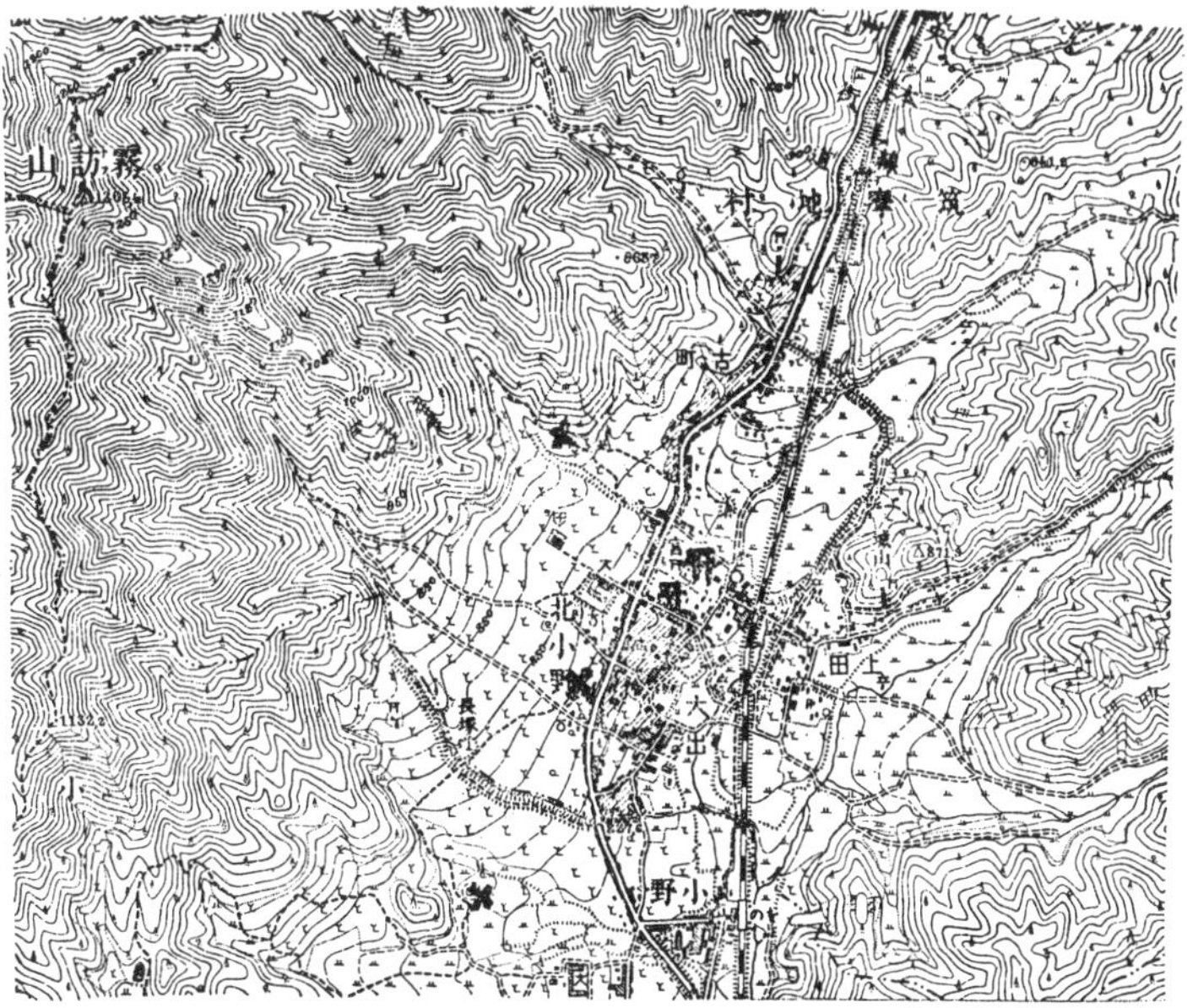

小野谷の地形

×は三つの御左口神祠。⛩は小野・矢彦(下)神社。
信濃柴宮鐸は街道北方へ峠一つ越えて発見された。

の調べによれば、その古屋数はいずれも、洪積台地上にあったようである。ところで、この洪積台地は、小さな川によって三つにわけられ、その三つの小さな扇状地の谷頭に、御左口神がそれぞれ一つずつ三基あるのである。

北から、まず、北小野川島所在の「しゃくじん」、これは小野氏の祝神で、扇状地は上の平を中心に、大きな中期縄文時代遺跡で、大場博士発掘の堂廻加曾利E式竪穴住居址もこのうちに含まれる。「しゃくじん」はこの台地を一望に見わたす山脚で、大きな鳥居の中に木柵をめぐらし、社殿はない。中に、無頭の、丈《たけ》80cmを越える縄文中期の大石棒が一本横たわっている。無論かつては立って祭られていたものであろう。小野氏は周知のように、いまの北小野の中心構成氏族である。

中のは大出松葉にある。「みさぐちさま」とよばれ、青木氏の祝神である。青木氏は今ほとんど松本・諏訪などに転出しさっているが、松葉はその故地なのである。石祠の前に香爐《こうろ》石があって、線香らしきものがたてられた根跡がある。どうもふに落ちないので、掘りだして苔をはらってみると、これは、実に、年代こそ不明であるが、みごとな陰石なのである。いずれかは、この「みさぐちさま」の神体であったことだろう。

御社宮司の一例

塩尻市北小野所見。上右は小野氏祝神。同左は青木氏祝神。下は辰野氏祝神。

南には大出「みしゃぐじ」がある。これは、同じかつての小野の名族辰野氏の祝神で、石祠《せきし》、鳥居をもっているが、今、辰野氏は辰野町辰野へ転出してしまって、祭りも伝承も不明である。このように、一部落においても、古い氏族はそれぞれの故地に御左口神をもち、やがて、奈良時代、街道と神社（小野神社または矢彦神社）の出現とともに、沖積地に降り、故地は忘れられ、御左口神はたんなる淫祠に近い祝神になり下って存続したのである。

御左口神の現状はあげればきりのないことである。注意したいと思うのは、その祠には古く、たいてい、「シャクジノ木」または、「ミシャグジノ木」という巨木がついていたことである。例としては、下諏訪町下社馬場《ばっば》の御左口神は、祠はなく巨木だった。岡谷市下浜御左口祠は、古い欅《けやき》が神木としてあった。江戸期の高島藩一村一限地図によれば、各所にミシャグジという名と、独立樹のしるしをみることができる。つまり、神の憑代としての巨木と、ミシャグジンと、そして鉄鐸は、一連の関係下にあるということができるのではないだろうか。

いますこし、神事について語りたい。

元旦の御占神事《おうらしんじ》できめられた御頭はその後どうなるだろう。

古伝のよく残った上桑原御左口神の伝承に、神社の記録を裏打ちしてみよう。

御占《おうら》によって本年の御頭にあたった郷、上桑原では正月五日に頭郷役人がお頭受けに出頭する。同じく十一日には、神長役で、御頭御社宮司に御符をおさめる。これを配申紙という。続飯をねって密封し、炭を焼いてかわかした後、御左口神之木につけるのである。この木は作るとあるところをみると、棹《さお》または串《くし》の類であろうと思われるが、もともと御符をつけたのは、巨木かその枝だったに相違ない。

じつはこの御符が問題なのである。御符は御頭の命令書で、至上の命令権をもっている。文和五年（一三五六）の「年中神事次第旧記」および同四年の「諏訪御符礼之古書」によれば、御符は神使御頭の六ヶ郷の御左口神宛にだされるもので、郷および郷民にだされるのではない。そして、この重い役の命令書には、神使用六枚には三つずつ、十四人の在郷神官の御左口神には、二つずつの宝印がおされる。この宝印はあとで、重要な役割をはたすので記憶にとどめておいていただきたい。

一方、御頭郷ではその枝郷ともに、村境に境注連《さかいのしめ》を張りまわし、親郷は御頭屋（御頭小屋）を設ける。旧くはそのおとうの木に、新しくは御頭小屋に、神長または代理官によって、御左口付申《みしやぐちおろし》が行なわれる。このとき、鹿肉を主とした非常な大量の馳走が行なわれ、御頭屋の前には一種鳥居風の棚を作り、これに御頭串にさした鹿肉を供える。御左口神にたいするニエとしての鹿は、このばあいも御立座神事でも、切っても切れない深い関係がある。

三月の丑日《うしのひ》には、内県・小県・外県の、三組の神使たちが、高部の方から、火焼山の峰のタタエの木の下へ帰ってくる。その様子を「画詞」は「落花風にひるがえり、山路雪をふむ、職掌・鞍馬・金銀の壮厳無双の見物なり」と形容している。

ここでもっとも注意を要するのは、前宮に斎《いっ》かれている二十の御左口神が、この神使が無事帰社するまでは、竪穴の御室内の中におさめて祭られていたのに、神使の帰着と同時に、本殿つまり総御左口社内に迎えられる一事である。二十の御左口神は元旦御占神事でも明らかなように、それぞれの介と宮付、および十四人の在郷神主につく神格である。

その後九ヵ月、年中の好季を通じて、前宮は二十の御左口神をいれる殿舎となる。

御左口神は、神使巡行が完了しないと、竪穴の中からでられない。これは何んのことだ。とにかく、それで、神事御頭の役は終了である。そして、御頭郷においても、御左口神上申《あけ》が行なわれる。そして、この天にしか常住のところをもたない、不思議な神は帰っていくのである。

御頭の期間は、けっして長くはないが、御頭郷の人々にとっては、想像を絶する重い日だったに相違ない。してみると、この重大な賦役を課令する、御頭命令書、すなわち、御符というオールマイティの力をもつものは、どんなものだろうか。神社はだした方だし、木の上はるかにあげられた御符の実物が、いかに文書のよく残った諏訪神社でも、残っているはずがない。私は各種の文献の

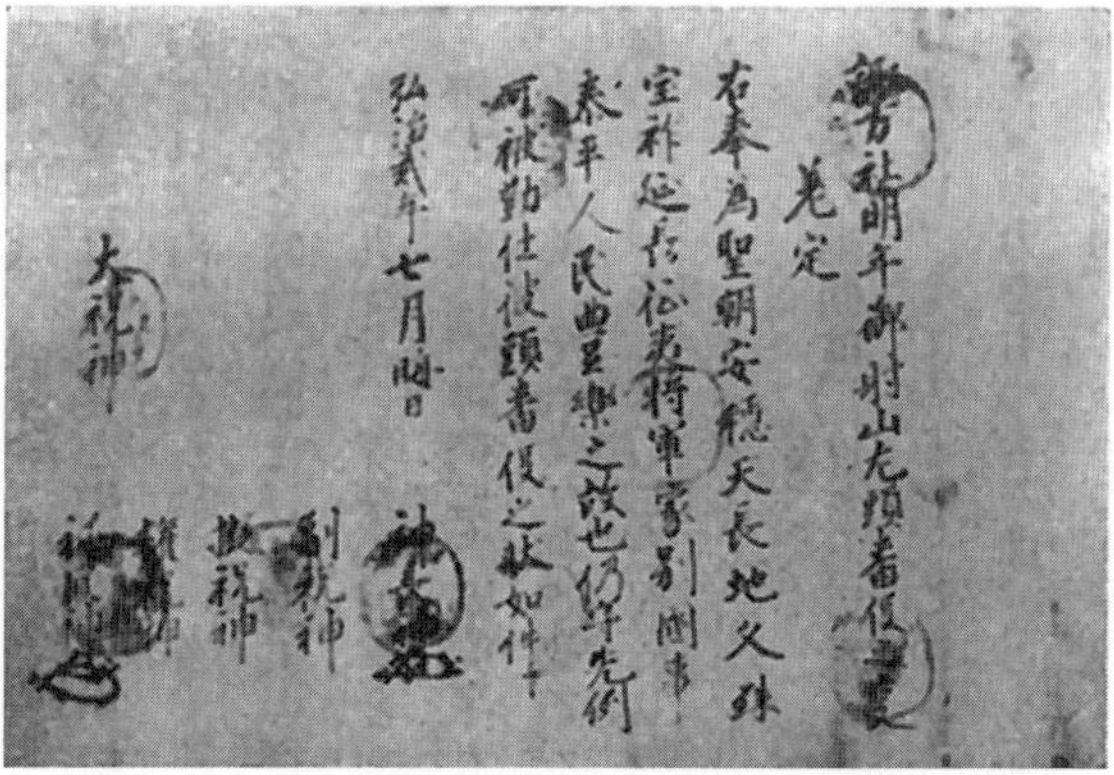

鹿角製絵画印，宝印のおされた御符の実例

この文書は弘治２年の御射山祭の差定についての御符である。

末尾に真剣に眼をひからせた。ところが、実例は案外かんたんにみつかった。宮地博士の「諏訪神社の研究」の第八三図、弘治二年（一五五六）の御射山左頭番役差定の「御符」である。大御立座神事の御符はもう、この世に残ってはいないらしいが、これでも、充分である。頭書の上下に各一つ、文中の征夷将軍、可被勤、および文末の如件に各一つずつ三個、あとは、著名の神長一つ、副祝・擬祝に一つ、権祝《ごんのはふり》・禰宜《ねぎ》に一つ、さらに高く大祝《おおはふり》に一つ、すべて合計九個の丸い、何だか印面のわからない印影がみられる。この不思議な呪力《じゅりょく》のあふれた印には、いったい、何とかいてあるのだろうか。

私は、この印の調べに没頭して、また数ヵ月停滞した。幸いにも、私は昭和四年ころに捺印《なついん》したと思われる、比較的良好なその印影をもっていた。しかし、不思議と、この印についての研究がない。宮地博士の「諏訪神社の研究」も一言もふれていない。私の蒐集した文献のうちでは、「前宮及本宮その付近史蹟踏査要項」と、山田肇氏の「諏訪神社鑑」だけである。

「要項」によれば、
①　鉄印である。
②　徳川時代に入っても、捺印《なついん》するときは非常に厳粛な儀式があった。
③　一年に三つ以外には押さなかった法印だった。
「鑑」によれば、
①　乾漆印である。
②　社伝によれば、御玉会《おたまえ》（御宝印）は大明神の神形の写という。（これは重要）日本第一大軍神矢除の御守のみにこれを押した。しかも粗略にはださなかった。当社最貴の神霊品である。
③　御玉会は御魂絵の義で、刻印は竜神のようである。

また、「要項」は、古文書に現われた宝印の記事をのせている。これは、非常にうれしいことであった。宝印にかんする史料はいずれもしっかりした筋の通った文書ばかりで、「年中神事旧記」に三回、「諏訪御符礼之古書」に一回でてくる。その記述はいずれも、捺印するべき事例について、神使御頭・御堂舞御頭・御射山祭御頭などの差定のばあいの、つき方についてのべているが、どれも、すでに書きとどめた通りである。ところが、年代の一番後の「諏方上宮祭祀退転之所再興加下知次第」（信玄十一軸）のばあいは少しちがうので、全文をあげる。

永禄八年（一五六五）十二月五日、「当社宝印事秘在。花岡宿所。御頭擢捉之御符書出之時搭之。然ニ近年神長官私に印判を拵、御符を認事自由之至候。向後堅禁之訖。」

信玄のいうのは、御頭の命令書、御符へは、「花岡宿所に秘められている当社宝印を押すはずなのに、最近、神長官は、いいかげんなハンコを作り、御符へついているらしいのはけしからん……」ということであろう。つまり、宝印は神の命令の象徴であり、それをあつかうのは、神長にかぎられているが、その保管者との間に多少の取引きがあったのであろう。それで、印の取扱者神長、捺印するものは命令書「御符」、うけとるものは神に奉祭する御頭のあたった在郷民の、その御左口神、という一応のルールがはっきりした。

いったい、こうした関係はいつはじまったことなのだろうか。それには、まず、この不思議な宝印をとくのが、第一の鍵であろう。

私のもつ印影は、まったく、月の表面を薄雲をとおして観察しているようである。強いて推考すれば、ローマ字のH、または片仮名のエに見えないこともない。ところが、線の末尾が不気味にはねている。しかも、その字体らしきものは印の中央にすわっているのではない。どう熟考しても意味はとれない。私はいく日もそれをながめ、そのうちに、とうとう往生《おうじょう》してしまった。

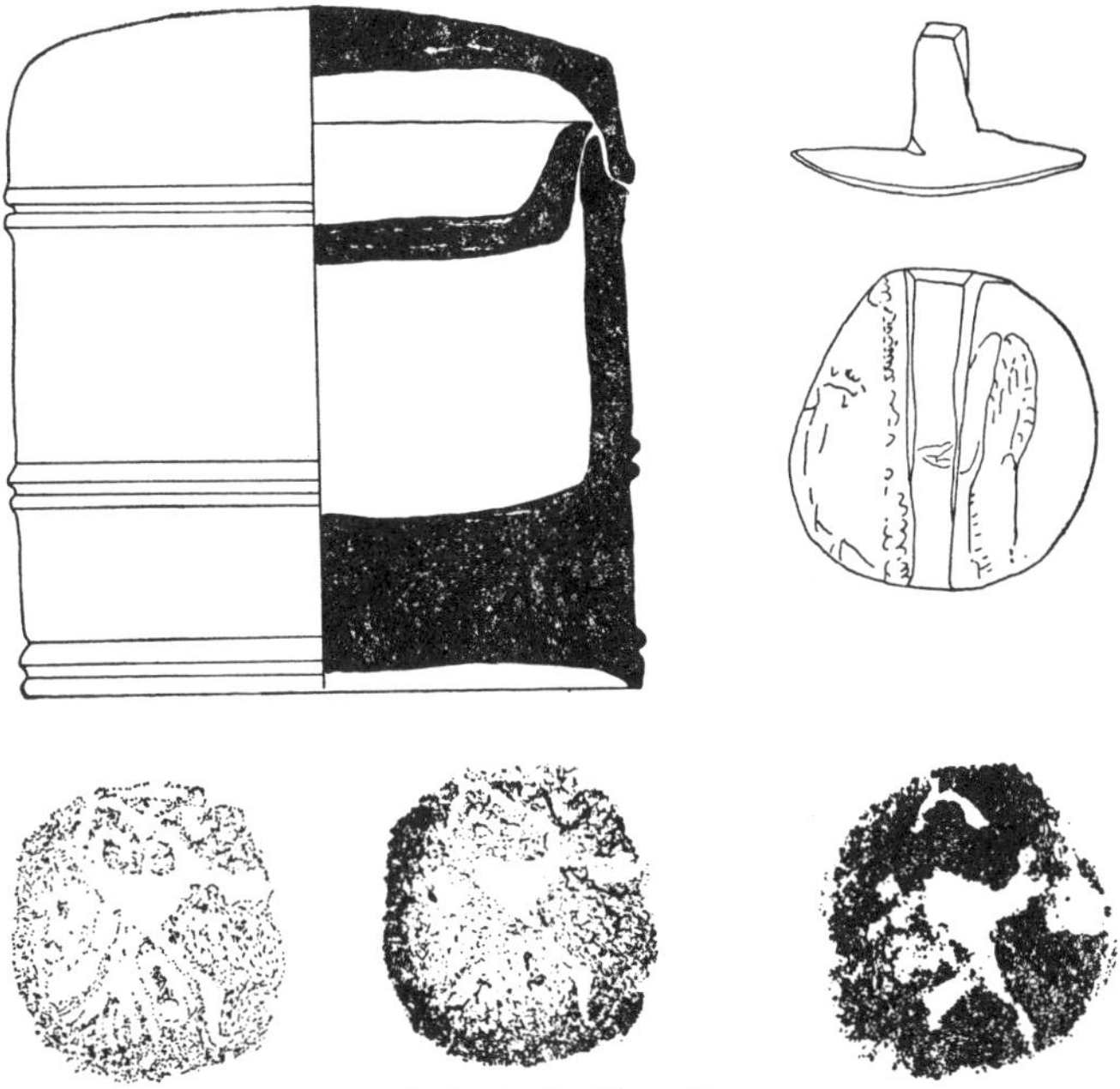

宝印と印笥の図

右のナベブタのようなものが問題の宝印，左はその容器できわめて古い印笥。下は宝印の印面。右から山田氏拓，昭和 5 年拓，印面清掃後の修整画面。実物の 1/2 大である。

それは驚ろくべき発見であった。正直に白状しよう。そうでないと、私の精神状態まで疑われることになりかねない。

上《かみ》社御宝印の印影を睨《にら》みすえて、苦吟《くぎん》している私の机へ、女子美術卒の長女の節子がやってきた。私は疲れた眼をこすりながら、「君、何かみえないかね」と聞いた。娘は朱の印影をとりあげ、しばらく、遠くはなし、眼を細めて、横にしたり、縦にしたり眺めていた。

私が一服くゆらせているときである。突然、娘がいった。

「これは、ウスよ」

「ウス？……」私はただちには意味がわからなかった。

娘は印面に若干の修整のボツボツをくわえ、じつに、竪臼と杵らしいものを描き写した。私は字を追いすぎた。先入主観が強すぎたのである。娘のコピーは、彼女自身、さして考古学に興味を示していないのに、驚ろくことに、弥生式絵画にでてくる木臼（伝香川県出土大橋氏銅鐸脱穀の図、福井県井向出土　銅鐸脱穀の図）に、さらに、静岡有東出土の実物の木臼にも似ている。

とくにも井向鐸の臼は、鋳型材に陰刻された、臼上半体の表現法とまったく同一というほかない相似した描法である。もし、この宝印を型にして陽画を作ったとしたら、井向の臼の画とまったく同じものがうまれるだろう。杵と読んだ線は、竪杵らしくなく、尖端が折り曲っているので、若干気にかかるが、とにかく、かりに臼杵でないとしても、表現は弥生時代中・後期の技法として、疑いをさしはさむ余地がない。

古墳時代の描法とはたしかにちがうのであるとすれば、この印章は、「漢委奴国王印」と時間的に近い、弥生時代の類のない伝世品と考えられるわけである。弥生時代の文物は古墳時代に伝世した例は少ない。それは、この二つの時期の間には、祭政の断層に大きな不整合があったからである。これが、特別に伝世しえたところに、諏訪祭政の全国にまれな特殊性があったのである。

いずれ、こうした推理も実物にあたらなければ、意味をなさない。しかし、相当なむずかしい事情が考えられる。私は思い切って、知友宮坂清通禰《ね》宜《ぎ》を、「あれは弥生時代の臼の画だ」と、高飛車におどかした。そのためかどうか。宝印は上社宝庫から、下諏訪博物館にうつされ、早速私と諏訪考古学研究所の中村龍雄・宮坂光昭の三人で、数時間にわたり精査することができた。

まず、柿材を透明な漆でぬった外ケースがある。これはさして古いものではなさそうなので割愛する。中からボロボロに腐朽した錦の裂につつまれて、印筥《いんけ》(印の入れもの)が現われた。。木質は脆弱化して軽く、数個所にわたってすでに腐れ落ちた、饅頭蓋で円筒形の、木製刳物のようである。黒漆の仕あがりで、無紋、無銘、蓋下端と身中央、身下端に二本ずつの凸帯文をめぐらしている。腐った木質に、漆の塗被面だけ残っている部分もあって、その部分を検査してみると、漆はさして厚くない。蓋盒をとると、中盒がある。中盒には朱粉を一杯にふくんだ綿が入っていた。もちろん、印台ではないのであって、古い捺印法による、印面に朱をぬって紙面から刷ったそれである。中盒をとると、古絹切に包まれた宝印が現われた。

諏訪神社蔵御宝印

印筥(後),鹿角製絵画印(手前),中子朱肉(右)など。
神長がこれを御符に捺印し,一切の徭役の命令を発した。

意外に軽い。手にとってみると、これは鹿角の根部に近い部分で、鉄でも乾漆でもなかった。背面も印面も、一杯の朱泥でごろごろするほどで、印文など読みようもない。私達は慎重に朱泥を除去にかかった。ところが、実測図の程度までくるともう危険である。材質ははなはだしくもろく、特に印面はすでに捺印にたえない。朱泥をとったとしても、おそらく昭和五年の印影より、明瞭にだすみこみはまったくない。そこで、これいじょうの検査は、石鹸水また礦油類でふいてみるとして、作業は宮坂氏および神社関係者各位の相談の上にまかせることにした。

宝印は直径4.3㎝の不整形な円形、左上部がいちじるしくゆがんでいるのは、捺印の際の力が一番かかった部分と考えられる。つまり、印影の右上部から刷られていったものであろう。高さ2.5㎝、鍋蓋《なべぶた》状の鈕がついている。これは、図の上端で厚さ1.2㎝、下の端が0.7㎝、厚い方が上だと思われる。

印面が平端でなく弧面になっているのは、押しへったのでなく、もともとらしい。角質の分解から印面はブツブツに荒れ、朱泥がこれを埋め、解読はいよいよ困難で、娘の直感にくわえるべき発見はほとんどなかった。

しかし、一つの案として、臼杵説にいま一つ、人物らしいという解釈もできる。逆三角形の凹みが上半身、臼の台を脚とみれば、わりあいに動をもった脚部とも思える。杵の先端の折彎したところを腕とみれば、先端の膨れた棒状のものを、振りまわしているようにもみえる。そう思うと、上体の上に小さな首と顔らしい凹みもみえてくる。もし、人物図とすると、何か武器か農耕具をもったものということになるが、私にはいよいよわからなくなってしまった。要するに、臼杵図にしろ人物図にしろ描法が弥生時代であることには変わりがないと確信している。

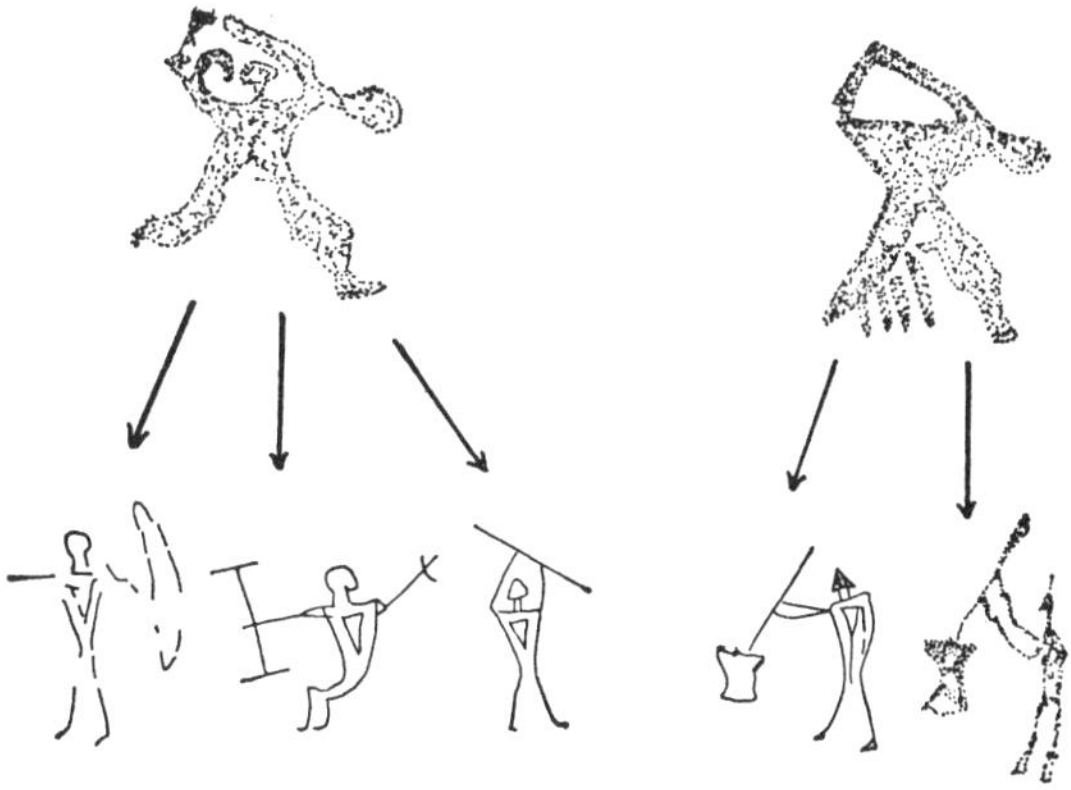

印面の解読

右は臼杵図，藤森節子案，左は人物図，筆者案。ともに下段に示した銅鐸面の原始絵画に通じるものがある。下段一番右が井向鐸の臼の図。その他は大橋氏鐸の図。

丸印・陰刻というケースは大和古印中にはまったく例がない。陰字（印材の中に文字を彫り凹める。）が一般なのは漢代の印章で、九州志賀島発掘の「漢委奴国王」の金印や、中国雲南省晋寧から発見された「滇王之印」の金印も、陰字であった。そうしたことも、宝印が、大和古印よりも古い印形である証拠の一つにはなる。また、日本書紀巻之三十、持統天皇六年九月の条に「丙午、神祇官、上神ノ宝書四巻、鑰九箇、木印一箇ヲ奏テ」という記事がみえ、木印の存在は考えられるが、角《つの》印があったことははっきりしない。この点からも大和時代よりは古そうである。

この鍋蓋のような奇妙な印はいったい何だろう。その類型を考えるのはまさしく、考古学者の仕事である。漢の金印は多く、蛇鈕方形印で、こんな不細工なものではない。

まず、縄文後期の標本にその類型を追ってみよう。縄文後期の土製品遺物の一つに、土印またはスタンプ形土製品とよばれる一群がある。下部は円または楕円さらに双円形の、平面または球面で、その時期の土器に用いられた施紋のうち、一種マジカルな一単位の紋様を太い線で、深く陰刻している。鈕は棒状または板状で、厚い鍋蓋状のものもある。鈕に小孔を穿っているものもあるが、形状ではまさに宝印に近似したものといえる。分布は東北・関東に多いが、必らずしも数多い遺物ではない。これを、研究した樋口清之博士も、三十例ほどしかしらないといっている。長野県でも茅野市湯川上の段で発見されており、この資料により、故鳥居龍蔵博士は耳飾説を打ちだしているが、いまだ、人骨に伴なって出土した例はなく、下面に朱色顔料の塗布された例さえあるのは何を意味するのだろうか。

これは、日本縄文後期に出現した、印とはいえないまでも、一種の紋様スタンプである。これによっただけでも、鹿角製品の存在はいちがいに否定はできない。土製品より角製品の方が遺存度が少ないからである。こうした形状や性能が弥生時代にも伝承したとすれば、とうぜん、わが上社宝印のような鹿角印が、弥生時代に存在したとしても不思議はないはずである。

さて、それなら、弥生式文化はどうであろうか。船来の金印以外、土製その他の印章候補者は、いまのところ、残念ながらみあたらない。ただ、岡山県・鳥取県を中心とした中国・四国地方の弥生中期に、妙な土製品が十例ほどしられている。発見者の近藤義郎さんは分銅形土製品と命名して

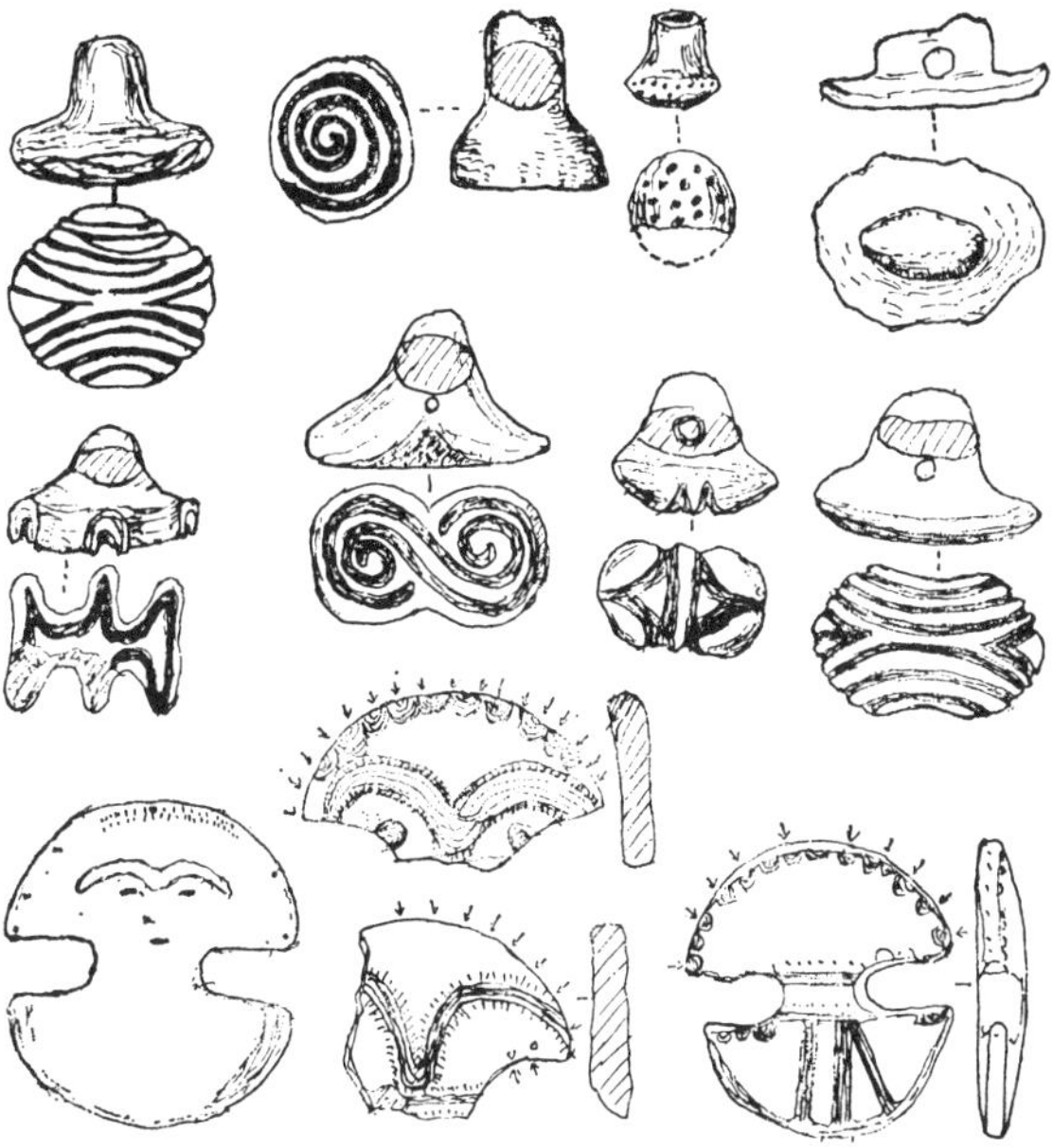

スタンプ状土製品（縄文後・晩期）と分銅形土製品（弥生時代）
弥生時代に印があったという傍証になり得ないだろうか。

いるが、これもすこし怪しいのである。大きさは10cmほどの分銅型円盤で、一方の分銅端に小さな孔がたくさん貫通している。一面には弥生中期らしい細線文が陰刻してあるが、それはいずれも顔面らしい表現である。破損して不詳の分でも、眉らしい表現は強調されているようである。分銅型土製品が、どんな遺物か、なぜ中国地方だけからでているか、いまのところ全然わからないというのが正しい。しかし、この不思議な造型が縄文後期の土印の双円形からつながり、そして、宝印の印面のウス

状またはチキリ形に何かの暗示をあたえるような気もする。が、しかし、これは完全に推定にすぎず、いまの研究過程からいって、幾段ものちのことである。

要するに、縄文後期のスタンプ型土製品や弥生中期の分銅型土製品の存在は、弥生時代に宝印のような印形が現われていたとしても、いっこうにさしつかえないという、資料にはなりうるだろう。

つぎは印筒《いんけ》であるが、もっとも近いのは、伊勢神宮「大神宮印」の印筒である。大神宮印は天平十一年十二月二十三日、神祇官の上奏によって作られたものであることがはっきりしている。その印筒はいま銅製であるが、籠字体の刻銘によれば「大神宮司正印筒元雕木也而大司公忠長徳四年五月廿日鋳改於銅」と銘記されていることから、かつての木製印筒をモデルに、鋳銅とした二代目であることは疑いない。

全体として、筒形の身と、饅頭形の印籠蓋の点、諏訪神社の宝印筒と酷似し、かつ銘帯を中に、二列の横凸帯をめぐらしている点も、宝印筒と大神宮印筒とは酷似している。大きさも高さは同じで、10・5cm、径が宝印筒9・5cm、大神宮印筒13・6cmで、やや横広いのみでよく似ている。まず宝印筒を奈良時代以前までもってゆける可能性は充分にある。

さらに、古墳後期にも同じ造形がある。国立博物館蔵の大和国出土、合子の埴輪がそれで、二本ずつ三組の凸帯文の表現まで似ている。こうした論法からいえば、身と蓋の合わせ方はまったくよく、古墳後期の須恵器の蓋杯にも似ている。いやそれのみでなく、さらに三組の凸帯文の位置のよってきたたるところは、弥生時代終末期の突線文鐸の突線文を通して、その源は弥生式土器第二様式の壺の凸帯文や、木製鉢にまでさかのぼることもできる。また、こうした刳木細工の技術が、その巧拙はあるにせよ、弥生時代には前期からすでに存在したことは、奈良県唐古池の発掘資料その他によって否定できないところである。

もちろん、こうした薄弱な理由をもって、印筒もまた弥生時代としたいという意図があってではないが、ただ印筒が、けっして、宝印自体を新しいものとする資料にはならないと考えるのである。

さて、そこで、いますこしく、御左口神の不思議を語り、この奇怪な鹿角印との関連を考えてみたい。いま諏訪の古くからの大工の頭梁たちは、尺棒をミサグチサマへ供える風習がある。変なことだなと思っていたが、調べてみると、実例は意外に多いのである。御左口神の意味も、もう忘れかけていた江戸末期でも、検地用の縄はすべて、用済のときは御左口様におさめることになっていたという。これはいったいなんなのだろう。

諏訪地方に残る立石信仰は、まず縄文中期加曽利E期ごろから一般にひろまったものと思われる。尖石《とがりいし》・井戸尻《いどじり》・駒形などの大遺跡の、竪穴住居址内におかれた立石らしいものは、たしかにその証左である。その神の憑代としての石が、いつ石棒の形になったか、またそれが、なぜ、御左口神《みしゃぐち》とダブったか、その辺はまだよくわからない。しかし、巨木・竿頭などは、はっきり御左口神の憑代になっているとともに、社殿のないのが古態で、その神は湛《たたえ》におりてきて祭られる。

そして、この神の祭られるのは郷村にいるときだけで、大祝《おおはふり》を現身神とする諏訪祭政においては、いつも祭るもので、祭られる神ではない。御頭の決定（御占神事）から、厳重に御室に完封されて、大御立座神事の廻神が終るまで、この神は神殿へは入れない。なぜ、この神はそうまで、被征服者的な立場におかれねばならないのか。

その神の呪術の、一切をいたすのが神長で、御左口神の総本山ともいうべきものが、じつに神長邸内の御頭郷社宮司社なのである。神長はそのほかにも不思議な呪力をもっている。神長の神灰といって、神灰をまくことによって土地に禍《わざわい》をまねく力をもっている。また、諏訪神社神境のアジール地帯、まったく血と穢を忌諱する南は鳴沢、北はこしき原の間の村々では、死者は土中に葬ることができない。しかし、神長に何がしかの銭をだすことによってゆるされる。これなども、やはり、神長の持つ旧土地権、旧祭政体の名残りであろう。茅野市高部の神長官邸は、上社造営後、大祝やその他五官が、前宮をはなれて、諏訪市中洲神宮寺に移転しているのに、神長だけはこの地をはなれなかった。

これも、この土地についての、動くことのできない一つの理由があってに相違ない。

すなわち、神長守矢氏は、御左口神自然信仰の司祭であり、一切の土地にたいする権限を所有していた。おそらくは縄文期ごろから弥生期へかけての祭政体であったろう。弥生式鹿角印を持って御符を発し、鉄鐸をもって、何かの誓約《せいやく》をした。おそらく、一番考えられる誓約は土地と農耕とにかかわるものであるのだろう。

その祭政の上にかむさったのが、じつに大祝《おおはふり》の主権だったのである。

八　鉄鐸の音

夏になって、S・B・Cテレビの安田さんから、「信濃のあゆみ」シリーズの諏訪神社研究に、「さなぎの鐸」を鳴らすからというしらせがあった。これはがんらいの鈴の性質をしっていての上とすれば、神社側の大英断で、何ともうれしいことである。私は二度目であった。最初は昭和二十四年ごろ、下社宝物展の際、秋宮神楽殿で鳴らした。鳴らし手は今井広亀さんであった。しかし、記憶も定かでないので、今回のに大いに期待した。

テレビの画面では、伊藤富雄さんが、その魁偉な顔面をいよいよかたくし、厳粛な表情で、その吊ヒモに手をかけ、やがて思いきるように、瞑目《めいもく》して振った。そして神鈴は鳴った。

ところが、私は唖然とした。みていた家内一同が吹き出して笑ったのである。あまりに厳粛な雰囲気にたいして、鈴の音はまったく音楽的要素を欠いた、ガシャンガシャンという、鉄管のふれあうような雑音であったからだというのである。

それも一理あるのだろう。舌はまったく作用せず、鐸身と鐸身がふれあった音で、要するに、これは金属・鉄の音だぞ、という音響効果であったのである。

そこで私は考えた。

いかに古代とはいえ、もっと妙音はあったはずである。古銅安山岩や硬砂岩を打っても、もっといい音がでる。これが金属、それも鉄だ、という意味表示を、御左口神の誓約の声としなければならなかった時代は、いつだったろうか。神長または神使の鳴らす鉄の音を、恐怖と威敬をもって、御頭郷民衆がむかえうる時期はいつだろうか。弥生時代中後期ころなどへ擬定するのが、考古学の上からはもっとも妥当のようでもあるがどうだろうか。

すなわち、金属における、もつ者ともたざるもののもっとも顕著な時期である。鉄鐸とともに、御頭命令書すなわち御符の、すべてをにぎる御宝印が、弥生時代の画文印であることからも、まず見通しとしては、はなはだしい見当ちがいはなかろうと考えられる。

さてこの鉄鐸であるが、「諏訪社物忌令」には、鉄鐸は「ミクミノ御宝」と書かれている。すなわち、内県・小県・外県の三組あったわけである。

つぎに、この神器と深い関係のある神長守矢真幸氏邸はどうだろう。古来、神社の神宝は前宮内御宝殿に宝蔵されているのが定例であるのに、この鉄鐸と宝印だけは、完全に神長の保管下にあったようである。中世、宝鐸が盗まれ、伊那方面にもちだされたとき、神長が買いもどしたケースす

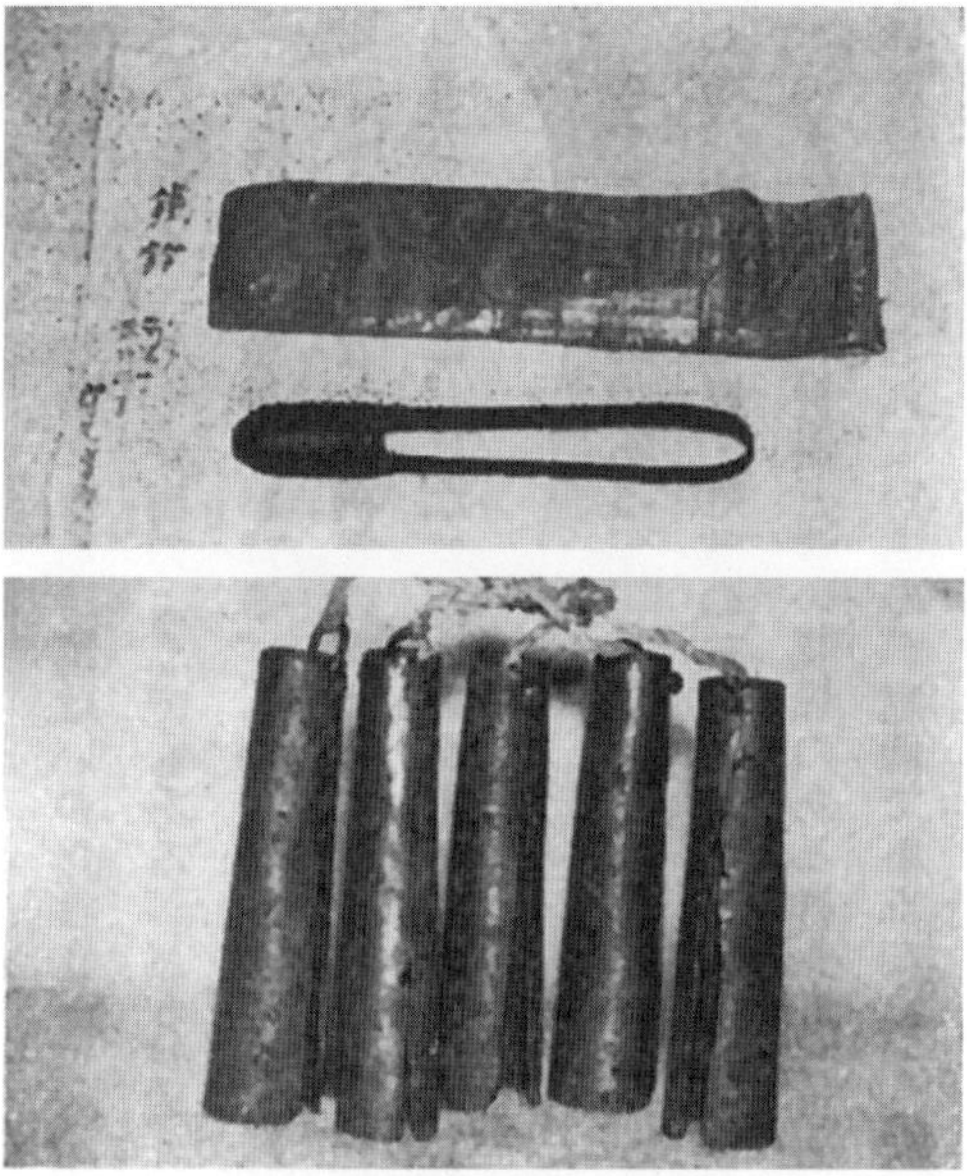

神長官所蔵の鉄鈴と鉄鐸

神長守矢氏は不思議と鉄鐸に因縁がある。自己伝来の鉄鐸が諏訪神社に収容されるさい，うつしをとったものともいわれる。上の鉄鈴は今のところ全く正体はわかっていない。

らあったのである。

私が、突然、高部の神長官守矢真幸氏邸をおたずねした日、守矢さんは「さなぎの鈴」はありませんが、こんなものがありますといって、毛抜型の不思議な鉄鈴をみせて下さった。鈴としてかってみたことのない形式で、その性質については想像もつかなかった。両端を半切の袋状にかしめた、きわめて細長い鉄板をおりまげて、頭を袋状に造り、小石をいれ、裏から鉄板でふさいでいる。音は鉄ながら美しい。私は何ともわりきれない気持で帰った。

旬日をすぎて、十月二十一日、今井女史から電話があった。非常に、はずんだ声で。神長さんのところに「さなぎの鈴」がありましたよ。ということであった。車でかけつけてみると、守矢さん・今井女史と郡史の細川隼人さんが鼎座して、六個一連の鉄鐸を調べていた。まことに不審な成行きである。守矢さんは、保管していた鉄鐸が上社へ移管されるとき、祖先がその写しをとっておいたものと思いますという意見であったが、申伝えか、記録がはっきりしない。守矢文書のうちには、まだ全然調査されない文献が沢山ありますからね、ということであった。そういわれれば、鐸群の鉄肌は若干新しいような気もするが、文書などと違って、かんたんに模造できるかどうか、この点、たしかなことはわからない。守矢鐸は神長一子相伝の秘法、邸内の祈禱殿で深夜行なわれる蟇目《ひきめ》の呪術に振られてきたものだそうだが、その詳細については守矢さんの解説はいただけなかった。とにかく、写しであろうと、鉄鐸は四例になった。計測の結果は表にあげたが、六個がまったく同型、その点、模造説が有力であろう。

陽石と陰石

神長御左口神祠に奉納または神体としておかれていたもの。すべて天然石で河レキも海レキもある。

　中食のとき、ご馳走になりながら、私は美しく年代のついたお庭を眺めた。かつての一国の司祭。執政者の屋敷である。ふと、築山の裏陰に一小祠を認めた。聞いてみると、神長御頭御社宮司社だという。私はこれだなと思った。

　急いで守矢さんに開扉していただいたが、神体は大きな御幣だけだった。大石棒を期待したわけである。

守矢さんは、失望した私をはげますように、先代まで祠内にあった各地御社宮司より奉納の小石がありますと、宝庫から十個の自然礫をだして下さった。これには一驚した。粘板岩・硅岩の河礫、二、三は海礫のようで、美しく手ずれしている。五個は陰石で、五個は陽石である。いずれも加工の痕跡はない。そういった形状のものが拾われてきたのだろうが、これはいったい何か。在郷の御左口神祠で、石棒(陽石)、石皿(陰石)を祭っている場合の多いのは前述した通り、総本社のこの石群が、かりに奉納品にしろ、神体にしろ、たいした問題はない。神長官を頂点とする御左口神の郷村こそ、大祝英雄個人神の国家いぜんに、その宗教とはまったく異質の地母神、自然生産神につながる原始宗教の共同生活体——小国家を形成したことを意味するのであろう。ただ、理解にくるしむのは大祝居館、前宮本殿自体もまた大御社宮司だといわれ、神体は石の棒らしいといわれていることである。

この古代共同体の祭政主権者の後裔《えい》、守矢真幸さんも、この私の意見には大いに興味をおぼえられたらしく、塩尻市小野神社の鉄鐸を調べにいこうということになり、その秘宝拝見の交渉を努力して下さることになった。

中央東線は、諏訪湖岸から、天竜川にそって、狭い谿谷を伝って、大きく迂回する。そして塩尻にでるのである。小野はその塩尻の峠一つ手前の深い谷頭にできた小平地で、天竜川の風の吹きさらす寒冷地である。神社はその中心に、有名な稀有植物の叢林にかこまれて鎮座している。
小野の調査は、守矢さん・今井さん、それに、諏訪郡史の細川隼人さんが協力して下さった。

小野神社の神代鉾についた鉄鐸

左が裏，右が表，5 個と 6 個が一本の高鉾の裏表に鈴成りになっている。

小野神社の神代鉾は、すでに紹介した大場さんの報告で大要はつきている。私は、大場さんとちがった見解だけについて書きとめることにする。

さて、問題の鐸群は、一本の 1 m 70 cm ほどの丸太の先きに、六個と五個の、裏表の感じでくくられ、等身に近い長い麻和幣がいっぱいにこれにからみ、その麻を分けて精査すると、鐸は妙な鉄製の剣らしいものの中透しにみな端絡されている。さらにわけてみると、剣の下部には下巻きの鉄鈎が二個対座している。剣と鈎を総合して考えると、その基本造型は、中部山岳地帯から関東にかけて、弥生中期（一説には縄文晩期）遺跡から出土する有角石剣にもっとも近い。また、末期の有角平形銅剣にも近いものである。けれど、鈎が下向きに変曲しているのは必らずしも似ていない。

　これは何だろう。剣、いったい、銅鐸のおわりのとき、一番深い関係をもったのがこの平形銅剣なのである。鉄鐸と鉄剣。この剣がわかればいい。剣、剣、と考えているうちに、大変なものが私の頭を占領した。この鉄剣と、上社御占神事、あの謎の剣先版の忘れられないシルエットが、ぴたりっと一致してしまったのである。木と鉄との材質の差はあることながら、この二つはたしかに同じ母型《プロトタイプ》からきたものにちがいない。こうした一致は、鉄鐸という同一特殊遺物を媒介として、たんなる偶然とは、どうしても思われない。

　神代鉾と呼ばれているが、これは鉾でなくて剣である。けれど、以下、一応高鉾とよんでおく。形態から命名するなら、つか鉾といえる。そうすると、現品は不明だが、諏訪神社の祭式古例の祭具の中に柄鋒《つかほこ》というのがしきりにでてくる。こうなると、「古語拾遺」にもある。天の岩戸の段である。いろいろな神様がでてきて、さまざまな祭事の準備をする。それぞれ面白いが、今は略そう。天鈿女命《あめのうずめのみこと》が、直辟の葛をもって鬘とし、蘿葛をもって手繦とし、竹葉飫憩木葉をもって手革として、手に鉄鐸を着けた木矛を持ち、石窟戸の前で日々、というじつに興味深い記述がある。その細かい小道具については、私にはよくわからない。天目一箇神《あまのまひとつのかみ》が、雑の刀斧とともに鉄鐸を作り、手置帆負と彦狭知が、瑞殿や御笠とともに、矛盾を作っていることはたしかである。そして、もともと、鉄鐸は高鉾と付属した一儀具なのである。

上社御立座神事の御杖と御宝（鉄鐸）は、いつの間に分離してしまったのか、別のものとして同じ行動をしっていたにすぎないのである。

小野神社の鉄鐸・高鉾（神代鉾）と馬（今不詳）の構成は、諏訪の鉄鐸（御立座神事）＋剣形版（御占神事）＋御杖（御立座神事）と、藁馬（御占神事）または乗馬（御立座神事）の構成とまったく同じである。すなわち、この一つの象徴では、たしかに小野の神代鉾は、もとのままの姿とみていい。諏訪神社ではこれが二つにわかれてしまったのであろう。

残念なことに、今日、神代鉾についてはまったく記録も伝承もない。小野神社は中世、別当寺の勢力が強く、祭事は僧侶の解釈によって行なわれ、やがて廃仏棄釈で、それも根こそぎ失なわれたというのが真相らしい。古厩さんは明神が勤農神事に奉持して振ったものというが、もちろん、証左はない。重宝であり、外見をはばかるというのだけが、最近ま

小野神社神代鉾の頭部

すかしのついたこの鉄剣は，鐸と剣との交渉を意味しているものだろう。木剣＋銅鐸，鉄剣＋銅鐸などのケースも考えられないことはないだろう。

での唯一のいい伝えらしい。それにしても、今までの四組の鉄鐸、神長鐸を模造として三組が、いずれも六個一組であるのに十一個とはおかしい。六という数字は完全に私の頭を占領していたのである。

そこへ、隣の（隣といっても上伊那郡にあるが）、矢彦神社の神官立沢さんが、また一本の高鉾をかついでやってきた。「うちにもあるんです」と立沢さんはいう。私たちはもちろん、当の小野の人人が唖然とした。調べてみると、小野鐸と同様な鉄鐸が一個だけ、ぽつんとぶら下っている。高鉾の鉄剣は、基部の曲鈎がないだけで、外見は一切、小野鉾と同じである。ところが、立沢さんによれば、矢彦の場合、使用法が、かなりはっきりしている。毎年八月二十六日（新暦）の夜、御狩神事に氏子総代が、この立鉾を奉持、行列の中央になって、遠い山中の御射山祭場へいく。二十七日夜の神事には特別に振ることはない。二十八日には還御。祭のつど、穂屋のススキ麻を新しく鉾にかける。常時は本殿内に御神体とともに奉安されるそうである。なお、がんらい五個の鐸がついているのだが、御狩神事山中の悪路でふれあって損傷が激しいので、四個は神庫に奉安してあると、立沢さんはいう。追求してみても、今はだせないといわれるだけである。ところが、立合ってくれた総代さんの意見によると、もと、小野には六個ずつ鉄鐸のついた二本の高鉾があって、いつの時代か、矢彦側に高鉾一本と鉄鐸一個を貸すか譲るかしたものに相違ないというのである。なるほど、そういえば、小野高鉾の鉄鐸のつけ方には、少々むりがある。六個の鐸を鉾面にたいして表側に全部片寄せ、裏側に五個をおしこんだように、文字通りの鈴なりである。もともと、この二神社は一社が分離したもので、東筑摩と上伊那にわかれてはいるが、境を接し、中近世を通じ、あまり仲のいい隣人ではなかったとのことである。まあ、しかし、それはどうでもいい。私は、本当はどうだったのか高鉾の古い状態だけがしりたいのである。

このところは、大場さんの調査のときは[一〇七]、柄に符票がしてあり「ぬさほこ五垂鈴」としてあったとのことで、五個がもとの説をとっておられる。符票は今ないが、あるいは大場説の通りかもしれない。

さて、肝心の鉄鐸の実例についてはあとでのべるとして、小野・矢彦鐸は各形態が、厚いものあり、薄手あり、大小まったく不同であるのが一同の注意を引いた。

帰りの列車の中で、細川さんが、玉鋼《たまはがね》の話をされた。出雲から、諏訪へ入る原料の玉鋼は大小不同であったこと、けれどそのときには、私には鐸の大小と玉鋼の大小とは直接には結びつかなかった。

小野へいった四日前の三十五年十月二十八日、小野から低い峠、善知鳥《うとう》峠一つをこえた塩尻市の大門では、じつに銅鐸が発掘されていたのである。大場さんの予言はみごとに適中したのである。のちになって、新聞紙上でこれをしった私の驚きは大きかった。この論考のいく先きはまったくわからなくなった。

ただ、銅鐸が塩尻からでて、松本やさらに上田の旧例が学術的に生きて、いずれ、下伊那あたりからでたとしても、今までの考えを変えるわけにゆかないということだけはいえるのだった。

私はいよいよ、鉄鐸の故郷、諏訪神社をしらべることになった。まず、下社宝物殿で一号鐸六連をしらべた。中村竜雄・宮坂光昭の両君が助手に、下諏訪町教委の両角信行さんと三輪磐根宮司さんが立合ってくれた。盗難事件の後だったので、三輪さんの気のつかいようは大変である。

ところが、一番目の鐸を手にとるやいなや、大変なものをみつけてしまった。一と読める字らしいものがきざんである。急いで見ると三番目も一、四番目は三である。これが数字であるとすれば、もはや、鉄鐸の年代の上限はきまったも同じである。古くも六世紀をさかのぼることはありえ

上社第二(上)、第三号鐸（諏訪市教育委員会提供）
かんぬき孔の下の部分に数字らしい刻み目がみえる。この二鐸は永いこと秘蔵されたまま，世に出なかった。

ない。

宮坂君と私は、あらゆる方法で、これを吟味した。タガネで刻んだ後からのものでなく、鍛造のとき、鐸身をまるめてから、刃幅のひろいノミ状のもので、一気にうちつけたものである。それぞれの線の末端は自然に消えて、どうしても字とは考えられない。たとえば、奈良県唐古遺跡発掘の後期弥生式土器の胴部などに刻印されたような、一種の符号であろうということになった。それに、一、二、三といった数字が、どのていど古く使われたかにも疑問がある。

そこで、上社には、いま二連の鉄鐸があるはず、その二号・三号鐸を調査するのに、その後、二年の月日が流れた。機会もなかなかめぐまれなかったが、神社でも、もう、現存しないと思っていたのではないだろうか。とうとう、昭和三十八年になって、三輪宮司と宮坂禰宜の厚意で、宝庫内に深く秘蔵されていた二連の鉄鐸を調査することができた。

ところが、二・三号鐸にも例の符号があるのである。今度は明瞭に、一・三のほかに二がある。一から三までそろったわけである。上社鐸三くみを一緒に、表示すれば、一号鐸は、一が二つ、三が一つ。二号鐸は一と二が二つずつ。三号鐸は三が四つ、二が一つ。それぞれの組みの主頻度数字は、各組数と偶然おなじである。まったく符号のない個体も現存するが、それは磨滅して消えたか、修理の際に磨りとられたか、どちらかで、もともと全部に刻まれていたと考えていいようである。

各個体の刻印された位置にも、一つの約束があったもののようで、ほとんどが、閂孔《かんぬきあな》の下につ

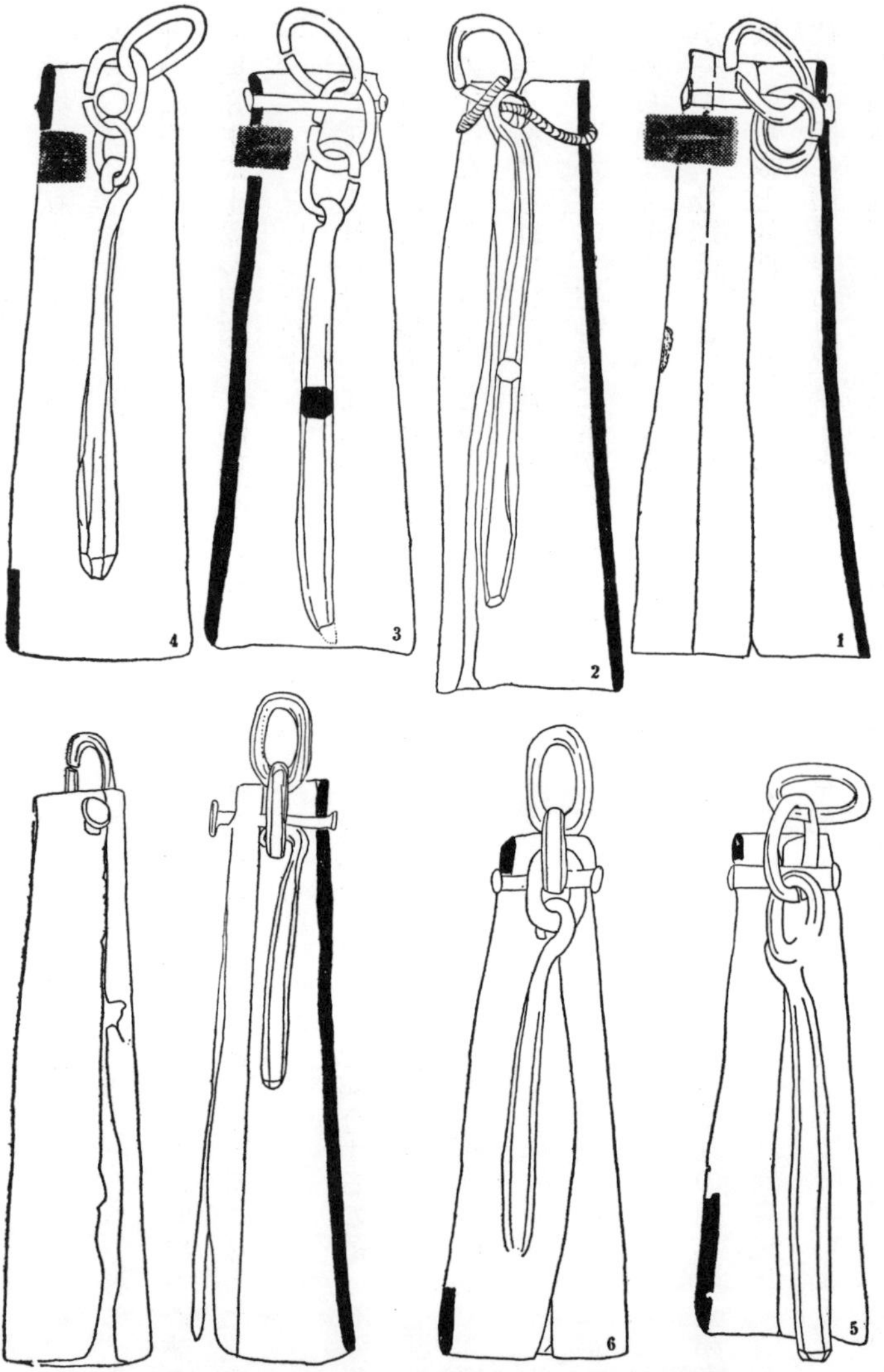

諏訪大社の上社第一号鐸の構成・左下は神長鐸

1, 3, 4 の左上のところに少し黒いものが入っているのは拓本である。(拓本は物の表面を紙にうつしとったもの) 白いスジのように問題の刻目が見える。

いている。符号のないのは、すべて、閂孔の欠失から、その直下部に補修の孔を明けるため、消されてしまったものであろう。

第二表　上社鐸符号表

鐸番号		
上社一号鐸	1	一
	2	ナシ
	3	一
	4	三
	5	ナシ
	6	ナシ
上社二号鐸	1	一
	2	三
	3	二
	4	二
	5	一
	6	ナシ
上社三号鐸	1	三
	2	三
	3	三
	4	三
	5	二
	6	ナシ

いじょう、二号は六個、三号は鐸身こそ五個だが、舌が一つ下っているので、まずもとは六口だろう。これが、ともに、それぞれ、かたく古い麻縄で緊縛してある。ところで、もとは、一・二・三の符号別、各組みに組合さったものが、のちの補修、または縄切れによって、入りまじったものであることはすでに確実である。なお、この文をかいた後、三輪宮司より電話があり、三号鐸の落脱した一個が神庫の櫃の奥から見つかったそうである。やっぱり六個一組だったのである。

さて、材質はすべて鍛鉄である。一つ一つについて、精密に観察すると、細かく槌でたたきのばし、扁平な鋼板を作っている。槌跡によれば、金属か石かは不明であるが、槌面は平面のものでなく、若干丸みをおびていたもののようである。叩延作業は、上社鐸が一番すぐれている。ほぼ梯形に仕上げ、それから筒形にまるめている。

上社鐸は、鐸身丈平均18㎝、最大19・5㎝、最小16㎝、頭径平均4㎝、底径平均6.2㎝、厚さも

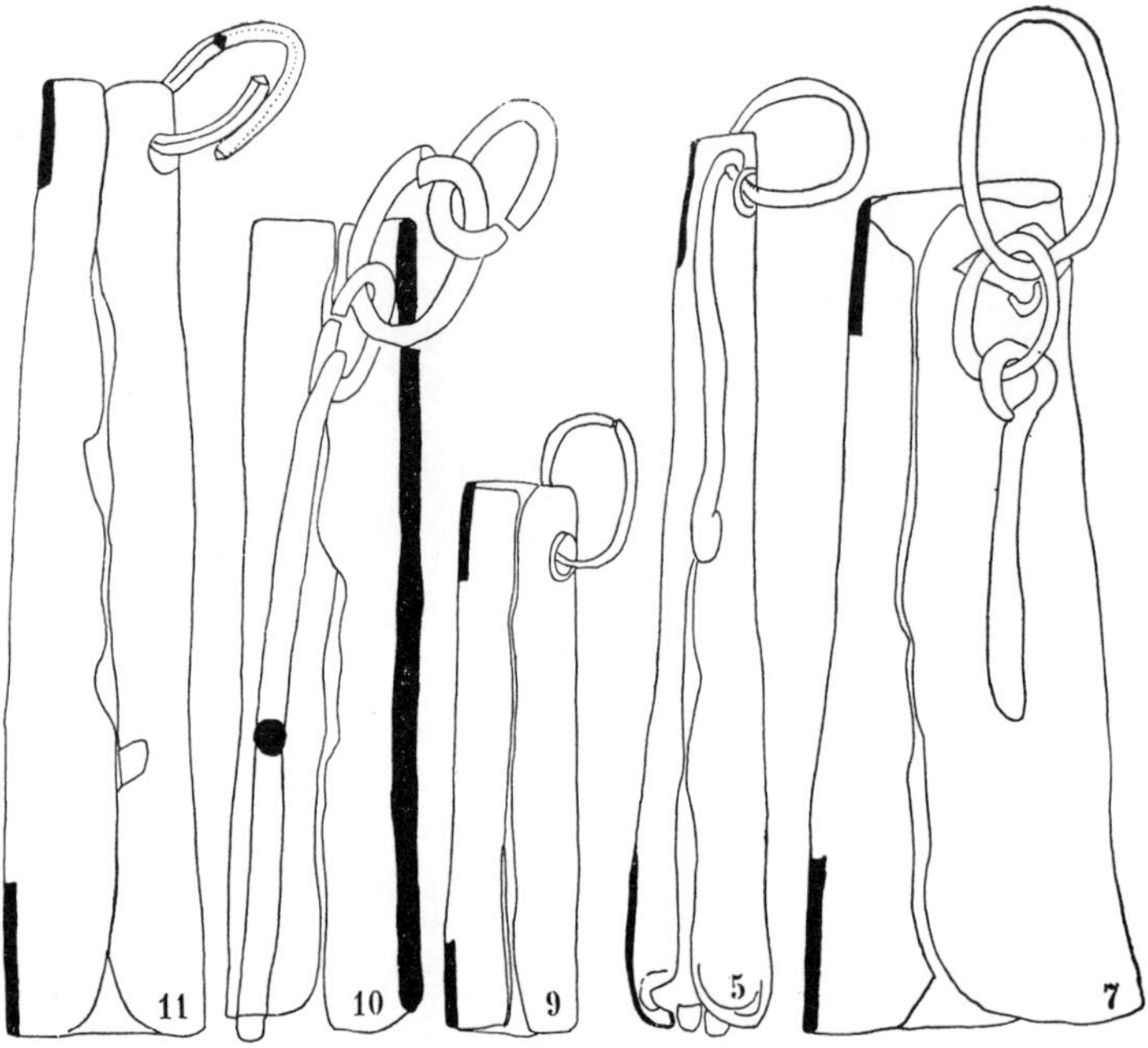

小野・矢彦鐸の実測図

きわめて大小不ぞろいで粗製かつ損傷がはなはだしい。

0・17cm平均で、薄手の割に重く、しっかりしていて、酸化錆も少なく、黝色《ようしょく》の光沢を放っているのは、よく鍛えられているからであろう。形態もほぼそろい、大小の差ははなはだしくない。鐸身の端は切断せず、のばしぱなしであるが、わりあいに正しく、一号鐸はぴしっと接合部があっている。その他は、重なったもの、はなれたもの、色々である。二号鐸は閂を失ない縄を通して舌を吊っているが、がんらいは、皆、閂をいれたもので、その閂は太く丈夫で、鐸身上端に対座する二個の貫通孔をあけ、これに閂を通して、両端はしっかりかしめている。この閂に中環を通し、上環はその上部、吊縄にかかり、下環は蕨手頭《わらびてがしら》の舌を吊っている。今、二環または単環のものもあるが、それは、おそらく欠けてなくなったもので、もともとは三環が基本のようである。

吊環はどれも、断面角とりの四角、つまり八角形に近くかたちは楕円形、上環はやや大き目に造っているようである。なお、鋼鉄棒からきりとったものでなく、一つ一つ鍛造したもののようである。

舌は鐸身の三分の二以上が原則で、いずれも長い。断面角とりの四角、つま

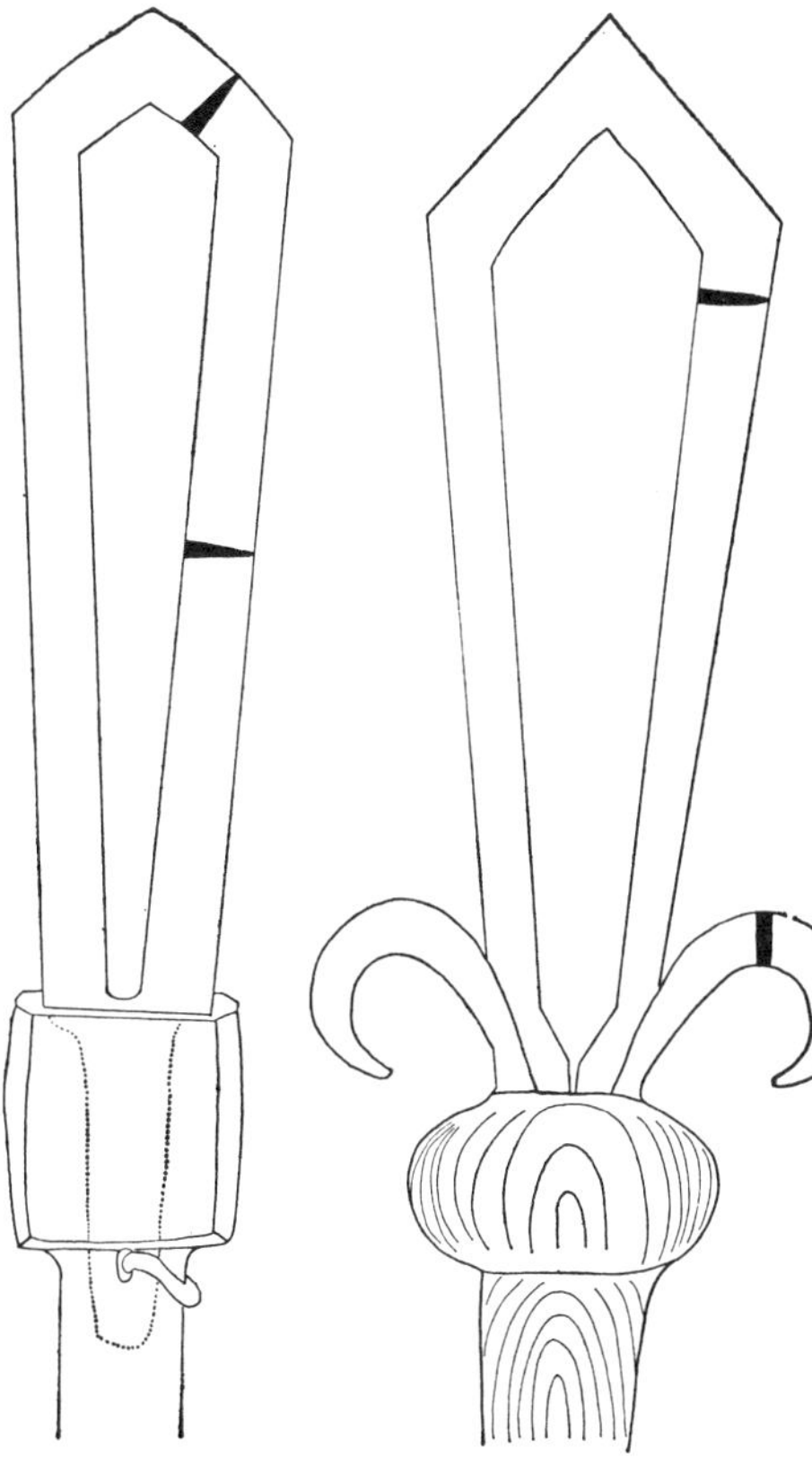

小野（右），矢彦（左）の高鉾につけられた鉄剣先（1/5 縮尺）

この剣先のかたちは何に似ているだろうか。上社御占神事のお話のときの挿画，剣先版をいま一度見てほしい。

第三表　鉄鐸実測表

		鐸長	厚さ	頭部径	底部径	鐸舌	吊環	閂	所見
上社一号鐸	1	一九・〇	〇・一五	四・五	六・八	ナシ	二個	有	正面に一本刻みあり接合極めて良好。
	2	一九・五	〇・一三	四・二	五・七	一六・〇	一個	欠失	現有鉄鐸中最長の舌をもつ
	3	一八・二	〇・一一	四・一	六・七	一四・三	三個	有	正面に一本刻みあり、接合面整う、舌端切損。
	4	一八・八	〇・一〇	四・四	六・〇	一三・二	三個	有	正面に三本刻みあり。
	5	一六・〇	〇・二〇	三・四	五・八	一三・六	三個	有	割目あり。
	6	一六・一	〇・一三	三・三	六・五	一一・三	三個	有	舌端切損、接合面不整。
上社二号鐸	1	一八・三	〇・二〇	三・八	五・六	一五・〇	三個	有	薄手、ワクワクする。合目喰い違う。閂孔取換一回、刻目一本。
	2	一九・三	〇・二五	四・八	六・六	一三・〇	三個	有	しっかりした出来、合板整う。刻目一本。
	3	一八・〇	〇・四〇	三・〇	五・五	一三・六	三個	有	厚手末ひろがり、閂孔の下に刻目二本。
	4	一六・〇	〇・三〇	三・八	五・五	一四・五	三個	有	閂孔が割れたため磨り上げて短かくなっている。刻目二本。
	5	一九・七	〇・五一	四・七	六・六	一五・七	三個	有	合せ目整う。刻目一本。
	6	一六・二	〇・四〇	二・八	六・一	一三・二	三個	有	磨滅甚だし。閂孔補修一回。
三号鐸	1	二〇・二	〇・四〇	四・五	七・三	ナシ	二個	有	現有鉄鐸中最大。舌欠失、刻目三本。
	2	一四・七	〇・三〇	三・六	五・二	一一・五	三個	有	閂孔補修三回。刻目二本。
	3	一九・二	〇・四五	四・四	六・五	一三・七	三個	有	閂孔の下に刻目三本。
	4	一四・〇	〇・三〇	三・六	五・四	一〇・一	三個	有	閂孔の下に刻目三本。

り、吊環とほぼ似た技法により鍛えている。頭端を蕨手形にまげて下環に吊り、端末はやや扁平につぶし、面取りして仕上げている。このテクニックは古墳後期の馬具製作にみられるところに似ている。論法によれば、吊環はおなじ時期の耳環——金環の下地に似ているともいえる。

　つぎに神長鐸であるが、これは六個とも酷似している。しかも、閂を用いている点、上社鐸に一番近い。守矢さんのいうとおり、模

社5	一八・六	〇・二五	四・〇	七・〇	一三・九	三個	有	閂孔の下に刻目二本。
上6					一三・二	三個		鐸身欠失舌のみ。この鐸身のちに見つかる。
平均	一八・〇		四・〇	六・二				
小野鐸 1	一三・九	〇・二〇	二・七	二・七	一〇・六		閂孔無単孔	
小野鐸 2	一四・六		二・一	三・〇	九・一		同	
小野鐸 3	一四・二		二・九	五・七 三・〇	三・一		同	
小野鐸 4	一三・三	〇・三三	二・一		ナシ		同	
小野鐸 5	一四・八	〇・一〇	一・二	二・七	三・二	一個	同	最細型、薄くてワクワクする。下端はまくれかえっている。
小野鐸 6	一〇・〇		二・〇	二・一	九・一		同	
小野鐸 7	一四・五	〇・三〇	三・三	二・四	六・四	二個	同	赤褐色舌短し、最太型。
小野鐸 8	一九・一		二・一	六・四 五・四	二一・五		同	最長型。
小野鐸 9	九・一	〇・〇九	一・八	三・二	ナシ	一個	同	最小型。
小野鐸 10	一二・一		二・七	二・一 三・二	九・〇		同	
小野鐸 11	一三・〇	〇・二〇	二・七	三・二	二一・六	三個	同	小野の標準型。
矢彦鐸	一六・七	一・八 二・一 不同	二・一	三・二	ナシ	一個	閂孔無単孔	音澄む、黝色強く、樹脂感あり。
神長鐸 1〜6	一七・三	〇・二〇	三・〇	四・五	九・五	二個	有	舌短し、閂は鳩目どめ。

作されたものかもしれない。

六個とも、いずれも、丈17・5cm、上幅11cm、下幅13・4cmくらいの鉄板をまるく筒形にまるめている。厚さが0・2cmもあるのに意外に軽く、そのためか、あまり古い感がしない。錆も古い感がない。閂はかしめた頭がはみだして粗雑である。舌は短いのが特長で、吊環は上下二環である。

ところが、小野鐸・矢彦鐸はさらに粗雑で、身のあわせ目のやや整っているのは二号だけで、他は誠にへタクソである。すべてに簡約化が顕著で、閂は使っていない。鐸上端に一孔をあけ、これに通した中環に、上環と下環を連続させている十一号が、まず標準型といっていいようである。ところが、以下は、最小型の九号、最細型の五号、最長型の八号、最太型の七号など、まったく、細いの、太いの、長いの、短いの、筒形のもの、傘型のものなど、定型がない。矢彦鐸のように、二環と舌を失なって、単環で鐸身を吊っているだけのものもあり、管理もよくなかったようである。厚さも0・33cmの厚手な四号から、薄い九号の0・09cmまである。八号にいたっては、長い割に薄いので末端がまくれかえって、ぐしゃぐしゃになってしまっている。押すとワクワクする。鉄色は赤褐色で、重量は比較的軽く、表面にかなり赤錆がついているが、かといって新しい感はまったくない。

小野および矢彦の高鉾のデータはつぎのようである。小野鉾は木柄からでた部分で、鉾先まで、36・5cm、鎬幅12cm、基部幅5・5cm、両鈎は6cmづつ突出している。周縁の刃幅は3cmで、0・5cmの脊と鋭い刃がついている。ところで、真中の透しは打ちぬきか、長い鍛鉄を打ちまげたものか、ちょっと決定しかねる。基部が二つにわかれている点、打ちまげかもしれないが、そうとすれば、その仕上げは見事である。鉾身と鈎は別々に柄部にさしこんであるが、その末端のほどはみることができない。これに一杯に結びつけられた麻の和幣は、末端がいずれもすりきれて30cmほど残るだけで、もう繊維は崩落しそうに古い。小野さんは七年に一度づつ、掛けくわえていったものといっているが、もちろん、近い数十年のうちにかけられたと思われるような新しい麻はない。もしそうした慣例が考えられるとしても、すでに古く、それは廃絶してしまったのだろう。

矢彦鐸は、その点、立沢さんによれば、年々の御狩神事に一連づつ掛け足しをしているというのが本当であろう。等身に近い新しい麻和幣が房々と一杯にかかっている。刃長33・5㎝、刃幅9㎝、小野鉾より細身である。木柄に入る部分からナカゴ状にくびれ、木柄の7・5㎝のところに目釘がでて、その末端がぐるりと木柄を巻いているところからみると、ナカゴは、8㎝いじょう長いとみていいようである。全体の形態は前期古墳出土の鉄製短剣に似ている。

さて、そこで、私はこのいっこうに年代の手がかりのない、奇怪な鐸の時代を考証する、むずかしい冒険に入らなければならないことになった。

九　銅鐸と鉄鐸の対話

まず、鉄板鍛造の技術と、鉄鐸の形態が手がかりといえばわずかに手がかりである。小野鐸が銅鐸に似ていることは、はやく、大場さんの指摘された通りである。が、しかし、銅鐸のどこもが、鉄鐸に似ているわけではない。

そこを分析してみよう。

第一に、鋳銅工作と鍛鉄工作とでは、同じ形象を追えるはずがない。鉄鐸には身の上部蓋、すなわち、舞上がないのだから、鈕、吊手はできないのが当然で、銅鐸の鈕の器能をうけるのが閂と吊環である。また、鋳銅の際の、必然的副産物から発達した鰭も、鉄鐸にはできない。鐸身も、鍛鉄であれば、鋳銅のように自由な表現はできないから、身の形が似ているといういがい、施紋もまったく比較資料にはならない。そうなると、全体の感じや恰好が似ているという、まことに情けないことになりそうなのである。

残るただ一つ、それは舌である。鉄鐸の舌は鐸身の三分の二いじょうの場合が多く、短いものでも二分の一はある。

銅鐸の場合、銅舌を伴なって発見された例は、発見例三百をこえるうち、ただ三例ほどである。そのうち、鳥取県泊の例では、同じ鋳型から生まれた四人兄弟が知られているから、この弟たちにも舌があったことはほぼ確実である。

しかも、舌は複数である。あるばあいは、銭のような銅片を吊したかとも疑える。鉄片・石コロ・堅い木舌などのつかわれたケースもあっただろう。しかし、その舌は短かく、鐸身の三分の一どころではない。これでは、銅鐸は鳴らない。ところが、銅鐸の下端近い内面には、周知の凸帯があって、磨滅しているのだから、舌は舞《まい》の下面の環か、型持穴から下げて、その凸帯にふれて鳴ったことが確実だとすると、がんらいは長い舌の方が本当なのである。銅材の節約か、より音響効果を考えての上か、中間を紐にしたのだろうが、とにかく、もとは長い方が本当なのである。鳴らした銅鐸はいずれも、古い型式に属する。もっとも、新しい銅鐸は鳴らさなかったかというと、必らずしもそうではない。最末期の突線鈕鐸といえども、鳴らす道具であり、東方の山中では実際にならしていたのである。いや、もっと精査したらそのほとんどが、実際に鳴らしたものであることがわかるだろう。しかし、すくなくも、鉄鐸は、銅鐸のより古かるべきかたちに近いのである。では、どんな銅鐸が古いか。銅鐸の祖型と思われるものは、朝鮮半島西北部の、大同竜岳面上里三個、平壌貞柏里六個、慶州入室里三個など、漢代墳墓から、車の部分品にあたる青銅器とともに、発掘された小銅鐸であろう。これは断面の円に近い、完全な鈕状の吊り手をつけ、身には、二、三はあるが、大体文様がなく、しかも舌は鍛鉄製で、蕨手頭からすると、ほぼ鐸身に近い長さをもっている。これははっきり馬鐸または車鐸であり、すくなくも、鳴らす鐸であったことに間違いはない。しかも六個・三個と一括で出土しているのも、注意を要するところであろう。

これによく似た小型銅鐸は、昭和三十三年、北九州福岡県春日町から、出土していることは既述の通りである。私は鉄鐸が大場さんの所論のように、銅鐸に似ているとなれば、後出形式のそれよりは、むしろ、古い形式の小銅鐸に近い関係をもつものだと考えるのだがどうだろうか。

銅鐸と鉄鐸の関係においては、ここで、大きさが、たいそう重要な意味を持つことになってきた。鉄鐸は上社鐸の最大が、上社三号鐸1の20・2cm、最小が磨り上げ再生の三号鐸4の14cm、小野鐸は、9の再生品の9・1cmというのもあるが、まず平均は14cmである。こうしてみると、じじつ、銅鐸にも、このくらいの小形品は皆無ではないのである。

つまり、鉄鐸の最大、20cmは、一つの基準として、静岡地方の小銅鐸をのぞく銅鐸の最小級の一群の寸法とよく似ている。この点に、注意したのは、私の仲間である桐原健君である。[三二]

桐原君の作製による「小形銅鐸一覧表」[三三]によれば、高さ36cm以下の三〇例について、その平均をみると、23cm、ほぼ修理しない、できたばかりの鉄鐸に近い大きさだったと思われる。しかも、その多くは、鈕からいうと、菱環鈕四・外縁付鈕七・扁平鈕十五で、横帯文・流水文・四区画袈裟襷文と、ほぼ、古かるべき様相をなしていることは、すでにいく度か説明してきた通りである。要約

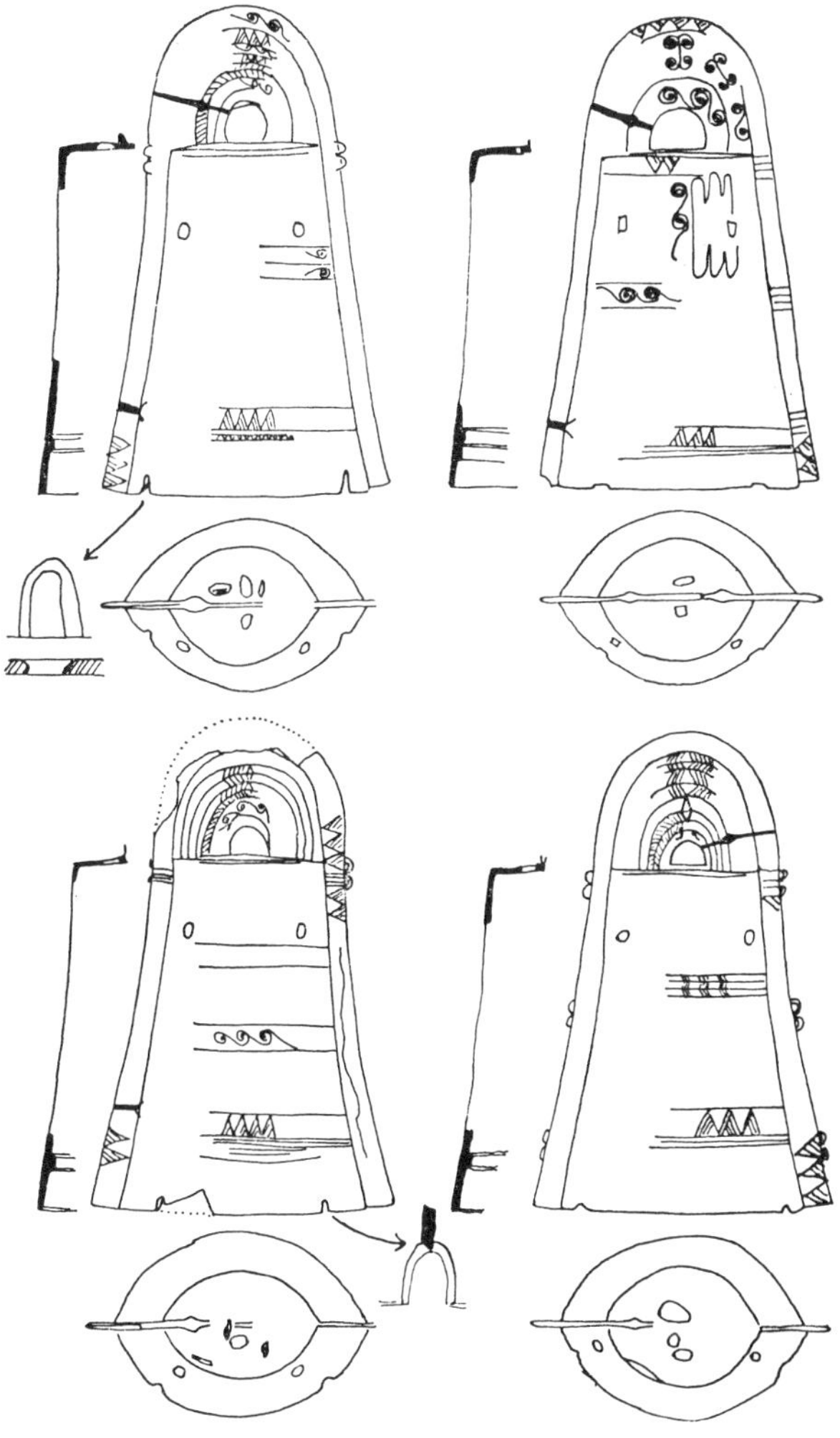

兵庫気比の四個の小型鐸（梅原氏前掲著より）

おなじような鐸が4つ。これが海岸の岩窟のようなところから出たわけである。いんとくされた例ともまたちがうようである。

すれば、古い銅鐸には、鉄鐸のような20㎝くらいの小さいのが多い、ということである。

ところで、鉄鐸が、いわゆる鈴なりに、高鉾の上につけられ、その磨擦によって、いたく損傷していることは、すでに明らかであるが、舌の作用のみでなく、鐸同志のすれあう音も、用途のかなり主要な要素だったろうと思われる。一方、これに対比する小型銅鐸の方も、桐原表によれば、ほとんどすべての鐸身に破損、磨滅の跡をとどめ、また、大半が、鈕・鰭《ひれ》に欠損・磨滅痕をもっている。これは何を意味するか。佐原さんのいうように、古い形式の鐸の長い使用、伝世の事実を示すものと考えるのも、たしかに一つの考察であろう。しかし、その損傷ぶりは宝物としての伝世だけでは、理解のつかないものがある。むしろ、奈良県秋篠の四例や、和歌山県丸山の三例、さらに、しかとしたことはわからないとはいいながら、兵庫県淡路松帆の三例または七例とつたえられている出土例などから考えると、鉄鐸と同じように、高鉾につけられたまま、セットとしての出土すら考えられるというものであろう。兵庫気比の海岸岩陰からでた四個の古い流水鐸も、やや大きいきらいはあるが、同時に使われたものに相違ない。じじつ、その損傷状態は、擦痕でなくて、磨滅であって、同質のものが磨擦しあうばあいが、いちばん可能性ありと思われるがどうであろうか。

広島県福田例は、剣および戈《か》と組みあったただ一つの例として認められているが、「古語拾遺」にもいうように、その高鉾は、銅の剣をつけずに、木製の鉾先きだって、多々あったに相違ないのである。とすれば、古式複数例の小銅鐸の出土には、失なわれた木鉾もぜひ考慮のうちにおく必要があろう。その点、坪井清足さんは「太陽」一一号に、福田木ノ宗山の銅鐸の祭を、高鉾のくびにつけられた数個の小型鐸を中心に、福沢画伯に復原してもらっているのが印象的である。つまり、鉄鐸はもっとも古かるべき銅鐸に、もっとも、似ているのであって、後出形式と考えられる大型の、すえおかれたと思われる六区画突線文鐸には、同じ銅鐸でも、全然無縁に近いものである。

そうした古式の小銅鐸の他、さらに日本最小型の銅鐸の一群が、静岡県だけで発見されている。それはまた、小さいだけでなく、形態も朝鮮小銅鐸に、もっともよく似ている。すなわち、静岡県の有東[8]・浮島、二つの中・後期弥生式遺跡から発見されている三個の小銅鐸である。これらの遺跡は、距離からいっても、土器の様式その他の点で、鉄鐸の地方と強い土地感をもっている。まったく、鉄鐸の吊環が上半円の弧を描いて、鐸身の上にのぞいてる外観は、それらの小銅鐸との間に、強い関連性を考えさせずにはおかないだろう。

しかも、駿東《すんとう》郡浮島村の二個のうち、陣ヶ沢の例は古墳内からの発見といわれるだけに、私の古い小銅鐸と鉄鐸の近似性からいうと、はなはだうまくない資料である。けれど、鉄鐸が本貫諏訪上社で、すでに数らしい符号をつけている以上、本当は、古墳時代を遡《さかのぼ》ることがむずかしいのではないかと思われているいま、すでに中部以西では、銅鐸のほろびたそのころ、まだその文化圏の外域に残存した、もっとも古いと思われる鐸の古制が、駿河《するが》の小銅鐸であり、信濃の鉄鐸となって残っ

駿河の小銅鐸

もっとも古式に近い形態らしいが，実年代はかなり降るものと考えられている。しかし，駿河のこれと信濃の鉄鐸とは富士川を通じて深い土地カンがある。

ていても差支えないだろう。長野県柴宮鐸は、形式上、木曾川を通しての尾張でなくて、はっきり、天竜川を遡《そ》上しての三河・遠江に近縁の多いものだった。同様に、形状の上からいえば、銅に鉄の相違はあっても、この小銅鐸が、富士川または天竜川を通路として、諏訪・小野の鉄鐸につらなるものであろうことは、否定することはむずかしいだろう。

ところで、室町期の説話の中に、その意味で注意すべき一話がある。「諏訪大明神画詞」祭第七・冬から、それを訳出してみよう。

諏訪湖は冬になると堅氷にとざされる。そうすると大小三筋の氷のわれ路ができる。これが大明神のつまどいの通い路である。（諏訪上・下社は建御名分とその婦神と考えられ、それぞれ、湖を中にへだてられている）その辻のようにわれていく有様は、頭底人力のおよぶところではない。後三条院御宇延久年間、一生不犯の高徳の行者があって、その明神渡御の儀を拝観したいと思って、寒氷に臥すこと数日、ある夜の深更、千万騎の軍卒が、一時に進発する声がして、その姿はみえず、空に大音声がして、「手長《てなが》（諏訪市手長神社の祭神の意。ほかに足長もいる。）ありや、目きたなきものあり、とり捨てよ」ときこえた。ふるえていると、人のよってくる気配がする。また天から声があって、「荒く捨《す》つな」と、いったような気がする。その声と同時に、行者はまったく失心してしまった。

翌日の日の出、行者は目ざめたが、あたりは見覚えがまったくない。行人をつかまえて、聞くと、ここは、遠州サナキノ社という。諏訪湖の流れの末、天竜川の近くだから、まったく無縁というわけではないけれど、行程七日ばかり、一夜にしていくとは、これも神変の不思議であろう。

私ははじめ、この説話にでてくる「サナギの社」というのを、矢作川流域、三河猿投《さなけ》神社かと読んだ。おそらく、遠江は三河の間違いであろう。そして、大場博士の「猿投神社誌」にあたってみ

水流にのぞんだ斜面の出土例

上 徳島源田，下 大阪恩智。それぞれ○印のところから銅鐸が出土している。このほか，洪水によって発見されたとか，谷間から出たとかいう例はかなりある。三木氏 (95) による。

たが、諏訪神社との関係、とくに、鉄鐸との関係はでてこない。

最近になって、これは原説話どうり素直に、天竜川口近くに、煙滅したサナギの社を考えている。というのは、遠江の最末的銅鐸が、信濃へ入っていることと、大場博士が指摘している伊豆賀茂郡箕句神社に、鉄鐸二口がかつて存在したらしいこと、それに、前頃鉄鐸形の小銅鐸が駿河のみに、銅鐸の最末現象の一つとして存在することなどからである。

つまり、小銅鐸と鉄鐸は、銅鐸の原義をもっとも忠実に伝えた、最末期現象と考えたいのである。これが、東の鐸文化圏の周縁に残存した現象と考えるときに、鉄鐸の使用意義をもって、銅鐸のそれを類推することの可能性を検討する最後の鍵は、まず、これをおいてないといえるだろう。


年末・年始と眼のまわる商売のいそがしさがつづき、つかれはてた上に、この冬の寒さで、持病が再発し、一月中旬、とうとう私はねこんでしまった。寝についていてぼんやりしていても、鉄鐸のいろんな形が、銅鐸のいろんなのと、かさなったりして頭をはなれない。――ああ、もうすこしだ。おいこみに近いというのに――私は反転しながら、眠れぬいく夜かをおくった。

そのころの某日、研究所員の武蔵雄六君が見舞ってくれた。そして、何となく、秩父へ鋸の行商にいってきた話がはじまった。この信濃境の農村の冬の稼ぎは、じつは同じ井戸尻遺跡研究をしている武蔵盈君が先輩で、雄六君は盈君から、商売のコツを教わったのだそうである。いま、諏訪鋸は、ほとんど帯鋼を切って機械で作っている。ところが、向うでは、諏訪鋸で、玉鋼《たまはがね》から打ったんだといわなければ売れない。それで、荷はなるべく、大小不ぞろいのものを選んでいくんだというのである。

私は、小野神社のかえり列車の中の、細川さんの話を思いだして、おそまきながら、おどろいた。それだ。玉鋼だ。材料の玉鋼のそろったのが上社鐸で、へぼい不ぞろいだったのが小野・矢彦鐸なのだ。

とうぜん、そうしたことで、私の仕事は、寝ながらできる玉鋼さがしに移った。つらい文献の上での仕事だった。しかし、結果からいうと、この長い暗中模索はまったく徒労に近かった。鉄鐸で象徴されるような、鍛鉄の文化や技術は、とくに諏訪が特記して誇りうるものは何もなかったのである。私はまたゆきづまった。

ここまで書いた原稿は、約一年近く放棄された。

一つには、私一身のつごうで、営業所が類焼し、とても研究などというわけにゆかなかったこともあるが、最大の理由は、私自身、この仕事がこわくなったからである。しかし、一年の反省は、幾度も推敲もさせ、考えなおさせもした。この研究に登場してくるいろいろな現象について、独立論文を四つほども発表してみた。しかし、一年たっても、細部の誤認・誤解はとにかく、大綱において、私は間違っていない自信をもった。

その間、大場博士の「柴宮の銅鐸」が発表され、[31] 原田淑人博士が鉄鐸論を展開された。佐野大和君の教示で古い新聞スクラップから、栃木県日光男体山頂の祭礼遺跡から、じつに七十個にもおよぶ小鉄鐸の出土例もしった。佐野君のサナギ(蛹)論[39]や、原田博士の風水害鎮圧の祀禱具説、[35] その他、竹筒起原説、延喜式による鎮魂具説、銅鐸の後身説など、いろんな学説もしった。しかもなお、私の長文は訂正すべき個所を自覚しなかった。これに力をえて、はじめ、はたして物になるか否かと、あやうんだ本稿も完稿して、発表できるだろう意欲がわいてきたのである。

しかし、何もなかったわけではない。ほったらかした一年の間で、最大の示唆は小林行雄さんの著書からヒントをえた鉄鋌《がね》のありかたであった。

さて、そこで、この一年間に、鉄鐸の鍛鉄の古さを証明するための遍歴はつらくて長かったが、とうとう何物もつかまらなかった。かんぜんに失敗におわったのである。数字らしい記号があるいじょう、さして古くさかのぼるはずがないといってしまえばそれまでだが、祭政のうえで、コンビをなす宝印が弥生時代のものと思われるについては、鉄鐸も、それをさしてくだらないものと考えたいのは、とうぜんな心理というものであろう。畿内五世紀の中期古墳から、短冊形に打たれた鉄の地金が副葬品にまじって、大量に発見される。長さ30㎝～40㎝、数百グラムから、長さ16㎝前後20グラムあまりの小形まで、小さな古墳でも同時に数百枚も埋められていることがある。小林さんはこれらの一部を、書紀の神功皇后四六年の条の百済の肖古王が、日本の使臣に鉄鋌《ねりがね》四十枚をあたえた記事にてらして考えている。じじつ、山陰・山陽方面の砂鉄冶金のことは、古来、学究間に重視されているわりあいに、たしかな資料は誠にすくないので、私のさまよった玉鋼追求も、一つの先入主観による迷いであったかも知れない。玉鋼でなくとも、輸入された鉄板にも、大小はあったのである。この鉄板を丸めるのは、玉鋼よりさらに容易なはずである。さらに鉄鐸は朝鮮半島の小銅鐸にもっとも近い形式である。現品が直接輸入されてきたものと考えても、一向にさしつかえないのである。西日本では土中されたために、朽ちさり、南信濃では、御左口神の国、大祝の国と伝世されたため、たまたま残存したと考えてもいいではないだろうか。そうだ、もっと大陸を考えるべきであった。

私は大陸考古学、土俗学関係の文献を懸命にあさった。

それには、当初から、一つの見当があるにはあった。蒙古ギリヤーク族シャーマン巫の腰についた鐸である。この鐸形品は、かねてから学界では周知のものであるが、遺憾ながら、今、実物について検討すべき何ものもない。わずかに故鳥居竜蔵博士の著書に引用されているシュレンク氏の図版二葉だけである。

ギリヤークのシャーマンの腰鈴

鐸や鈴・鐘のようなものまで一ぱいつらなっている。この金属がふれあう音が神のおりる憑代の声となったのは日本の弥生時代と同じであったろう。(鳥居博士による)

シュレンク氏原図について検討すると、孔をあけた腰部の、ベルトの後方へ、約一七ほどの鐸と、二個の鈴、一個の鐘形のものが、ぶら下っている。いずれも材質はわからないが、鐸形のは、小野鐸の五号、最細形と生き写しである。吊環のつけ方も似ている。小野鐸九号最小形のようなものもある。おなじく七号、下端の拡った傘状のものもある。金質が薄く粗悪でベコベコになっている点も似ている。また鐘形の一個は小銅鐸にじつによく似ている。

これは一体どういうことだろう。いっけん、誓約《うけい》の鐸と、シャーマンの鐸。それはただ似ているということだけですむみたいである。そのわけは、中間の中国、朝鮮には一向にそれらしき怪しいものがないからである。似たものがあっても、それは周代の銅鐘とか、漢代の馬鐸・車鐸とか、身元はまことに明確なものばかりである。

しかし、いまひとつ考えてみたい。中国を中心として発生した実用品、鐸もそうである、それが化外の倭国や鮮卑にもたらされたとき、それは、また実用品になるだろうか、ということである。中国で漆器の化粧函に脂粉と一緒におさめられていた鏡は、北東方化外の地では、神を意味する、いや、倭においてはじつに大王の遠祖、天照大神そのものにもなり、日像の鏡（多鈕細線鏡かともいわれる）のように、人の顔を写さず、胸間に吊られて、光りかがやく神ともなった。車鐸（朝鮮漢代の例）が、東方の倭へ入って、神との誓約の畏敬の声を発する銅鐸または鉄鐸となり、北方の鮮卑・扶余・挹婁などに入っては、シャーマンの神を降す響となって、近世まで残存していても、いずれも、まことに、ありうべき当然な成りゆきといわなければならない。

こうしたことで、鉄鐸の大陸起源説はとにかく、製造説は中国自体にないのだからだめだというほかない。

せめて、それなら、弥生時代の鉄はどうか。かつて青銅だけの金属が考えられていたこの時代にも、近時の考古学発掘によって、鉄製品のいろいろな品物がしられてきただけでなく、金属としては、銅より鉄が早く国内弥生式文化に普遍し、やがて、銅が流入してきたのだという説が、むしろ有力である。

弥生時代前期に現われる鉄製品が多く鋳鉄で、大陸のそれに似ているのに、漸次鍛鉄が多くなってくる。たとえば、奈良県唐古池の発掘所見によれば、この池下の弥生式大聚落から出土した木製容器の木刳り細工は、その前期がもっとも精巧で手ぎわがよく、中期のそれはかなり拙劣である。前期には石器が少なく、中期には古銅安山岩《フタゴナイト》製の打製石器、とくに、不定形の刃器が非常にふえる。すなわち、前期には比較的鉄製器または材の輸入が潤沢《じゅんたく》で、中期になって、それがとだえた傾向がみえるのである。

また、前期いらい、比較的平湿地に立地していた弥生式人が、中期に入ると大阪府の鷹之巣山などのような高い孤丘や、舌状台地端に、一種の山城またはチャシのような特殊遺跡をかまえ、たくさんの石鏃・石槍などを集積する傾向もみえる。これは二つの傾向でなくて、一つの現象における二つの顔である。すなわち、後漢書にいう、倭国百余国にわかれ相争うの時期に該当するのではなかろうか。金属輸入を司っていたろう北九州、または、西日本の強力な小国家もなんら打つ手がなかったのであろうか。

一度その魔力をしった鉄の力を、もっとも威敬したのは、おそらく、弥生時代中・後期と考え、鉄鐸の響が、神との誓約の声とされえたのも、まずは、この時期をおいてない。いわんや、化外の倭小国家群の、また東方山中の、御左口神小国家共同体においておやである。

ある日、私たちのメンバーで、終始この仕事に協力して、巻末の諸表を編集してくれた桐原健君やってきた。かなり何かを思いこんで、気負っているようである。

桐原君は、がんらい、私の研究の行き方には、かなりネガティブで、はげしい批判をよせることがある。ところが、私の仕事を手伝っているうちに、批判しつつも、しだいに引かれてくるのをやめられないらしい。彼にいわせると、はなはだ学問的でないはずの思いつきを、このごろは、自分でもときどきやるようであった。

「こりゃぁ、雨請《ごひ》ですね」

その桐原君が思いつめたようにいった。もちろん、銅鐸を埋没させた祭りについてである。埋没された地点は、十中八九まで山に関係している。山腹・山丘上などの埋没地点はすべて、雨請の斎場ではないかというのである。たとえば、長野県柴宮は田川の最上流であり、和歌山県日高郡の群集する諸例はすべて、溺《おぼ》れ谷のおくの山地であり、上南部桑谷例のように、はっきり雨請山《あまごいやま》という地名すら残っている。桐原君は、そういった例をいっぱいあげた。桐原君にはすまなかったが、私は、その説明をききながら、じつは、他のことを考えはじめてしまった。

――雨請い説か、原田博士の風水害鎮圧の祀禱具説[三五]の反対だな。両方とも、水か。そうすると、銅鐸壁面の流水文と、これはいったい何んだ。まてよ――

そこで、私の連想は、はてしなくつづいていった。

まず、もっとも古かるべき銅鐸、菱環鈕の兵庫県中川原鐸と兵庫県神種鐸について考えた。中川原の二条の横帯文は無文らしいが（ただし、佐原さんの教示によれば、一面は四区画袈裟襷文とのことであ

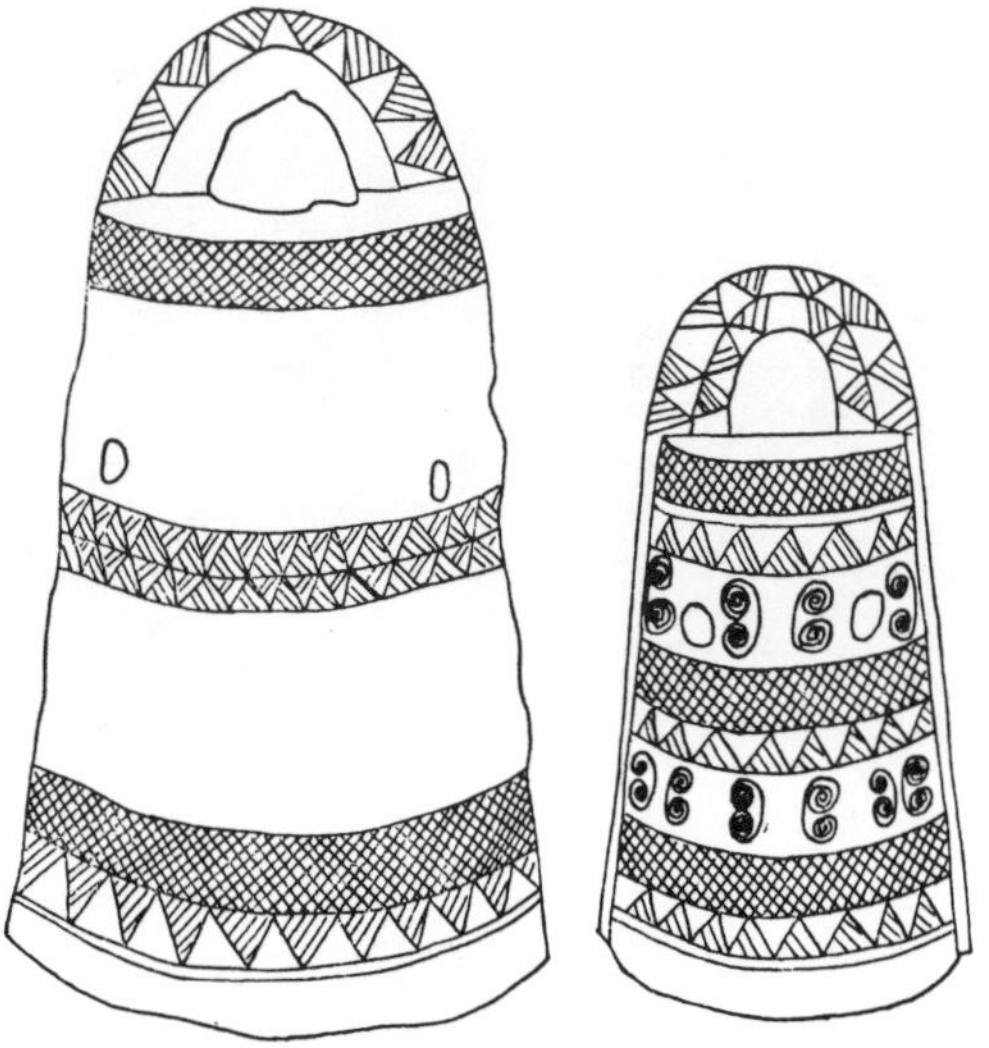

兵庫県中川原鐸と神種鐸

この横帯文鐸の場合，横帯は主題であってほかは地文である。その主題は何か。

る)、神種には縦に双頭渦文がならんでいる。双頭渦文、これはいったい何からきた意匠、つまり何の象徴だろうか。

つぎに、私は四例の邪視《じゃし》文(奇怪な顔面文)のついた横帯文鐸をならべてみた。いずれも、小形鐸で、外縁付鈕らしく見受けられ、鰭も簡素な発達しかしていない。例品は、岡山県上足守、広島県福田、伝伯耆《ほうき》・伝鳥取県の四例である。

いずれも、横帯文の最上段は大きな、しかも邪視の両眼を見開いた、いわゆる邪視文であって、これが、かの支那古銅器の「とうてつ文」よりうけた影響として、周代「鈴」の意匠に近いもので、やはり、この鐸音によって祭られる神を意味しているものであろうかと思う。

しかし、いまはそれにはふれないことにして、その下帯の施文をみたい。邪視文の、つまり神のみおろしているものは、何んだろうか。福田鐸は二列の連続渦文、伝伯耆鐸は一段の連続渦文、上足守鐸はいくつかの双頭渦文である。

邪視文のついた横帯文鐸

ヒレはやや発達しているが，まず古式の鐸ということができよう。横帯文は上帯が邪視文になっている。左伝鳥取，右広島福田の鐸。これは銅剣・銅戈と伴出したことで有名である。

連続渦文《かもん》と双頭渦文、この弥生式土器との比較からしての鐸面の編年は、しばらくおくとして、渦巻は何を意味するだろうか。

私が相手にしないので、桐原君は帰ってしまった。

私は夢中になった。

伝鳥取県鐸を熟視した。これは何んだ。邪視文の下に鶴らしい水禽《ごり》が一羽。水鳥がいる空白のスペイス。それは水面でなくて何だ。水だ。渦文も水だ。それから流水文。これは、もちろん、いうにおよばない。水だ。われわれはいままで、水鳥が描かれていれば、それを具象の水鳥と読み、ツルかサギかを論じた。これは画ではない象徴の文字である。「水鳥のいるスペイス」それは沼だ。木にのぼるサルが描いてあれば、それは猿でなくて梢だ。トンボは空だ。一羽だけ水鳥のいる意匠といえば、伝伯耆鐸の裏面上帯もそれである。私は流水文鐸の見取図を一杯にならべてみた。

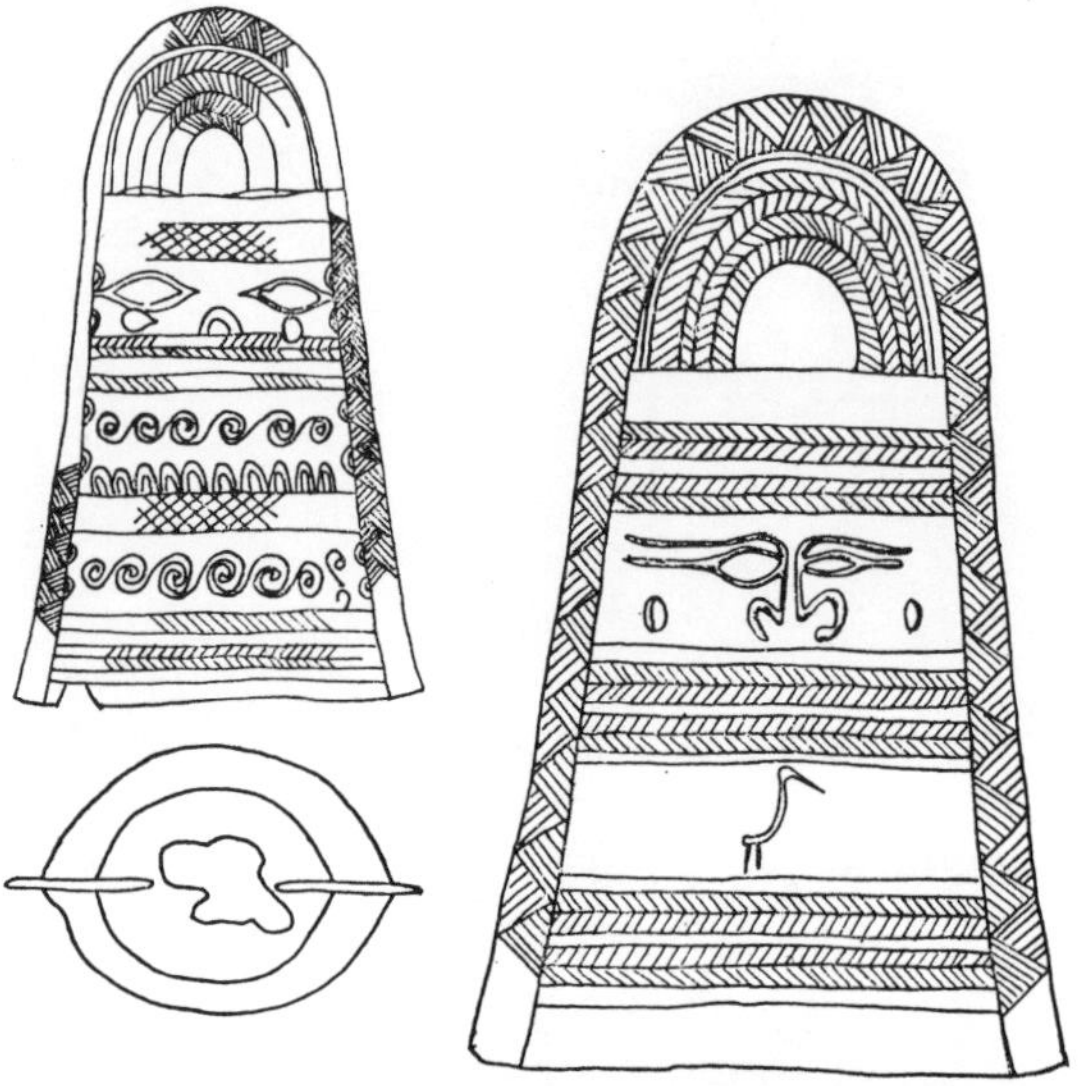

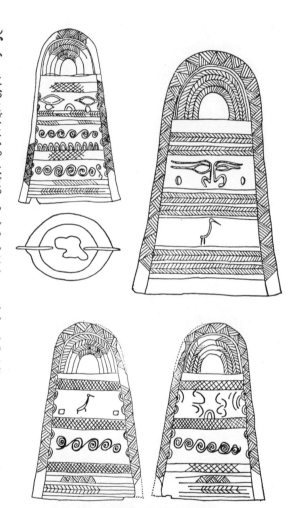

邪視文の復原見取図

上は伝鳥取県鐸，下は伝伯耆鐸。これらの例でも，神にのぞむもの，神の与えるものは，渦巻であり，水鳥である。巻渦や水鳥とは何か。

まず新鮮な驚きを感じたのは、大阪神於の外縁付鈕の二区流水文鐸である。この古い流水文鐸の鈕の内側の縁には、高々と、トンボらしい三つの絵がある。トンボのいる場所、それはいうまでもなく空である。より上方、つまり鈕部は、このばあい空である。そして、その空からは、はてしなくつづく豊かな流れがはじまっている。図式化したため流水の方向はわからないながら、いってみれば、はじまりも終りもない、いつまでもつづく流水だろうか。そして、二段にわかれた流水の中段には、数匹の鹿が走りまわって、その恩恵をたのしんでいる。

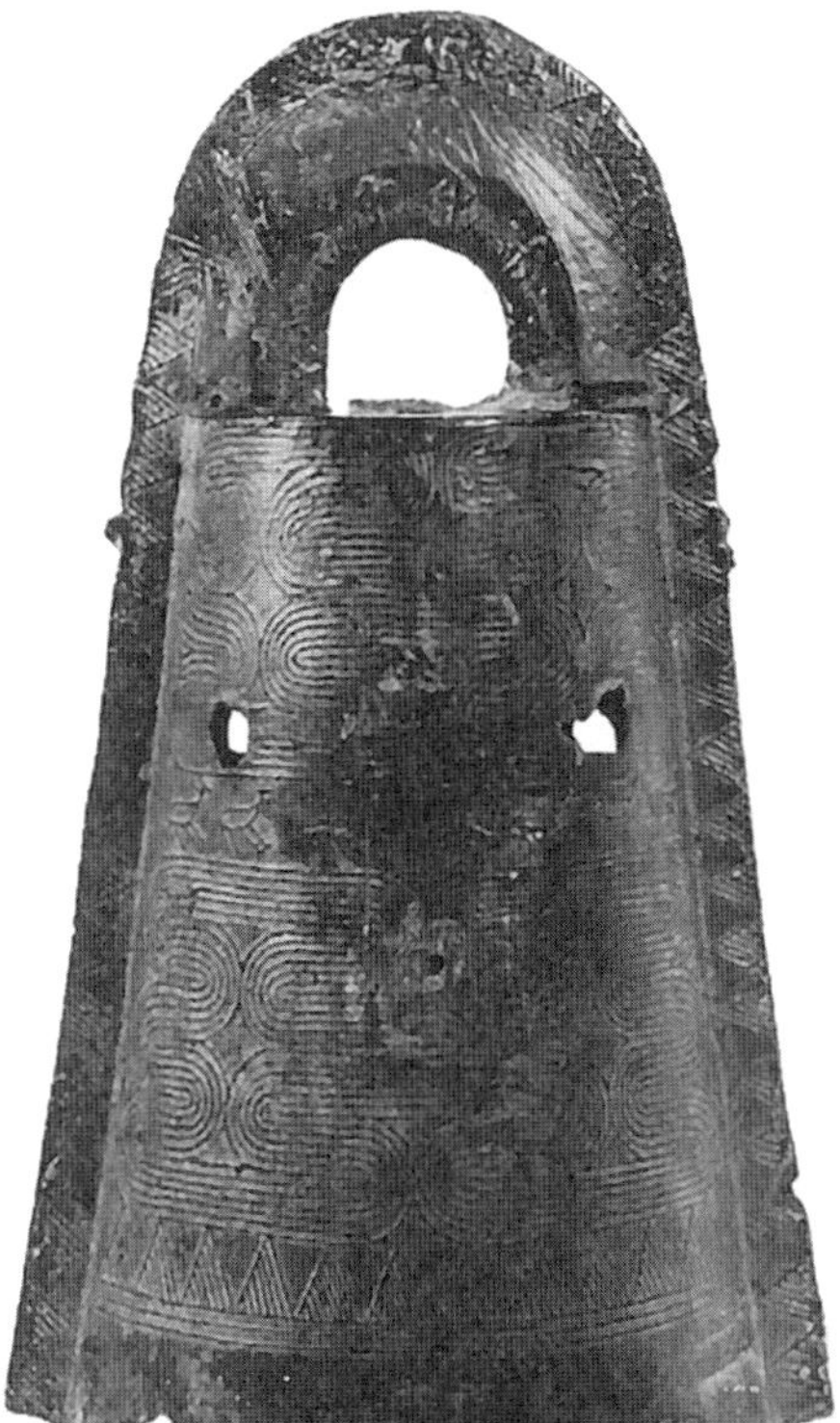

二区流水文鐸

なかなかの優品で，中帯に一条の原始絵画帯がみえる。大阪神於出土。鈕の内側にトンボらしい三つの絵が見える。あるいは3本の高鉾のつもりかも知れない。

つぎに神於からさして遠くない、大阪恩智の二区画流水文鐸であるが、これには双生児《ふたご》の三重神戸鐸があるから、この二例は、やはり鈕内縁に、蛙のようなものが下向に一匹描かれ、

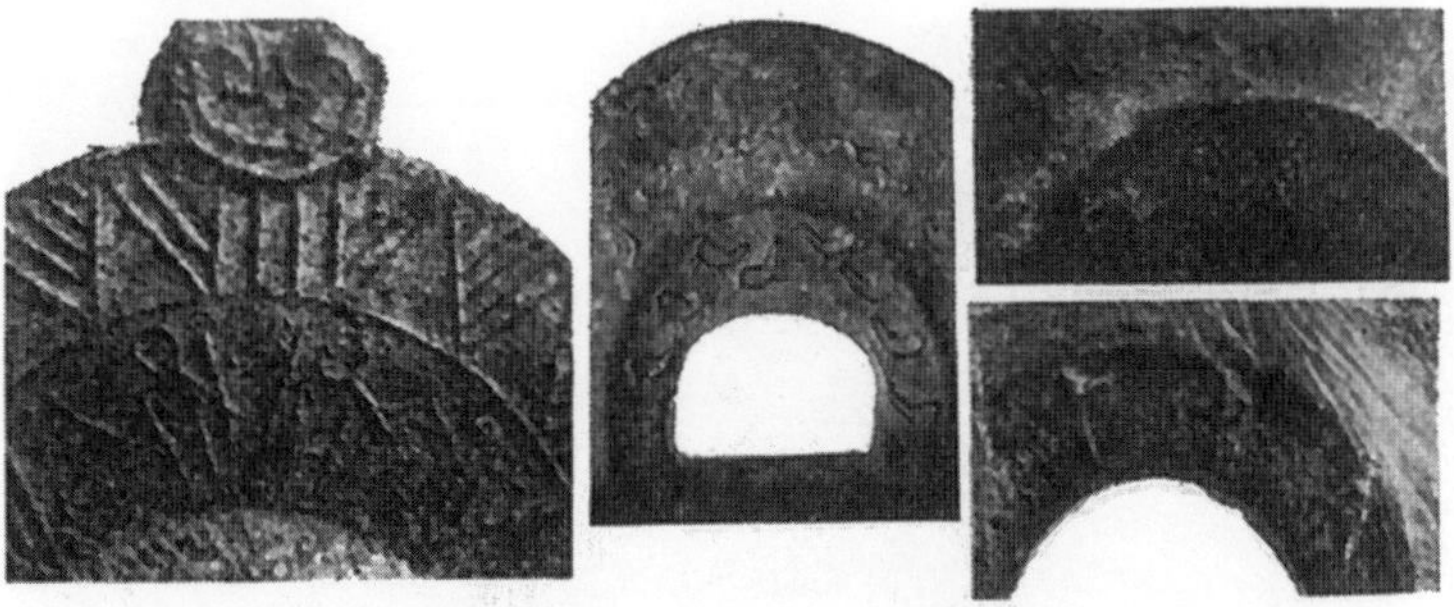

流水文鐸の鈕部にえがかれた絵画

左が奈良石上(人間), 中央が兵庫気比3号(動物), 右上が大阪恩智(カエル)? 右下が同神於(トンボ)? の各鐸。鈕部に絵画のあるのは流水文鐸にかぎられているようである。それは流水のより高き源という意味で示唆的である。

連続渦文・双頭渦文が一杯にめぐっているのであろう。どうも、この奇怪な鈕部も、水の豊かにたくわえられた空を象徴しているように思われるのだが、どうであろうか。

あとで、この模様だけを、まったく先入観のない愛知学院大学の化学の千野光芳さんにみせたら、言下に雷ですよと答えられた。私の方が面くらったわけである。それはそれとして、二段の流水文帯、そして、最下段の流水文下が一面は鹿群だが、一面は、何んと、イルカだろうかブリ・カジキ・マグロだろうか、とにかく、絶対に淡水魚ではありえない、海魚を泳がせている。すなわち、この流水文の最後を、海だと表現しているのだと私は考えたのだが、無理だろうか。

そうすると、おなじ二区画流水文の奈良石上の第二号鐸の鈕の上縁より高いところに、杖状のものをもった二人の人像(上図左端参照)は、何を意味するか。それも、対立する右側の人物の杖のさきらしいところに、何かしら粒々らしい鋳出しがみえるのは、偶然だろうか。私の今までの遍路を、同じように読みさまよってきて下さった方なら、おそらく、はっとしていただけるだろう。それは鐸をつけた高鉾、つまり、この祭を奉斎する人か、または祭られる神か、そのいずれかを意味するものでなくて何だろう。また、神於鐸鈕部の三つの十字形は、トンボより高鉾そのものと考えることも、

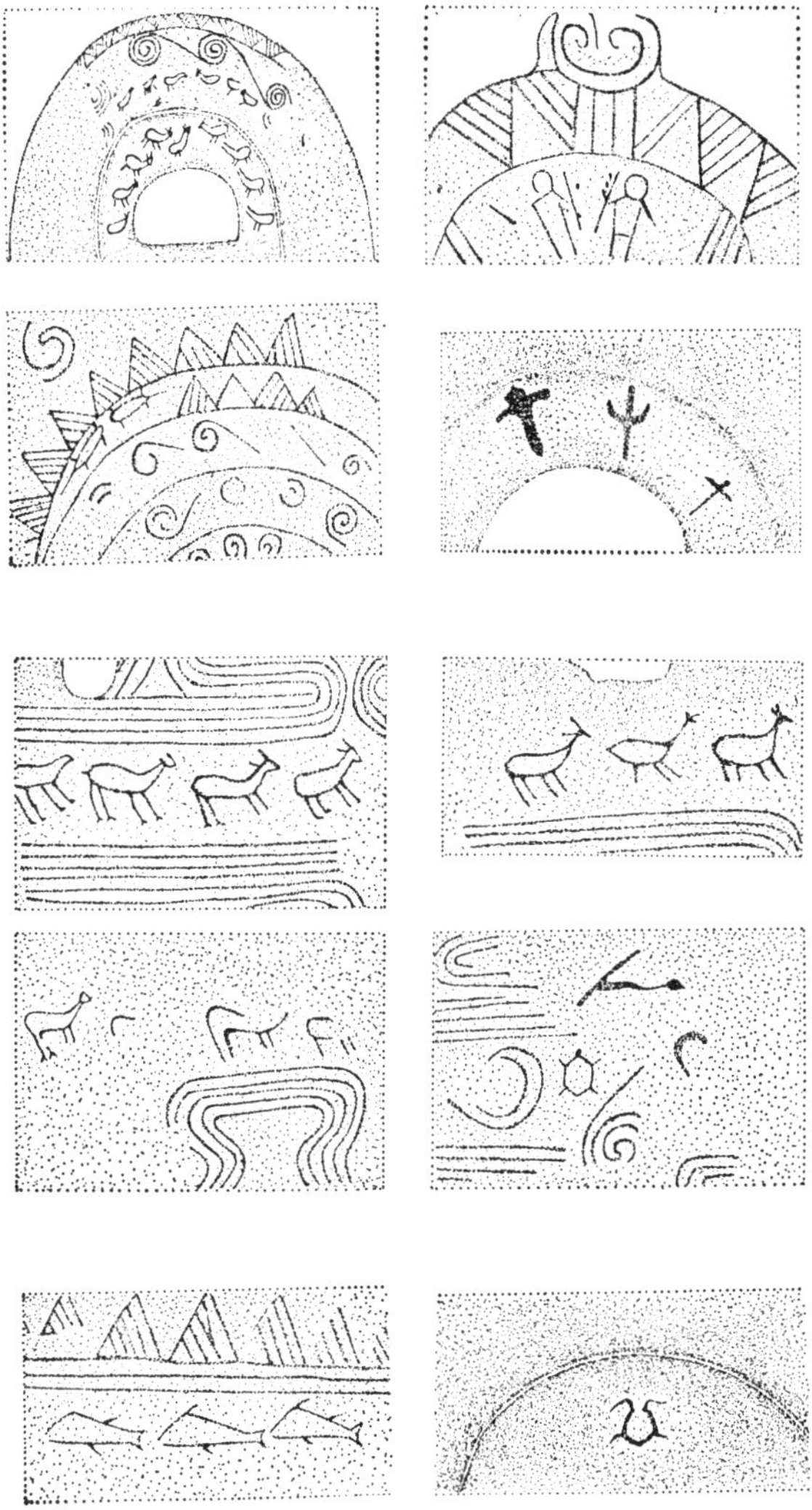

流水文鐸の三つの施画帯

上２段は鈕部，中２段は中帯，下段は大阪恩智鐸の鈕と下帯。左の魚は何だろうか。右の奇怪な動物らしいものは何だろうか。

さして無理とは思われない。

これは、えらいことになった。

私は、挿画描きをてつだってくれている、立正大の関俊彦君に怒鳴った。

「水だ。水だ。銅鐸は水だ」

「はあ。……?」

関君はきょとんとしている。

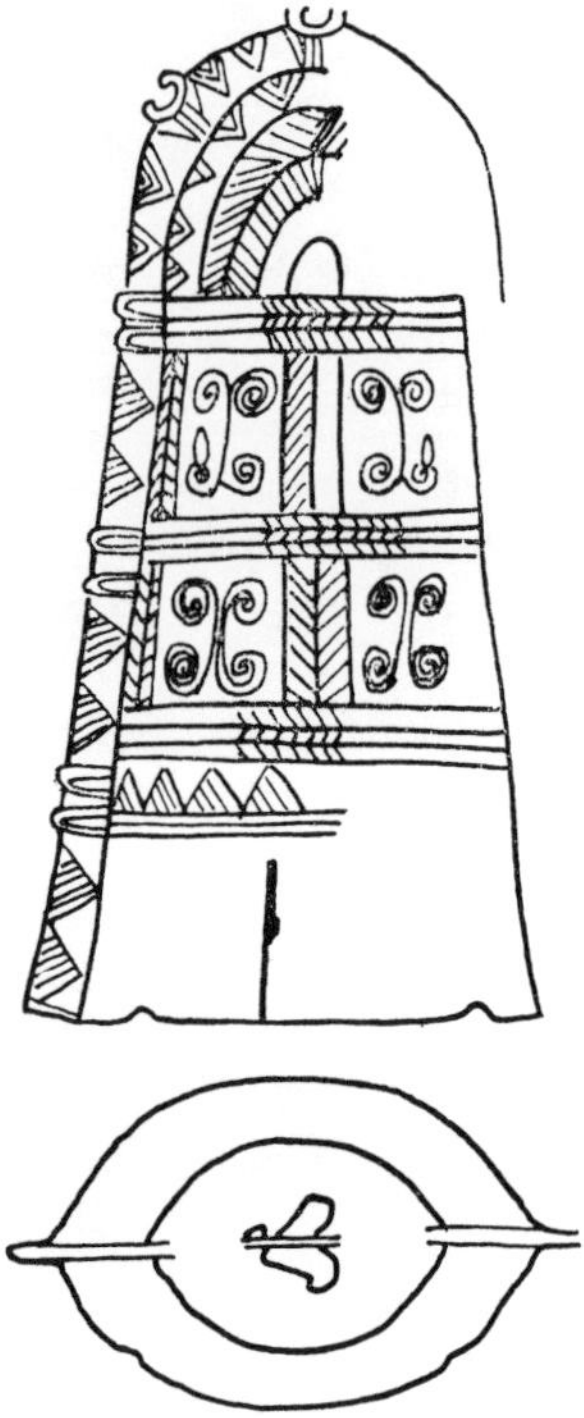

大阪鹿谷寺鐸

兵庫渦森鐸やこの鐸は，一番古い四区画の中にも双頭渦文を配している。つまり，これまたテーマは水である。

私は拡大鏡で梅原さんの『銅鐸の研究』の図録編を一つ一つ吟味しはじめた。私のこの報に接して佐原真さんが、いろいろと意見を送って、是正したり批判したり、また、手持資料をかして力づけたりしてくれたことは、忘られない友情としてうれしかった。

つぎは、兵庫気比の海岸岩陰にかくされていた四個の流水文鐸である。一号鐸の鈕は双頭渦文と連続渦文がいっぱい。その水が流れる有様の流水文二帯、一面の中帯に鹿が数匹走っている。それ

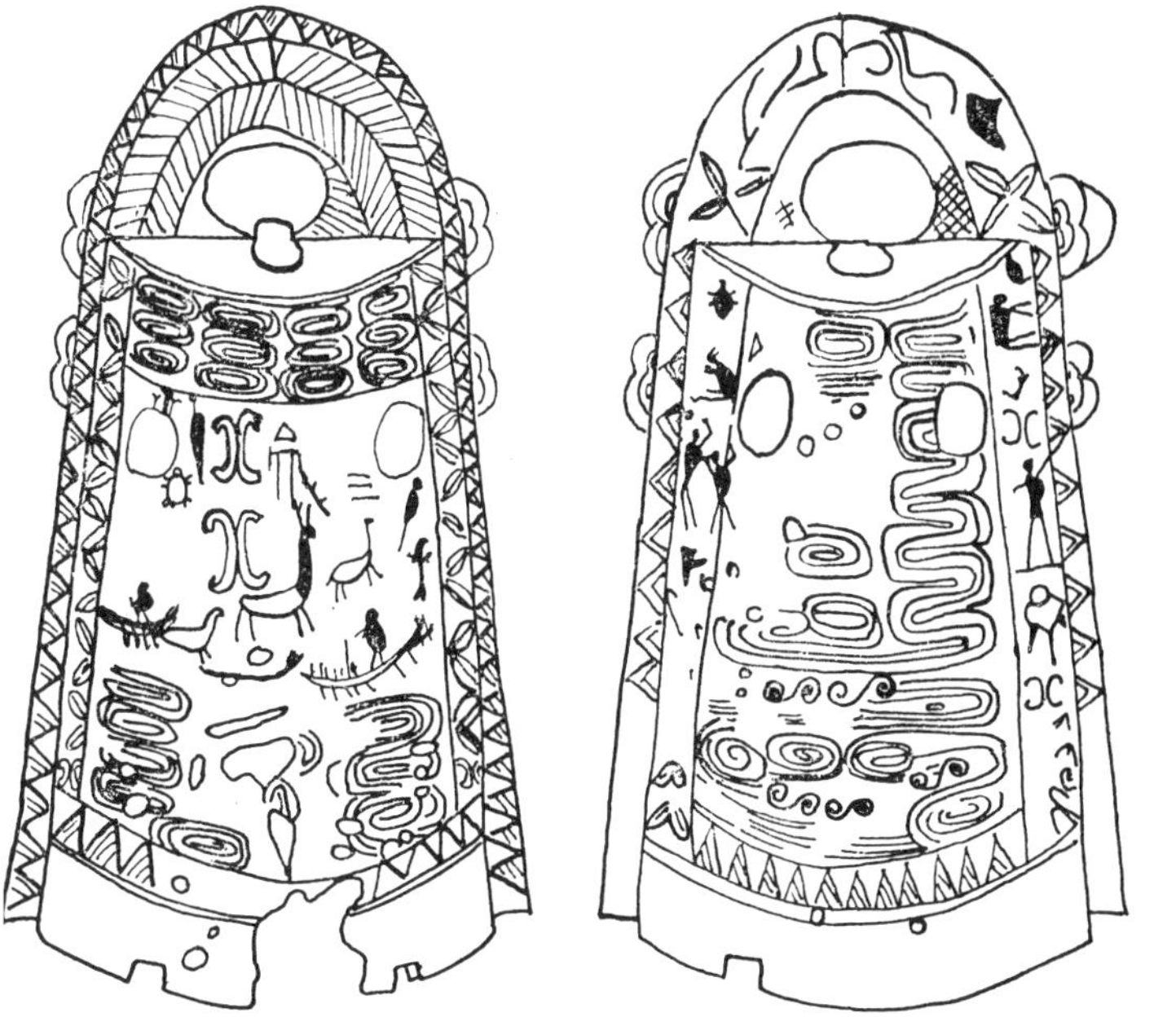

福井大石一号鐸の表(右)・裏(左)

流水文鐸のうち，もっともヴァラエティにとんだ図柄で注意されている。
見れば見るほど，これこそ水の物語だというほかない。

に、鈕の鋸歯文の間の狭いスペースに四足獣らしいものが二頭むきあった俯《ふ》瞰《かん》図が押しこまれているが、これは何だかわからない。二号鐸は流水文だけ。三号鐸は鐸いっぱいに四足獣らしいものが十七・八頭も跳ねまわっている。四号鐸は中帯に鹿群。これを要約すれば、流水と、それに遊ぶ鹿群、つまり、生である。

　福井大石一号鐸はもっと、私をよろこばしてくれた。表裏面ともに面白いので、二つにわけてみよう。まず、表は中央に変格一区の流水文を流し、その両側のスペースに上から下へ、右側は虫・木へ登る形の猿、立った人、左側は虫・木へ登る猿、

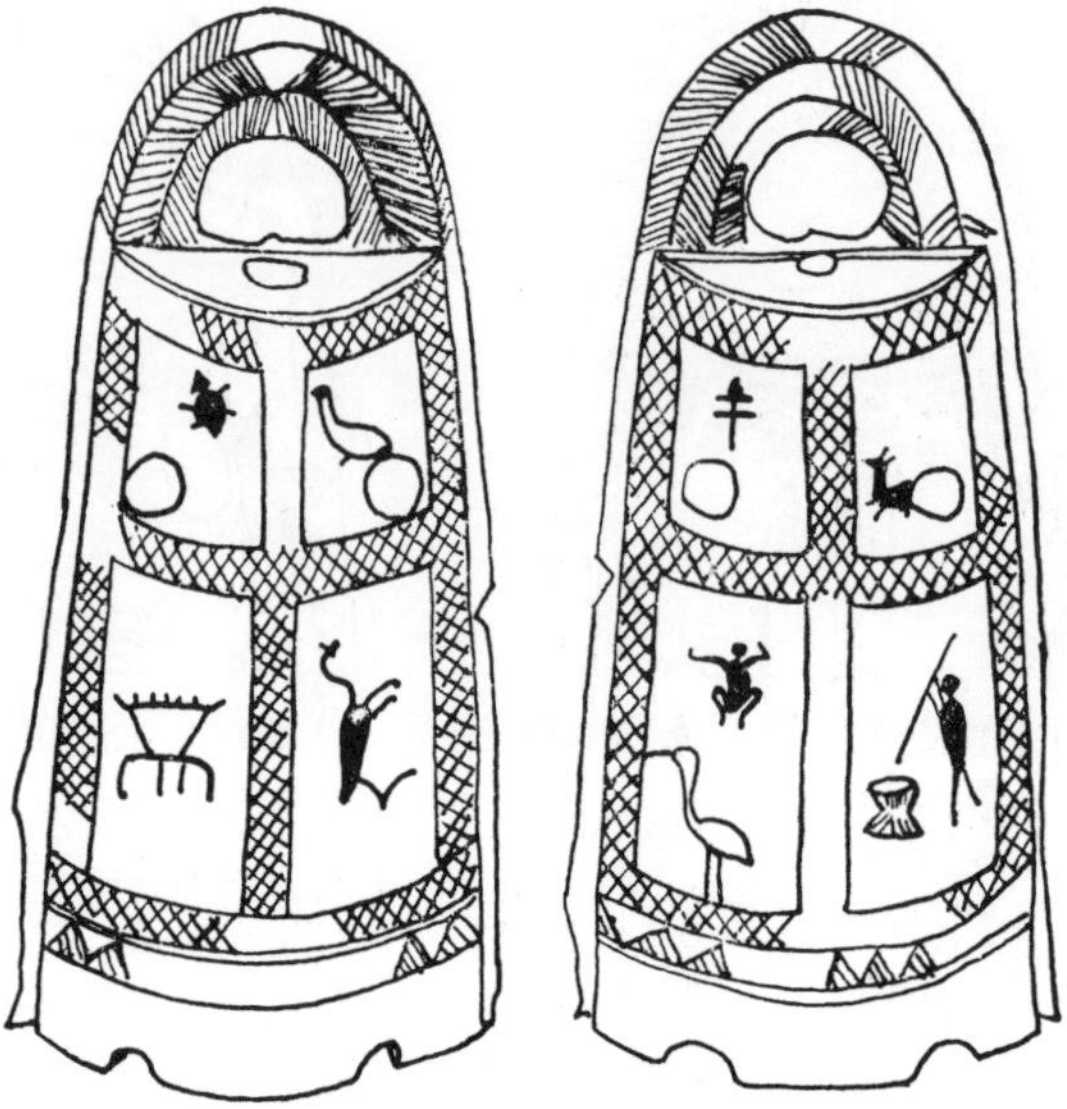

福井大石二号鐸

流水文と四区画袈裟襷文とは，ほぼ同時に行なわれ，その時期が陽鋳絵画の全盛期だったことがわかる。

それから有名な闘争する二人の人物、その他を描いている。鈕にも何か描いてあるようだが、その方はよくわからない。とにかく、空・木・地上というその象徴の間を、水が流れているのであることは間違いない。そして、いたるところで、x状の双頭渦文の象徴が、その絵物語に水の強音譜を打っている。

裏面はどうだろう。この二区画流水文はさらにすごい。流水は中帯でとだえ、その空白を流水のつもりで追っていくと、走馬灯のように、いろんなものが現われてくる。虫らしいものがまず空をおもわせ、イモリ、x状の水の印がいくつか、これは、要するに流れであろう。そして、素晴しく床の高い倉庫がでて村を現わし、爬虫類らしいもので沼か川、鹿、および鹿らしきものがあって野山、やがて、舟が一艘、また一艘、そして最後は明瞭に大型諸手舟で、また流水文にかえる。

つまり、水の一生とまではゆかなくとも、空・梢・村・野山・川、そして、海にいたる豊かな水流を祈ったものでなくて何であろう。そこで、私は、小型四区画袈裟襷《けさだすき》文の検討に移った。同じ銅鐸である。そうした現象が横帯文や流水文の鐸だけでは話しにならない。

さしずめ、前記流水文鐸に伴なった、福井大石の二号鐸はどうか。この菱環鈕らしい古い鐸の四区画も、一面は、左から流水文風に読んで、トンボ（空）・鹿（野山）・蛙？　と水鳥（河沼）・脱穀（自分たち）という水の輪廻である。裏がわは、こんどはぎゃくに、鳥・虫・水鳥・高床家屋で、表の輪廻とまったく同じである。今度は、小型複数でてて、一番鉄鐸に近い感じの奈良県秋篠の四つの鐸をみた。この小型四区画袈裟襷文鐸の一号の、左下区画内に、たった一つだけ、水鳥の意匠がみられる。この一つの区画だけは、たしかに沼を意味しているといっていいだろう。

そうすると、何も鋳出してない他の表裏七面はなんだ。なんのため、一面に四区画、表裏計八区画のスペースをとったのか。もっとも、古かるべき、邪視文と水鳥のいるスペース、その二段は、もし水がそのテーマだったとすれば、二段の流水文、あるいは、全面一段の流水文にかわっていくであろう可能性は十分にある。しかし、同時にこれを、四区画にわけるという着想には、水流だけではかたづかない、何かのわけが当然ありそうである。四区画うらおもて、八面の四角な区切の中に、静かに流れもせず、たゆとうている水、それは何んだろう。静岡登呂の水田の畦畔の中に、満ち溢れている水を考えて、はなはだしい独断と笑われるだろうか。

四つの流水文の変化

兵庫渦森鐸

四区画の区画内に一つずつ双頭渦文が描かれていることは，その双頭渦文が銅鐸のテーマだといえないだろうか。帯状に流れて行く水，それから，こうした四角な囲みの中にたゆとう水，それはそれぞれの水の在り方を暗示している。

奈良石上鐸の二区画の流水文

鈕部の中央に描かれた二人の人の像に注意。豊かに蛇行して流れてゆく流水の源に，二人は高鉾らしいものを持って立っている

四つの流水文の変化

岡山呉妹鐸

六区画，十二面の突線区画，すなわちカンバスの中に，一つ一つ流水文が収められているのは何を意味するのであろう。最早，突線文鐸の終末に至るまで，流水を祈ったものと考えざるをえないだろう。

三重専修寺鐸

三つの横帯に区分され，それぞれ連続渦文が，一様に飾られている。やはり主なテーマは水であろう。たしかに横帯文はテーマとしての流水表現のためにできた装飾様式だという証拠のように思われる。

四区画内に、双頭渦文を納めてあるものは、すでに問題なく水である。すべての区画内への祈りは、水という願いに統一されたといっていいだろう。そのうちでも、兵庫松帆の菱環鈕四区画袈裟襷例は、三個または七個伴出といわれた古鐸だが、今、残存する一鐸は、四区の双頭渦文のうち、上段左一区に、梢を現わすのだろうか、猿を描いて、その水の位置を示しているのも面白い。同じ

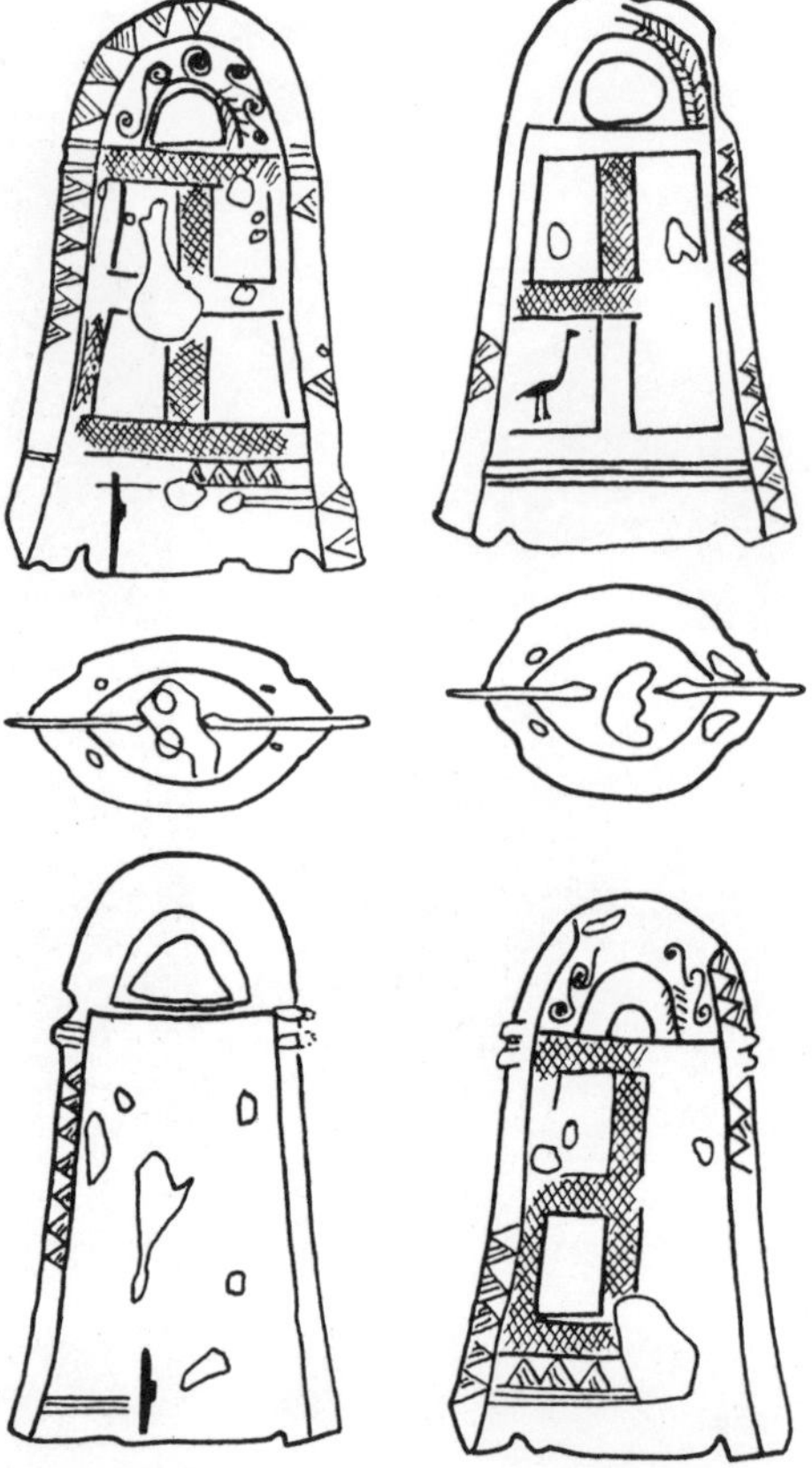

奈良秋篠の四つの鐸

この鐸こそ，はっきり4個組みで木鉾にでもついたまま埋れたと信じられる好個の例と思われる。摩擦により消耗が激しくて，施画もよくわからない。

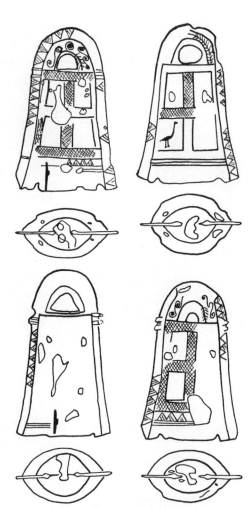

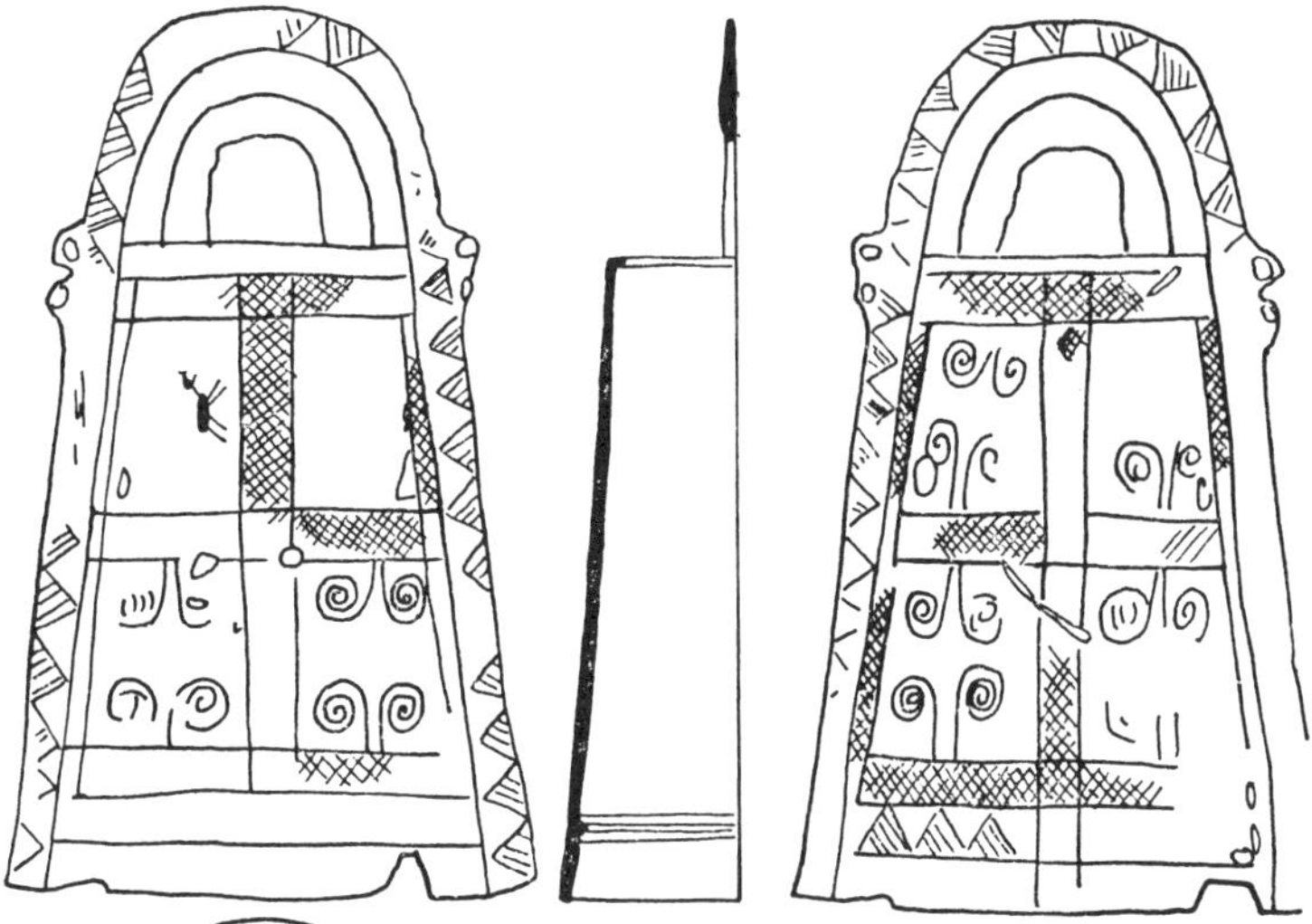

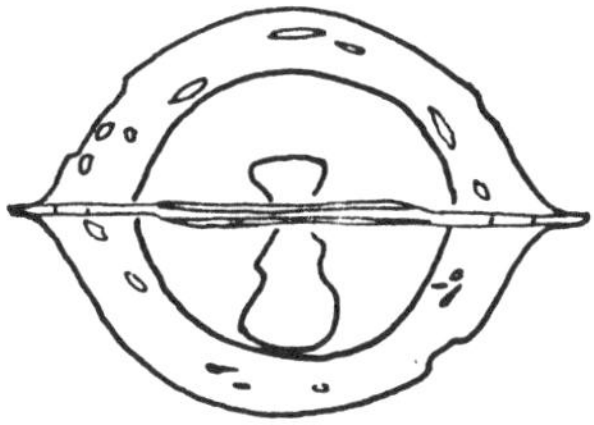

兵庫松帆鐸（前掲梅原氏著による）
この鐸は一説によると3個または7個組の一つだといわれる。とすると秋篠例のようにほぼ同じものだったろう。

ようなケースは三重磯山鐸例で、四区画の中に双頭渦文、そして下段の渦文の下に、猪と鹿らしいものを描いている。

四区画・六区画の袈裟襷文鐸で、施画の整ったのは、いうまでもなく、大橋八郎氏蔵伝讃岐《さぬき》出土鐸と、谷文晁旧蔵鐸の二つであろう。しかし、この疑問の絵画群の解読も、今となってはきわめてかんたんである。

大橋氏鐸（48頁図参照）は、左上段にトンボのある方が表面で、左上から流水文式に、トンボ（空）・カマキリ・水スマシ（水たまり）・水鳥二羽（湖沼）・スッポン（池）・イモリ・スッポン（沼）・猪（沼地）。

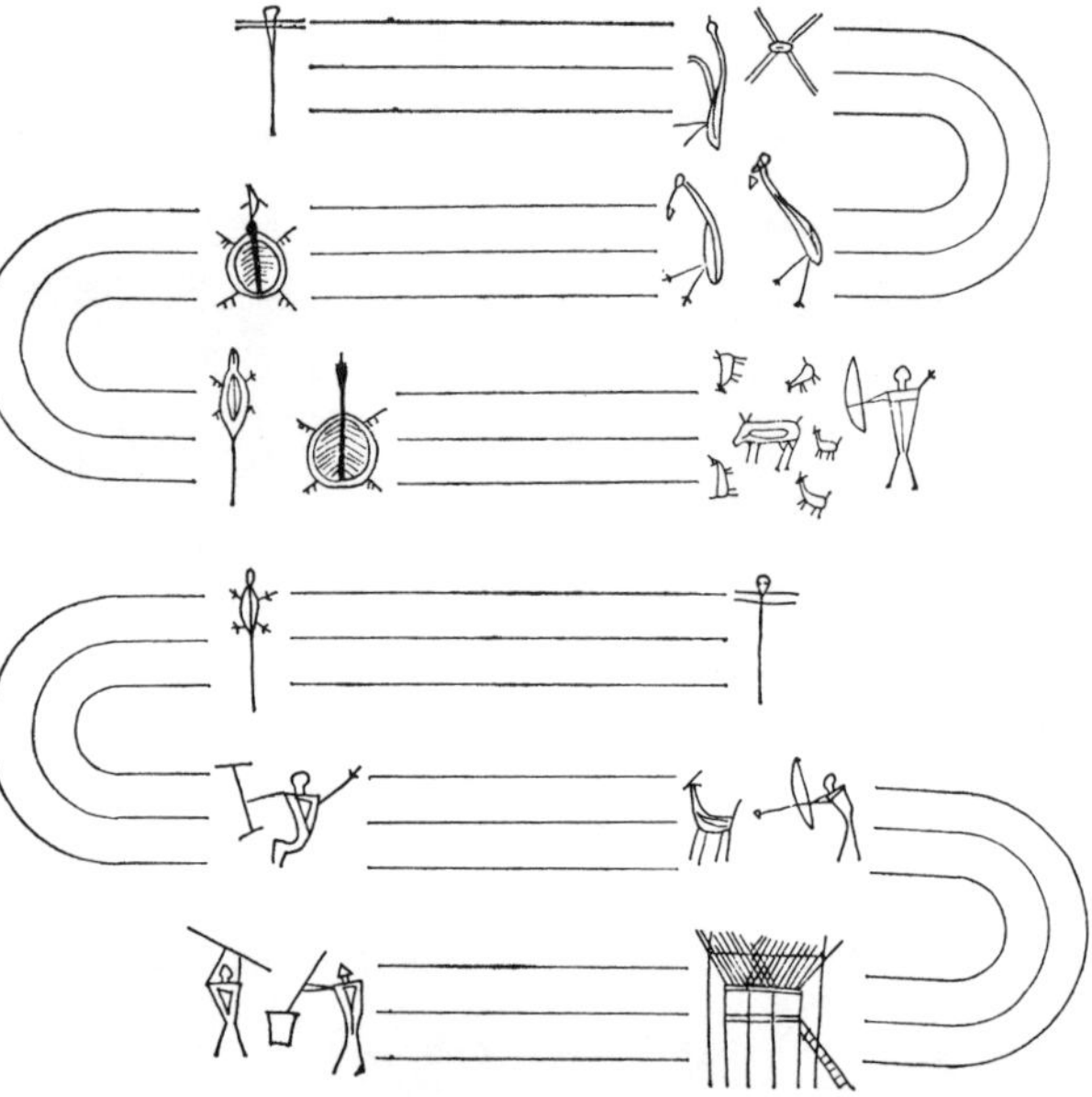

大橋氏鐸の画の読み方

有名な大橋鐸の画は流水のように拾って行けば，水の輪廻(りんね)に読める。裏面も同じ。豊かな水の流れと農耕生活の讃歌とよめるがどうだろう。

うらがえして、裏面は右からトンボ(空)・イモリ(池)・鹿狩(野山)・高床家屋(田のみのり)・脱穀(生活の場)といった、二連の、水辺の水稲農耕生活者の水への祈念を意味しているものであろう。ただ、その読み方が、流水文のようにと、私がいったところで、肝心な流水文の実際上の頭尾は、わかっていないのである。

谷文晁鐸は、鈕と鐸身上縁に、連続渦文をあしらって水を現わし、四区画の上段二列は、水鳥で沼を、下二区には狩猟図と農耕図(これはよくわからない)をもって、野山と田畑を現わしている。裏面は下段がスッポンと四足獣で、川または池と、野山を現わしているものであろう。

いじょうは、私のつごうのいい画だけをひろってきて、こねあげた解釈ではなくて、突線鈕鐸以前の、原始絵画の全盛だったすべての形式の、ほとんどすべての絵画例をとりあげての解釈である。

さてそこで、突線鈕になってからの、突線文鐸にも、一つずつの単画はあるが、それがすべて、静岡県の三遠式の突線鈕鐸にかぎられているのはどういうことか。例をあげるなら、静岡県釣第一号鐸の、突線文六区画の右最下段にある二羽の水鳥、同じく永田一号の、最下段左区画にある一羽の水鳥、同県悪ヶ谷鐸[12]の、最下段右区画の水鳥二羽、左の鹿一頭、同じく敷地中ノ谷一号鐸[18]の、最下段右区画の水鳥二羽などである。

つまり、水沢と野山に満つる水をたたえていることでは、古例とかかわるところはないけれど、もう連続画面はみられな

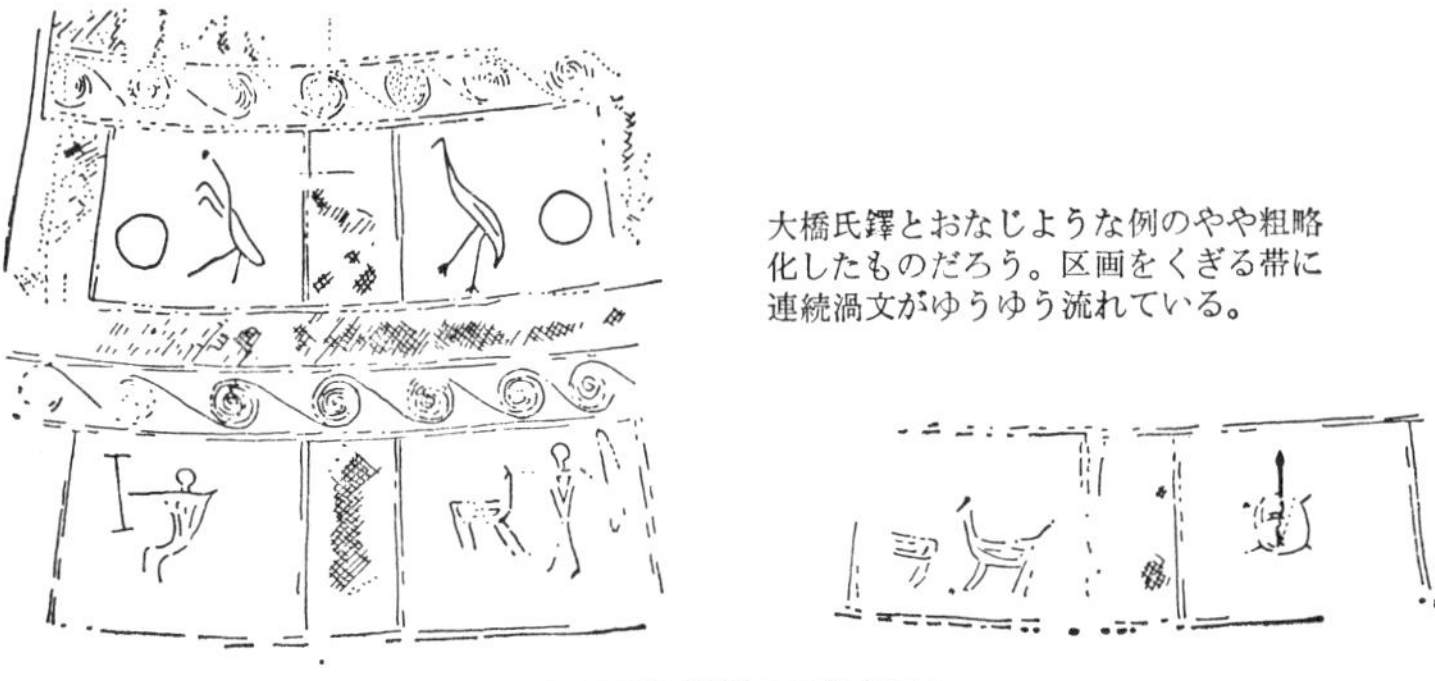

大橋氏鐸とおなじような例のやや粗略化したものだろう。区画をくぎる帯に連続渦文がゆうゆう流れている。

谷文晁旧蔵鐸の原始絵画

（梅原氏「銅鐸の研究」による）

突線鈕鐸の絵画

これは静岡県悪ケ谷鐸の最下段の右区画と左区画である。
突線文鐸の絵画例はいまのところ静岡県に集中している。

いのである。しかも、きびしい突線が一つ一つの区画をはっきり区切ってしまっているのはなぜだろう。流水の究極の目的は、弥生式生活においては、とうぜん田である。その後期には、田はもう自然の湿低地や沼ではない。登呂のように大きな杉板を立て並べた畦畔で区切られた田である。私は今突線文が田であるといって、今までの苦心を無にしたいわけではない。しかし、一応は興味をもたれるすべての人に考えてみてもらいたいのである。

それはそれとしていま一度、突線文鐸の区画を考えてみよう。銅鐸の原始絵画例は、古く陽鋳（浮き彫り）で、厚い肉付きをもってもりあがって描かれていた。それが、六区画面になると、多くの陽鋳は線画で現わされるようになった。静岡の三遠式諸鐸などもそれである。石型への彫り込みと、土型への篦《へら》描きとのちがいであろう。

六区画突線文の、一メートルに近い巨大鐸の、十二面もある一コマ一コマは、立派な突線と、端整な格子目文の額縁でかこまれた立派なカンバスであったはずである。しかも、深く彫りこむ陽鋳とちがって、竹篦《へら》で、土型の上に描きさえすれば、何を描こうと自由なはずである。かれらの格子目文や渦文のデッサンのたしかさ、工人たちの腕からすれば、必要さえあれば、そのカンバスの中に像型を描くことは、何のぞうさもないことであったろう。とすると、立派な十二面のカンバスをしつらえておきながら、なぜ技術的に容易な線画を描かなかったか、静岡の末期鐸だけ、一ないし二区画だけにそれが残ったか。この点にも、かなりの理由がありそうである。

いま一度、復習してみれば、われわれは、流水文を、銅鐸の属性である文様と考えすぎていたのではないか。流水は、鐸の本質を表現するテーマだったのである。その点では、六区画内の一つ一つのカンバスに、それぞれ独立した流水文を描いている岡山県呉妹鐸こそ、そのいい証拠である。とうぜん、この鐸面が意味するように、区画文のカンバスは、水の輪廻か、または水の領域別を表わす方法だったのであろう。たしかに何かの意志表示が、この区画内にはあったはずである。

長いこと考えた末、私は一つの仮案を考えた。それは、まことにかんたんなことであった。多分、空白のスペースで残されている四角なカンバスには、水をたたえたいろいろな叙事詩が、あるいはその区画の土地の団体の象徴かもしれないものが、大橋氏鐸とおなじように、描かれていただろうというのである。

青緑の銅のカンバスの上なら、朱彩など、さぞ浮きだして鮮やかだったろうことは、かつての陽

牛島鐸（左）と大英博蔵二号鐸（右）
この2つの銅鐸の，左の12面の区画，右の4面の区画はなぜ打ちぬかれているのか。

鋳の比ではないだろうし、額縁の突線はいよいよそれを引き立てただろう。また、鋳造聚落から、各生活単位へわたってからでも、その村々によって、その事情にそくした自由な表現もできようというものである。朱彩画は、陽鋳画より、はるかに美しく、目立ち、また、おかれて、遠くから拝されるということが考えられるとすれば、より効果的であったはずである。

しかし、それはあくまで想像であって、証拠はない。

私はその証拠さがしをはじめた。しかし朱または墨の残痕、その分析資料はまったくしられていない。そんなことを考えた人はなかったからである。私はなかばあきらめながら、鮮明な図版によって、鐸面区画内の観察をはじめた。するとどうだろう。陽鋳ではないけれど、たしかに、何かが残存した根跡が確実にあるのである。岡山県猿の森鐸、滋賀県小篠原第一号鐸、それから、静岡県悪ヶ谷鐸の線描き絵画区画いがいにも、何か描かれたらしい根跡がある。何か顔料の化学的変化によってできた錆痕ではないだろうか。

しかし、これも、実物にあたっていないので何ともいえない。つぎに、区画内が、青黒く輝くほどにみがきあげられた鐸と、それが妙に荒れた鐸、さらに、区画面、すなわちカンバスが、明瞭に掻きけずられているものもわかってきた。そして、徳島県牛島鐸と大英博物館蔵二号鐸のあり方で、私の考えはきまっていった。

この二鐸の破損状態がけっして偶然ではないことは、どなたにもわかっていただけるだろう。もちろん、発掘のときの破損などではありえない。牛島鐸の六区画袈裟襷文の、裏・表計十二面のカンバスは、すべて完全に敲《たた》きぬかれ、大英博蔵二号鐸は、一面の下四区画が、きれいに切りとられたようになっている。

これはどうゆうことか。

この鐸を埋めるについて、この部分を打ちぬく必要があったのである。

この十二面のカンバスにあったもの、すなわち、鋳られたもの、描かれたものを含めての絵画が、鐸のもつ呪性のすべてであったばあい、その人々は、永久に地中へ埋める際、その生命――呪性をぬいてただのメタルとして埋めるばあいもあったのでないだろうか。

私の推考は、まだ、とめどもなくつづいていきそうである。

一〇　「鐸の国」と「邪馬台国」と「大王の国」と

どんな銅鐸も、発見されれば遅滞なく報告され、その論考はすでに論じつくされた感すらある。それにもかかわらず、用途をふくめたその本質は、一向にわからなかったに等しい。

私もこの本の思考遍歴で、長いこと、いろいろにさまよってはきたが、おそらく、諸先学の学績の上に、真実としてくわえるべき何物もなかったに違いないと思う。けれど、今は、それはそれなりに、一応の結末をつけるべき時がきたようである。もちろん、結論というほどのところまできてはいないのだが、かんたんにまとめてみようと思う。

一　銅鐸は弥生時代前・中期ころから後期にわたって行なわれたとする説と、後期以降のものだという説とがある。私は前案に賛成である。

二　それ自体、細かく六つに分類する人と、大きく三つ、あるいは二つにしか大別しない人もある。また、鈕《ちゅう》による形態・器能からする分類もある。私は第三案を支持したい。

三　製作したのは弥生時代人で、祖型は朝鮮漢代の小銅鐸を通して、中国古銅器の鈴にある。

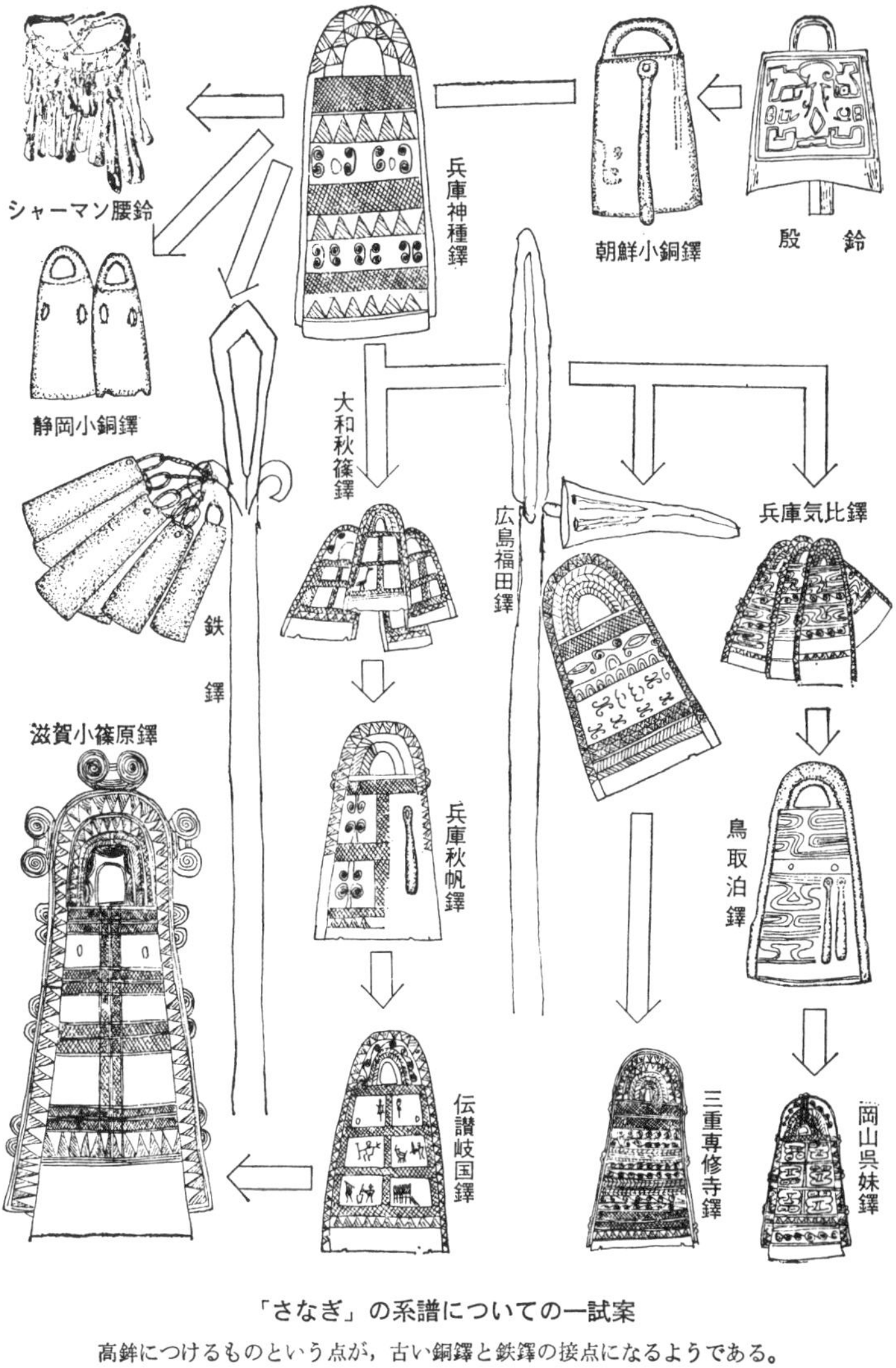

「さなぎ」の系譜についての一試案

高鉾につけるものという点が，古い銅鐸と鉄鐸の接点になるようである。

四　鋳造は国内で、古い一部のは石型、その他は土型で鋳造され、その鋳造地は、おそらく、日本中部で、かなり大がかりな鋳造址が、数ヵ所くらいがあったのではないだろうかと思われる。坩堝と原料はともに大きな謎である。

五　鋳造した銅鐸が何に使われたか。宝器説と祭器説があり、今は後者にしぼられている。農耕の祭であることは、わたくしも異論はないが、銅鐸の原始絵画の解読から、農耕の根元を左右する水と、やがてその土地、水田の祭事に関連したものと確信する。

六　その埋蔵については、宝蔵説・隠匿説・破捨説・埋祭説などがある。なかでも、埋ること自体が祭の本体とする説が有力であった。わたくしは、埋蔵自体に、二つの種類があったのではないかと思う。一つは、比較的古い形式のとくに小型鐸同士が、数個または単独で埋められた例で、このばあいはわりあいに目標または特殊地点らしい意識がある。つぎは、新しい形式同志または、若干の古い鐸もまじえて、多数または単独で出土するばあいがある。このケースでは、まったく、出土地点には特別な考慮がはらわれていたらしく思われないのである。

七　そのような点から、私は初期の銅鐸は、農耕と水にかんする祭事に、おそらく竿頭でふられ、そのまま埋蔵したものが多く、それは、鉄鐸の使われ方、高鉾の上で、湛《たたえ》行事に誓約のためにふられたのと、同じだったろうと考える。そして、後の終末期のある時間、一瞬に、政治的な事情によって、残余のすべての銅鐸は隠匿《いんとく》された。入れ子のまま、何の施設もなく、しかも、重要な区画内の呪画を打敲してまで埋没している例があるのは、はっきり、隠匿または破損である。そして、その唯一の残存者が、じつに諏訪・小野の鉄鐸であった。

八 「銅鐸」は年代・形式の研究がほぼ完成に近いのに、用途・その本質は想像の域をでない。「鉄鐸」は年代はまったく不明だが用途ははっきりしている。鉄鐸が銅鐸の古いものに似ているとすれば、鉄鐸の用途、水・土地・農耕にかんする誓約の鳴鐸という器能を銅鐸にも考えるのが、いいのではないだろうか。やがて、その銅鐸は、高鉾から降され、個々に、おかれて拝することにより、神との誓約の成立する大型鐸とかわって、やがてその終期をむかえるのであろう。不審なのは、鈕《ちゅう》がはっきり吊手《つりて》の機能を失なった、おかれた鐸になりながら、おかれたまま、しかもなお舌で鳴らされたということである。

九 銅鐸は、水およびその土地についての祭具だったことが類推できる。鉄鐸は誓約の鈴で、たたえ行事の祭具だったとすると、たたえを、神のたたえ言葉などと無理しないで、湛と、原義通り、水のたたえられたところと考えたらどうであろうか。山腹で巨木があり、水が湧出し、その水が流れ流れて、たたえられ、農耕の水または土地——水田の祭が行なわれたとしたら、鉄鐸の器能と、銅鐸の使い方はまったく同一であったといえることになる。

私の銅鐸追求は、まずここまでである。しかし、まだ、銅鐸の忘れ片身《がたみ》、鉄鐸の末路の追求が残っている。

天智天皇七年、大津宮崇福寺建立のとき、発見された銅鐸（巻頭の話にでてくる銅鐸）のことを、絶対にしっていたはずの中臣鎌子が、この奇瑞を、官撰記録にぜんぜんとどめなかったことには、たしかに理由がありそうである。想像をめぐらすなら、鎌子にとって、その出現は祥瑞でなかったのである。それはなぜか。近江の祭政の主軸をなす中臣祭祀方法にとって、それはすでに葬りさって地上にないはずの、邪神の具だったからではないだろうか。「扶桑略記《ふそうりやくき》」（天台宗の皇円阿闍梨が、神武天皇即位から堀河天皇までの事柄を記したもの）巻五に現われる件の記事は、たしかに何かの逸文《いつ》で官撰記録ではなかった。それだのに、長老たちのしだいにさった奈良後期には、鐸出現の記録が、官撰記録にみえてくるのは、その辺の故実の記憶忘失の時間を考えたらどうだろう。

では、中臣氏の圧迫によって消されたのは、だれだったろうか。

奈良時代の、古代祭政の後継者たちは、すでに銅鐸の何ものたるかをしらなかった。ところが、そのころ、一人だけ、いや一族かもしれない、少なくも、鉄鐸についてだけはおぼえていたものがいた。それは「古語拾遺」を書き残した忌部広成とその一族である。広成は、天鈿女命が手に鐸《さなぎ》の矛《ほこ》をもって、天窟戸の前で、覆誓槽（古語＝宇気布弥、誓約《うけひ》の意）をしたと語っている。

もともと中臣・忌部・猨女《さるめ》の氏族は倭大王国の祭礼をわけ司祭してきた人々だったと伝えられている。天鈿女命《あめのうずめのみこと》を遠祖とする猨女の君一族が、まず脱落するのは、天皇の時代は完全に個人英雄神の時代であった。そして卑弥呼以来の神の憑代《つきしろ》としての巫女《みこ》は必要でなく、少なくも、もう主役ではなかった。いわば、原始宗教としてのシャーマニズム要素の後退を意味するものであろう。

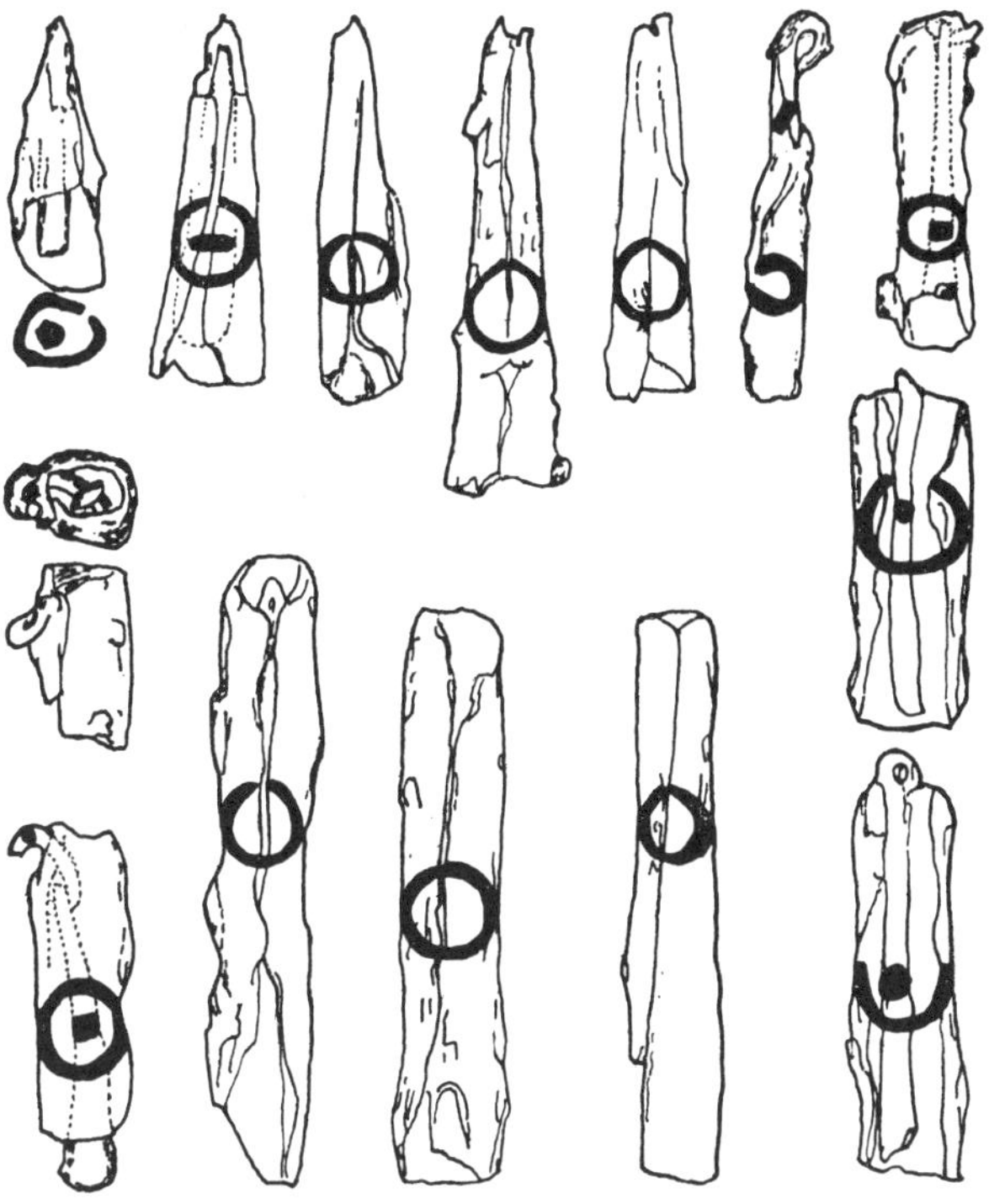

日光男体山祭祀址から大量に発見された鉄鐸
錫杖に関係あるものかと私は思うが，とにかく男体山信仰だけにある特殊なものと思われる。（佐野氏による）

やがて、忌部氏の地位も命脈がつきようとする。それは中臣氏の神の解釈が、国教の大宗、伊勢皇太神と結びつくことに始まる。

その悲況にあって、広成は、烈々の忿懣をたぎらせながら、忌部方式による古代の祭を、「古語拾遺」に書きつらねていたようである。

天の窟戸の段だけについて考えると、忌部

氏の「古語拾遺」には、鉄鐸が高鉾とともに活躍しているのに、記紀にはぜんぜんでてこないのは、その辺の事情をつたえたものであろう。それは、同じ司祭の、二つの氏族の祭祀方式の相違を意味する。どちらが古いか、新しいかはしばらくおくとして、のち、日本国の祭祀の中におかれたのは、中臣氏のもっていた記紀方式に則ったものだったことはたしかで、忌部氏の方式は滅びさったのである。すなわち、全日本的にいうと、鐸が誓約《うけひ》的呪力をもっていた、弥生時代いらいの祭政方法の最後の信奉者忌部氏が、事実上抹殺されたのである。

以降、余命を保ちえたのが、じつに諏訪大祝《おおはふり》祭政下における神長守矢《じんちょう》氏と、その御左口神の祭式、小野神社に残った御左口神祭政の残骸の二つだけだったわけである。

それなら、なぜ、忌部氏は後退しなければならなかったか。

一つの国祭の中に、二つの違った司祭の併存することの至難はもとよりであるが、要は忌部方式は、弥生中期いらいの小部落国家連合体の遺風である。そのいくつかを、統合改変したつぎの主権者にしてみても、その残存はまことに頭のいたいしだいであったろう。

そのシンボル・銅鐸が、ただ一つの伝世品もなく、ことごとく、地下に隠匿《いんとく》されたのも、むろん、新体制へのかためのためにはうってつけのつごうであり、こうしたことは、古代日本にかぎらず、いつの世にも執政者と名づく者、すべてが常踏している手段なのである。忌部氏の線がしだいにうすれ、中臣氏が国教の座にすわり、大社という大社の司祭が、この氏からでていったことは、いち広成がいかに憤激したところで、まことに事の当然という他なかったのであろう。

ところが、はからずも、東の夷の山間、天竜川の源に近く、諏訪湖盆地と、小野の渓谷には、その異端の祭政が残っていた。

縄文時代の中ごろからもつづいていたろうと信じられる、御左口神祭政の小部落連合体がそれである。それぞれの聚落が、みなおなじ御左口神を祭り、この連合体を総括して、司祭していたのが、守矢氏神長官であったのである。その神は土地の神であり、生産の神であり、水湛えの神であり、あるいは地母神であったかもしれない。

また、その神は巨木や巨石や立石、あるいは石棒などにも降りてくるナイーブな自然神であって、神長総御左口神は、それぞれの聚落の御頭御左口神に、その連合祭政経営のための一切の貢献を命じ、これを各御頭郷民が受ける、その誓約、これが、連合体最大の祭ともなった、御立座神事の神使巡行の湛の神事である。そして、弥生式原始絵画のきざまれた神璽が、その命令権をもち、高鉾についた鉄鐸の音が、その誓約を確立させていたのである。

では、西ではどうだったろうか。

かつて、銅鐸のでるかぎりの古代日本において、これと同一形態の連合体が数多くあり、はじめ、やはり木製の高鉾についた小銅鐸の束で、村々を鳴らし歩き、農耕のための水の祭祀を司って歩く、司祭者がいたのではないだろうか。大場博士のいわれるように、それは、いわゆる出雲神を奉斎する氏族で、おそらく、カモとかミワとかとなえる人々の群であったことであろう。瀬戸内に発し、畿内・山陰・山陽・西海・南海とひろがり、東海から信濃へもその若干を残し、ついに出雲に逼塞《ひっそく》した人々でもあったことだろう。

やがて、その最末期、各地のすべての銅鐸はいっせいに姿を消さなければならないときが近づいてきた。

そのときは、つるした鳴器はその機能をかえ、鳴音はむしろ従で、主としておかれてみせるだけで、充分にその威令の行なわれるようになった弥生時代の終末期で、鐸面は十二面の大きなカンバスをもち、自由に神を讃える画を描くために、いよいよ大きく、鈕や鰭は、実用を離れていよいよ壮厳に、荘重に、民衆の上に君臨する必要があった。こうなれば、すでに、これを収容する何らかの上屋が、必要になってくるのは自然の成行であろう。神はもう、いちいち故郷の空へ帰っていかない。神の住居、最初それは首長のあるいは司祭の家があてられ、やがて、祭政は分離して、神社のでてくるのも、崇神紀にいうこのごろのことではないだろうか。

そして、後漢書、東夷列伝第七五にいう、倭のおよそ百余国が、二世紀半ば、桓・霊帝の間、大いに乱れて、たがいに相攻め、相ひしめき、長い間、統卒者もなかったという状態が、わが御左口神国や、カモ・ミワと呼ぶ人々などを一員とする、弥生時代末期の部落連合体の実体であったのだろう。

こうして、やがて、卑弥呼の統一が出現するわけである。魏志はこの彼女の統一の様相を具体的に書いておいてはくれなかったが、卑弥呼がひどく鬼道の達人で、まことに無気味な人物であったことを特記しておいてくれたのは大いに助かる。自然神にすべられた部落共同体が、シャーマンによって統合されるときである。

魏志の調査者たちは、倭国について見、聞きしたずいぶんとつまらないことまで、こと細かに本国に伝えている。

もし、このころ、まだ、鐸の祭政が現存していたなら、エトランゼのかれらの知性に、車鐸か馬鐸の化け者のような、奇怪な鐸に祈る、この奇怪な祭事が、みのがされようはずがない。

まず、これはどうしたことか。いろいろなばあいが考えられる。

一　そのとき、銅鐸も鉄鐸もすでに、地下に埋もれていた。

二　魏使は、銅鐸を主として祭祀した地域を、見聞しなかった。

三　季節的に見聞がずれていた。

四　秘儀として、外来者の見聞には入らなかった。

私は、三、四の偶然性を排して、一また二のばあいをとりたい。一をとれば、銅鐸の埋没は、卑弥呼の邪馬台国の統合に関係があると考えられ、二をとると、邪馬台国九州説にひどく有利である。

さて、卑弥呼は大きな墓を作っている。これが、どんな、どの古墳であったか、もう今に指摘できるほどに考古学は進んでいる。が、それはとにかく、このときすでに、いわゆる古墳時代に入っていたことだけはたしかである。とすると、銅鐸が姿を消した祭政の不整合面に擬されるのには、うってつけである。そして、彼女は鏡を好んで集めている。おかしいことに魏の見学者の印象では、彼女は鏡などまったく縁のなさそうなコワい女だったようである。これは、冗談としても、なぜ、その恐ろしい彼女が、鏡に強い関心をよせたのであろうか。

朝鮮咸鏡南道永興では、巫女になるには山の中へいって鏡をみつけてこなければならない。鏡をもつことは巫女の第一条件である。鏡をもたない巫女は資格がないのである。巫女は一週間でも十日でも、山の中を放浪して、といっても、いくら朝鮮でも、山の中に鏡が、何となくころがっているわけではない。やはり、しかるべき古代の墳墓をあばくのである。これは、ひとり朝鮮だけでなく、蒙古のシャーマンも同じだと鳥居博士は書いている。

わが古代は、もちろん、山へいっても鏡はない。ほしければ大陸の先進大帝国にこれをあおぐより仕方はないのである。卑弥呼は魏帝から、景初から正始のころ、百枚の鏡をもらっている。ついでいくども。それでも足らずに、やがて盛んに国内でも仿製《ほうせい》(製造)している。三角縁神獣鏡とよばれる鏡種を主体にしてである。前述した通り、魏使の記録した卑弥呼は呪性の強い女性で、鬼道というのが巫女としての神降しの祈りとすれば、邪馬台国の統一は一つの呪性の勝利である。このシャーマンの表道具が、「日の御子」か「日ノ巫子」かしらないが、卑弥呼祭政の重要な要素として、鐸にかわる鏡であったのである。

むろん、これ以前にも鏡はあった。しかも銅鐸と併出した例もある。多分にシャーマン的要素を持つ胸吊りの反射鏡、多鈕細線文鏡である。けれども、これは朝鮮半島やシベリアが本場であって、国内例はわずか四例にすぎない。まず特例としていいと思う。

魏王からもらった百枚の鏡が、小林さんの同笵鏡の研究から、つぎつぎと行く先きの古墳がわかってきた。この重宝はまだまだ、彼女の宝庫にじっとコレクションとしておくわけにはゆかなかったのである。それは、だれに渡っていったか、もちろん、卑弥呼に連合する国家の有力なボスたち、すなわち、有能なシャーマンたちであったろう。つまり、邪馬台国は「鐸」の祭政こそ脱したが、まだまだ、実体は小国家の連合体の盟主でしかなかったのである。いずれにしろ、木や神に降りる自然神から、人に憑《つ》く神に、やがて、現身神にかわっていく経過であることはたしかであろう。

すでに、いくどかのべたように、「鐸」の祭礼は、御左口神信仰で結ばれた一つの連合体であって、その中心氏族は、生きて現存する「神長」守矢氏である。神長は、土地・生産・農耕、または湛水についての、一切の権限をもつ、地母神といっていいだろうか。とにかく、木または石に神がかる自然信仰の司祭であった。すくなくも、その祭政要素の中には、シャーマン的要素は、わりと認めることができなかった。

ところが、神長官祭政の上に、またがったとしか思われない「大祝《おおはふり》」神氏のあり方は、神長の自然神的なのと、うってかわってひどくシャーマン的である。

たとえば、大祝の即位はこうだった。諏訪神社の正嫡は、幼い童男でその位につく。即位式は、かえでの宮（鶏冠大明神）の、神殿はなく、カエデの古木と、その前にある畳二丈大の盤石の上で行なわれる。神長が後方のカエデの古本に神をおろし、大祝は、磐座の上に荒菰《あらごも》の座をしつらえて座し、神の衣、御曾衣《みそぎ》をつけて神格をうけるのである。つまり、神がかりするのであろう。つぎに、大祝が氏人の前に顕現するばあいは、内御玉殿の扉を排し、胸に、真澄の鏡をかけ、光を反射させつつ、両手に八栄《やさか》の鈴（巫鈴）二つずつをもって、御鞍や轡《くつわ》とともに現われる、と室町期には伝えられているが、これはおそらく、邪馬台国の卑弥呼のばあいとおなじだったのではないだろうか。

いずれ、この二神宝の調査も報告するつもりではいるが、鏡は八稜白銅鏡で、麒麟鳳凰《きりんほうおう》や瑞花をちらした獣形鈕、径25cmにおよぶ優品で、唐代または奈良時代は降らないものである。八栄の鈴、大小二組は、三個ずつの八相華文《はっそうけもん》を毛ばりした、式三番叟《しきさんばそう》にでるような巫子鈴である。いずれも、唐鞍・轡《くつわ》など（今共になし）と、大祝に付属してきた、本当の意味での大祝の宝物であったようである。この宝物中に宝鈴（さなぎの鐸）と宝印が、付随していないことに注意してほしい。

諏訪において室町期の文献にみえる大祝祭政の古態、湛の位置の確立したのも、この変化の末端

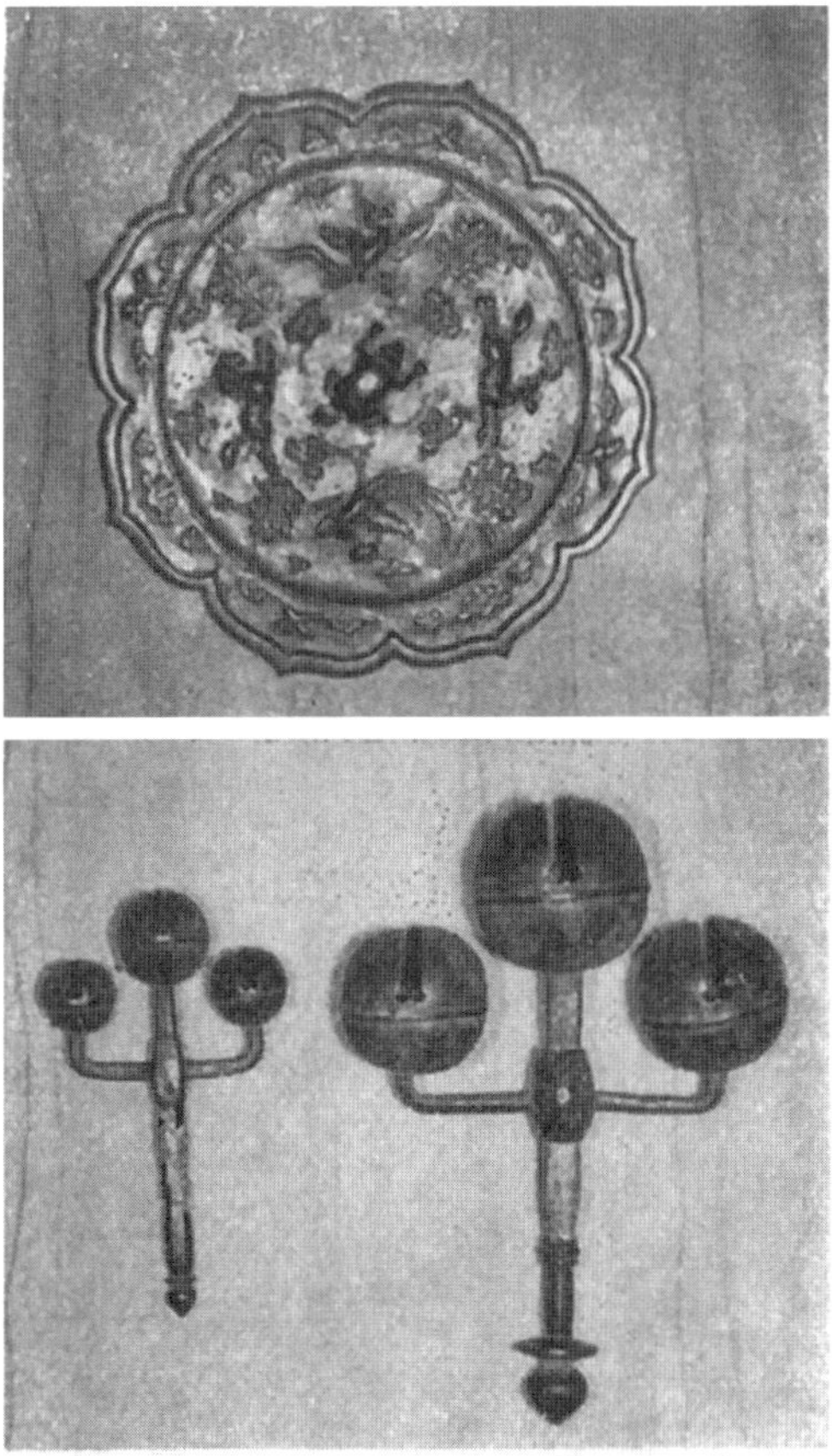

神長には関係のない大祝(おおはふり)の宝物
胸につるしたといわれる八稜鏡と，両手にもった巫子鈴，八栄の鈴。宝印と宝鈴は大祝の宝物ではないのである。

現象の一つであろう。

　大祝の顕現は必らず馬に乗って現われ、唐鞍や轡が神宝としてくわえられ、湛が、古牧に近い土師器聚落を中心におかれたのも、その一つの現われであろう。諏訪・上伊那の古墳が、一・二の特例をのぞいて、その最末期に、とたんに現われてくるのもその時期を表徴している。

　私は、一つの冒険として、その時期を古説話からもあたってみたいと思う。というのは、なぜ、ほかの小国家群のように、鉄鐸およびそれにともなう祭型式が抹殺されてしまわなかったか、という問題がまだ片づいていないのである。諏訪・伊那のばあい、残存させる必要があったというがい、説明の方法は考古学的にはもうない、というほかないのである。

私としては、この蛇足をつけくわえることによって、仕事の本質にきずつけたくはないのであるが、あるものをみのがすわけにゆかない。室町期の文献にのっている伝承について語ろう。


いったい、古事記にある国譲《くにゆずり》説話の一説、大国主命も事代主命《ことしろぬしのみこと》も、天孫に祭政を譲渡することに同意しているのに、一人、建御名方命《たてみなかたのみこと》だけが、なぜ、抵抗したのだろうか。そして、なぜ、このレジスタンスの英雄の逃亡のさきが、わざわざ、東国の中央部、山また山にかこまれた諏訪湖のほとりでなければならなかったか。諏羽などという土地は、それいがいの記紀にはまったく無縁な土地なのである。

大場博士のいわれる、出雲系、カモ・ミワ氏族の最後の抵抗基地だったと考えれば、それもよかろう。

その説話に反応するように、地元にも、付随した室町期の説話がある。

明神(記に出てくる建御名方)が諏訪に入るにあたって、小野や諏訪の洩矢《もりや》神が拮抗対戦したというのも、その一つであろう。そのとき、洩矢神(神長守矢氏の祖)は、鉄の輪をもって戦い、明神は藤の枝をもってこれを破った。その後、明神のなげた藤枝は地にはえ大樹となった。これが上社の藤島神社である。そんなことが、「画詞」の祭の部八月の条に書いてある。

岡谷市川岸、天竜川口に近い諏訪盆地の咽喉部橋原にも、洩矢神社とその対岸の三沢に藤島神社があり、ほぼ同様な伝承を残している。小野の谷にもこれがある。

川岸例の対抗位置関係は、湖南の御左口神国の本拠の尖端部と、天竜川をつめてきた尖端とで、関係位置がきわめて面白い。これに付随して、洩矢方の土着神の伝承もまた少なくない。武居恵美寿神、または横内左口神などは、いずれも、明神との戦いに敗死した神とつたえているのが、それである。

大祝顕現について、旧御左口神祭政の何らかの抵抗があったことが、この伝承の裏にひそむものであることは否定できないであろう。ところで、「画詞」では「ツイニ邪輪ヲ降テ正法ヲ興ス」といっているが、もっと古い、宝治元年の「大祝信重解状」では、同じ伝承を、古くこの地は守屋大臣の所領なりとはっきり認め、合戦の段では、それぞれの武器を、藤鎰《いっ》対鉄鎰《いっ》と書いている。また、一書には鉄鑰《やく》と書いているようである。

この御左口神グループの使った鉄の輪《りん》・鎰《いっ》または鑰《やく》というのはいったい何物だろうか。輪・鎰はまったくどんなものか、武器としては想像もつかない。鑰はかぎまたは錠前である。武器としては不明。ただ、ここで想像としていえることは、鑰が鍵または錠の古字であり、この和字「かぎ」が鉤につらなることである。鉤とかきたかった筆者が、古字を使うべく、鍵の鑰を書いてしまったかもしれない。もしこの類推を証明できる資料があるとすれば、神長の柄鉾、または実物としては小野神社の神代鉾のような、戦闘の主導標としての威儀具が考えられる。たしかに、鉄鐸のついた高鉾と、宝印は、ともに神長守矢氏の御左口神の永い伝世のシンボルである。

古い争乱の勝ち負けが、正しく評価される戦闘力よりも、その軍に加担した神々の勝負できまるケースは、神話の世界では普通のことである。勝ったという建御名方軍（大祝）のことはよくわからないが、負けた土地神、洩矢連合軍の神は明瞭に御左口神である。

ここで、想起されるのは、元旦御室社の穴住居内で、深更に行なわれる御頭決定の御占神事における御左口神のあつかわれ方である。藁馬の上に乗せられた剣先版に、鉄小刀子で刺し留められる御左口神、そして、誓約の祭、御立座神事が終了しないうちは、土室の中にとじこめられたまま、神殿へ入れない、あわれな神、それが御左口神である。そして、その誓約は彼の郷民への御頭の賦役なのである。それらは、やはり、その祭政交代時における宿命を意味するものではないだろうか。

では、その時期はどうか。前田氏本「神氏系図」によれば、諏訪大祝の始祖有員《ありかず》は、用明天皇の御宇に出現ということになっている。その情況について、すこし蛇足すれば、天皇御宇、のちに有員を名乗る八歳の童子があり、大神の命により、守屋山にいたり、神兵を率いて合戦の末、守屋を追い落し、その麓に社壇をかまえたという。大神はその衣をぬぎ、その童子に着せ、「吾に躰なし、この躰を持って祝となせ」と巫子に憑る神の性質を語っている。明瞭に、自然神でなく、シャーマンの型式である。これを御衣木祝という。すなわち、大祝の始祖である。この童子の本貫（出身）は諏訪市四賀晋門寺御曾儀平《みそぎだいら》と伝えられ、この御曾儀平はまた御社宮司平でもあり、有員居館址・御左口神祠・荻宮址など、混然一体となっていて神下ろしの巨木信仰もあり、もともと、大祝の始祖は、御左口神をまつっていた氏族のうちの出とも疑えないこともない。しかし、その考証は明らかに私の仕事の境域を逸脱している。

大祝神氏の祭政統治を誇示する数字としては、神氏系図の用明天皇代説は、一向に掛値のない、けっして古すぎない数字である。御占神事の組成、湛神事の湛が成立した時期などからみても、用明前後にさしたる矛盾はない。全国でも、古墳築造のもっとも遅れた地方の一つとして、最末期古墳と乗馬が、はじめて到来した時期が、疑いもなく、大祝の顕現した時期なのである。

「鐸」がまったく滅びさった西日本に、やがて、ふたたび鐸形の鳴りものが登場してくる時がやってくる。今度は本家の中国でそうであったと同じ、馬鐸としてである。これは、当然正しく、中国の一文物として理解され、もはや他外の地の勝手な解釈はなかった。古墳中ごろ・五世紀ほどだろうか。仁徳・履中帝などを中心とした倭の五王――大王（六朝時代の支那史書にみえる讃＝応神または仁徳、珍＝反正、済＝允恭、興＝安康、武＝雄略などの天皇。）たちの時代である。

大王やその支持者たちは、金銅の馬鐸その他で飾られた馬にのり、騎馬は経済交流も、戦闘の様相も一変させた。そして、大和の大王の政権は、加速度に進展していったわけであろう。

そのとき、諏訪はまだ、おそらく神長の「鐸」の国であったろう。馬鐸は天竜川下流飯田地方より上流へは遡上しなかったようである。

やがて、神長祭政にかわってシャーマン巫らしい大祝が君臨するのは、もう大和朝廷では、仏教もとり入れようという古墳時代の最末期であって、その余勢は、大祝の国が、長く平安の末まで、仏教の浸入を拒否していたらしい実相にむすびつくようである。

私が少年のころ、一度きいただけで、生涯そのとりことなった碩学伊藤富雄先生の言葉の謎の実態は、今にして思えば、このへんにあったのかもしれない。

付記

挿画類は、すべて原図からのコピーかまたは見取図であって、学術的に正確とはいいがたい。したがって、正しくは文献目録所載の原図にあたられたい。いまさら、先学諸先生の学恩に感謝するしだいである。

佐原真・水野正好両君には、資料について色々の教示を受けた。また、図稿のトレス・原稿の浄書はもっぱら立正大学の関俊彦君、写真復写は上田邦雄君のお世話になった。明記して、ともども感謝の意をあらわしたい。

銅鐸・鉄鐸文献目録

明治十九年

一 神田孝平「銅鐸」 人類学雑誌 二・一五四

明治二十年

二 神田孝平「銅鐸の出処」 人類学雑誌 三・一四

明治二十二年

三 寺石正路「土佐の銅鐸・銅鉾所在地」 人類学雑誌 五・九五

明治二十三年

四 寺石正路「土佐安喜郡の銅鐸」 人類学雑誌 六・三六九

明治二十四年

五 若林勝邦「鉄鐸・銅鐸の浮紋」 人類学雑誌 七・三〇

明治三十年

六 楠品次「三河国にて見聞せる古墳及び古物の出所」 考古学会雑誌 一・二

七 若林勝邦「紀伊国の銅鐸」 考古学会雑誌 一・五〇七

明治三十一年

八 若林勝邦「近江国石山寺の銅鐸」 考古学会雑誌 二・三六四

九 関保之助「銅鐸説」 考古 一・四・二

明治三十四年

一〇 玉置繁雄「阿波の銅鐸」 人類学雑誌 一七・二四九

一一 宇都宮勉爾「三河国考古資料二則」 人類学会雑誌 一七八

明治三十七年

一二 柴田常恵「遠江の銅鐸」 人類学雑誌 二〇・三六三

明治四十年

一三 柴田常恵「遠江における銅鐸の発見地」 人類学会雑誌 三八

明治四十三年

一四 若林勝邦「考古資料―備前備中の銅鐸」 考古学会雑誌 一・九

明治四十五年

一五 柴田常恵「近江石山寺の銅鐸」 人類学雑誌二八・二八二

一六 大野雲外「遠江悪ケ谷の銅鐸」 人類学雑誌二八・五三一

大正二年

一七 大野雲外「銅鐸と埴輪土偶との関係」 人類学雑誌 二八・七二

一八 沼田頼輔「銅鐸考」 考古学雑誌 三・五四一
一九 沼田頼輔「銅鐸餘響」 考古学雑誌 三・六六四
二〇 鳥居竜蔵「銅鐸考」 歴史地理 二二・一
二一 喜田貞吉「本邦における一種の古代文明」 郷土研究第一年二号

大正三年

二二 吉井良知「摂津国武庫郡津戸村の古墳と銅鐸」 考古学雑誌 三・七二〇
二三 小川栄一「美濃国十六発見銅鐸」 考古学雑誌 三・五八六

大正四年

二四 岩井武俊「南河内発見の銅鐸」 考古学雑誌 四・三六七
二五 今西龍「但馬国城崎郡気比の銅鐸発見地」 考古学雑誌 四・一六六

大正五年

二六 長町彰「讃岐国銅鉾・銅劒・銅鐸発見地」 考古学雑誌 六・一五九
二七 田村吉永「銅鐸の新発見」 考古学雑誌 六・九
二八 高橋健自「別れた銅鐸の再会」 考古学雑誌 六・一一

大正六年

二九 大野雲外「銅鐸発見」 人類学雑誌 三二・五
三〇 坪井九馬三「銅鐸の測定法について」 考古学雑誌 七・五一九
三一 高橋健自「銅鐸一覧表」 考古学雑誌 七・九
三二 高橋健自「増訂銅鐸一覧表」 考古学雑誌 七・一一
三三 田所市太「阿波国銅鐸発見地に就いて」 考古学雑誌 七・七一四
三四 園田清「但馬国城崎郡港村大字気比小字鷲崎踏査報告」 考古学雑誌 七・五五四

大正七年

三五 喜田貞吉「銅鐸考」 歴史地理 三一・二
三六 梅原末治「大和吐田郷発見の銅鐸と銅鏡とに就いて」 歴史地理 三一・二 日本考古学論攷 九九頁
三七 梅原末治「丹後与謝郡発見の二銅鐸」 歴史地理 三一・二
三八 沼田頼輔「古伝記に見えたる但馬民族」 人類学雑誌 三三・五
三九 浜田耕作「一二銅鐸及銅鉾の成分に就て」 考古学雑誌 八・三〇七
四〇 高橋健自「南葛城郡名柄発掘の銅鏡及珍鏡」 考古学雑誌 八・一一
四一 辰馬悦蔵「淡路松帆村発見の銅鐸について」 歴史地理 三一・二

四二 朝戸高山「肥後国発掘銅鐸の誤報に就いて」 考古学雑誌 八・五一

四三 中山平次郎「銅鐸銅剱竝に石剱発見地の遺物」 考古学雑誌 八・四九・五二四・五六五・六二九

四四 藤原音松「備中妹銅鐸発掘地踏査報告」 考古学雑誌 八・九九

大正八年

四五 高橋健自「南葛城郡名柄発掘の銅鐸及び銅鏡」 奈良県報 六

四六 坪井九馬三「喜田博士の銅鐸考を読む」 考古学雑誌 九・一

四七 木崎愛吉「大阪新町吉田屋の銅鐸」 考古学雑誌 九・三一三

大正九年

四八 中川泉三「材木屋の土蔵より発見されたる銅鐸について」 考古学雑誌 一〇・一

大正十年

四九 木崎愛吉「安養寺銅鐸(河内恩智)」 考古学雑誌 一三・二

五〇 梅原末治「銅鐸に就いて」 芸文 一三・四―五
日本考古学論攷 一三三頁

五一 梅原末治「再び銅鐸に就いて」 芸文 一三・一一―一三
日本考古学論攷 一六三頁

五二 西園寺源透「伊予発見の銅鐸」 考古学雑誌 一三・七

大正十一年

五三 梅原末治「大和に於ける銅鐸の新発見」 史林 三・三

五四 梅原末治「淡路出土の一遺品を記して銅鐸の形式分類に及ぶ」 芸文 一四・三
日本考古学論攷 一九三頁

大正十二年

五五 後藤守一「三河国で銅鐸発見」 考古学雑誌 一三・一

五六 坪井九馬三「銅鐸」 人類学雑誌 三八・二七八

五七 鳥居竜蔵「銅鐸は何民族の残したものか」 人類学雑誌 三八・一三七

五八 高橋健自「日本青銅器の起原」 考古学雑誌 一三・三

五九 上原準一「讃岐国三豊郡一ノ谷村左門発見の銅鐸に就いて」 考古学雑誌 一三・二

六〇 藤田亮策・梅原末治「朝鮮出土の小銅鐸と細文鏡」 考古学雑誌 一三・一

六一 梅原末治・小泉顕夫「大和山辺郡丹波市町石上発見の銅鐸とその出土状態」 考古学雑誌 一三・五

六二 藤城実治「三河東観寺発見の銅鐸」

六三 山田孝雄「平安朝の末頃伊賀国より出し銅鐸の記事」 考古学雑誌 一三・四

大正十三年

六四 後藤秀穂「遠江における銅鐸出土の研究」 歴史地理 四四・二

六五 藤田元春「銅鐸論考」 歴史と地理 一四・二

六六 上原準一「六萬寺の銅鐸—讃岐訪古小録—」 考古学雑誌 一四・六

大正十四年

六七 喜田貞吉「三河新発見の銅鐸」 歴史地理 四五・三

六八 梅原末治「三河宝飯郡松間発見銅鐸調査報告」 歴史と地理 一五・三

六九 梅原末治「銅鐸の化学成分に就いて」 白鳥博士還暦記念東洋史論叢
日本考古学論攷 三二四頁

七〇 森本六爾・後藤守一「三河国宝飯郡小坂井村発見の銅鐸に就いて」 考古学雑誌 一五・三

七一 直良信夫「播磨国加古郡八幡村望塚における銅鐸出土の状態について」 歴史地理 四九・一

七二 島田貞彦「播摩国三日月本郷発見の銅鐸について」 考古学雑誌 一五・一〇

七三 鳥居竜蔵『有史以前の日本(訂正版)』 甲陽堂

昭和一年

七四 梅原末治「欧洲に斎された銅鐸」 人類学雑誌 四一・五〇六

七五 山崎常磐「遠江白須賀出土の銅鐸について」 考古学雑誌 一六・七

昭和二年

七六 梅原末治『銅鐸の研究(資料篇・図録篇)』 大岡山書店

七七 後藤守一「銅鐸附巴形銅器」 日本考古学 二六三頁

七八 高橋健自「日本太古に於ける青銅文化」 考古学雑誌 一七・二

七九 上原準一「讃岐国三豊郡二ノ宮村大字羽方字西の谷発見の銅鐸及び銅剣とその出土状態に就いて」 考古学雑誌 一七・九

八〇 西郷藤八「遠江国長谷発見の銅鐸に就て」 同一七・一

八一 直良信夫「本興寺所蔵の銅鐸」 考古学雑誌 一七・七

昭和三年

八二 清野謙次「伯耆出雲より周防へ」 民族 三・六

八三 直良信夫「今津出土の銅鐸とその出土状態について」 考古学雑誌 一八・三

八四 高橋直一「石見新発見の銅鐸に就いて」

考古学雑誌 一八・七
八五 太田陸郎「播摩国神種発見の銅鐸」 考古学雑誌 一八・九
八六 石田茂作「大和竜門村発見の銅鐸」 考古学雑誌 一八・一〇
八七 山崎常磐「遠江国銅鐸出土地の蹈査」 考古学雑誌 一八・二

昭和四年

八八 森本六爾『日本青銅器時代地名表』 岡書院
八九 直良信夫「石器その他を出土せる日本上代の遺跡と銅鐸との関係」 考古学雑誌 一九・八
九〇 直良信夫「伯耆米里発見の銅鐸とその出土状態」 考古学雑誌 一九・一〇
九一 直良信夫・直良勇二「垂水村新発見の銅鐸とその出土状態」 考古学雑誌 一九・二
九二 島田貞彦「播磨国明石郡垂水村発見銅鐸」 考古学雑誌 一九・二
九三 太田陸郎「播摩神種発見の銅鐸」 考古学研究 三・一
九四 高橋健自「日本独自の青銅器銅鐸」 アサヒグラフ 一三・六
九五 小栗鉄太郎「尾張高蔵寺村附近発見の遺跡遺物」 考古学雑誌 一九・九

昭和五年

九六 森本六爾「銅鐸の型式分類と播摩神種例の占むる位置」 人類学雑誌 四五・一〇
日本考古学研究 三五〇
九七 森本六爾「銅鐸の型式分類」 人類学雑誌 四五・四〇一
九八 森本六爾「所謂有銘銅鐸の調査其他」考古学 一・一
九九 森本六爾「長門発見の一弥生式土器——その青銅器との関聯——」 考古学 一・三
一〇〇 森敬介「阿波国発見弥生式土器紋様と銅鐸文様との関係に就いて」 考古学 一・五—六
一〇一 島田貞彦「紀伊国日高郡上南部村晩稲発見の銅鐸」 考古学 一・三
一〇二 伊東富太郎「伊勢国三重郡八郷村伊坂発見の銅鐸について」 考古学雑誌 二〇・四

昭和六年

一〇三 鈴木覚馬「銅鐸時代と遠劢の銅鐸」 岳南史
一〇四 梅原末治「朝鮮平壌附近発見の小銅鐸と其の鎔笵」 歴史と地理 三一・二

昭和七年

一〇五 梅原末治「銅鐸出土地名一覧表」 歴史地理 三一・二
一〇六 梅原末治「銅鐸出土地名表補正」 歴史地理 三一・六
一〇七 喜田貞吉「銅鐸考」 歴史地理 三一・二

一〇八　浜田耕作「銅鐸に就いて」　歴史地理　二三・二
一〇九　直良信夫「石見上府村発見銅鐸の出土状態」　考古学雑誌　二三・二
一一〇　中山平次郎「遠賀川遺跡の土器と銅鐸及び細線鋸歯紋鏡」　考古学　三・二

昭和八年

一一一　梅原末治「『銅鐸の研究』出版以後発見の銅鐸一覧表」　考古学雑誌　二三・四
一一二　梅原末治「銅鐸出土地名表追加再訂」　歴史地理　六一・五
一一三　梅原末治「宍粟郡神戸村閏賀の銅鐸」　兵庫県報　五
一一四　梅原末治「銅鐸研究上の一新資料」　考古学雑誌　二三・四
一一五　梅原末治「有環銅鐸の新発見」　歴史と地理　三一―二
一一六　倉光清六「伯耆新発見の銅鐸」　考古学　四・三
一一七　倉光清六「銅鐸に於ける新事実」　考古学　四・四
一一八　倉光清六「新たに知られたる伯耆多里村銅鐸」　考古学　四・九
一一九　倉光清六「伯耆八橋町銅鐸出土遺跡」　考古学雑誌　二三・四
一二〇　船越勇三郎・山崎常磐「遠江新発見の銅鐸」　考古学雑誌　二三・四
一二一　直良信夫「銅鐸面の動物画」　考古学　四・四
一二二　藤森栄一「銅鐸面絵画の原始農業的要素」　日本原始農業
一二三　鍛治利夫「淡路国発見の銅鐸数について」　考古学雑誌　二三・四
一二四　大場磐雄「小野神社蔵鉄鐸」　考古学雑誌　二三・四
一二五　高橋直一「和歌山県箕島町新発見の二銅鐸」　考古学雑誌　二三・四
一二六　小山真夫「小県郡上田市現存の銅鐸」　考古学雑誌　二三・六
一二七　栗岩英治「図録上の信濃出土の銅鐸その他」　信濃一次　二・六
一二八　笠井新也「銅鐸の一異例」　考古学雑誌　二三・六
一二九　後藤守一「駿河浮島村出土の小銅鐸」　考古学雑誌　二三・四

昭和九年

一三〇　森本六爾「銅鐸面の絵画に就いて」　考古学評論　二・日本考古学研究　二六六
一三一　島田貞彦「和泉浜寺の銅鐸」　歴史と地理　三一・六

昭和十年

一三二　梅原末治「住吉村新発見の銅鐸」　兵庫県報　一一

一三三 梅原末治「近江発見の小銅鐸」 人類学雑誌 五〇・一〇
一三四 梅原末治「住吉村渦森の銅鐸」 歴史と地理 三三・四
一三五 梅原末治「丹後国舞鶴出土の銅鐸」 京都府報 二〇
一三六 後藤守一「銅鐸についての二三」 ドルメン 四・六
日本古代文化研究 一九頁
一三七 中山平次郎「銅剣銅鉾と銅鐸との関係について」 考古学 六・九
一三八 中山平次郎「銅鉾・銅剣と銅鐸との関係について」 考古学 六・九
一三九 加藤灘次「銅鐸の話」 ひだびと 三・四
一四〇 寺田貞次「小豆島の銅鐸」 考古学雑誌 二五・三

昭和十一年

一四一 大場磐雄「信濃路の追憶」 信濃 一次 五・二
一四二 榧本亀生「朝鮮発見銅鐸の集成——後漢代楽浪系統の木槨墓」 考古学 七・六

昭和十二年

一四三 後藤守一「紀伊国有田郡箕島村大字新堂字石井谷発見銅鐸」 帝室博物館学報 九・八頁
一四四 後藤守一「遠江国引佐郡気賀町大字小野発見銅鐸」 帝室博物館学報 九・一頁
一四五 後藤守一「駿河国駿東郡浮島村大字東井出発見の小銅鐸」 帝室博物館学報 九・二一頁
一四六 喜田貞吉「銅鐸民族研究の一断面」 考古学雑誌 二七・二
一四七 森彦太郎「紀伊日高郡亀山より新出土の銅鐸」 考古学 八・九
一四八 梅原末治「紀伊新出土の銅鐸について」 考古学 八・九
一四九 小林行雄「紀伊荊木向山鐸発見地の土器石器」 考古学 八・九
一五〇 藤井誠一・藤森栄一「紀伊岩倉銅鐸出土地の再調査」 考古学 八・九
一五一 雑賀貞次郎「田辺附近の銅鐸出土追報」 和歌山県報 一六・六九頁
一五二 寺田貞次「銅鐸銅剣を出せる小豆島安田遺跡」 考古学 八・七
一五三 寺田貞次「小豆郡安田村発見の銅鐸及び銅剣」 香川県報 八・四五頁

昭和十三年

一五四 川田信敏「土佐青銅器時代遺物」 土佐考古 二
一五五 佐山伝右衛門「銅鐸の話」 紀伊考古 一・二
一五六 小川栄一「十六銅鐸発見地」 岐阜県報 七
一五七 大場磐雄「飛騨国発見の銅鐸」 ひだびと 六・六

昭和十四年

一五八 角竹喜登「上呂銅鐸発見地」 岐阜県報 八

昭和十五年

一五九 梅原末治「飛騨上呂出土の銅鐸」 ひだびと 八・九

一六〇 藤森栄一「近江滋賀村の弥生式石器」 考古学 一一・八

昭和十六年

一六一 小林行雄「銅鐸年代論」 考古学 一二・一

一六二 滝遼一「銅鐸についての私見」 人類学雑誌 五六・一〇

一六三 梅原末治「名古屋市出土の銅鐸」 人類学雑誌 五六・二

一六四 梅原末治「銅鐸に関する若干の新所見」 考古学雑誌 三一・五

一六五 小栗鉄次郎「名古屋市出土の鐸形土製品」 考古学雑誌 三一・八

一六六 寺田貞次「讃岐加茂村発見銅鐸の出土地」 古代文化 一二・一〇

昭和十九年

一六七 大場磐雄「信濃国の銅鐸と鉄鐸」 信濃二次 二八

昭和二十一年

一六八 辰馬悦蔵「〃銅鐸獲例考〃とその所掲の満願寺出土銅鐸」 西宮 三

昭和二十二年

一六九 梅原末治「朝鮮古文化綜覧楽浪前期」 養徳社

昭和二十三年

一七〇 大場磐雄「銅鐸その他」 日本考古学新講 一〇八頁

一七一 後藤守一「日本上代に於ける銅鐸文化の接触」 考古学雑誌 三五・一―二―三

一七二 藤沢一夫「宝鐸顕現――古文化調査録――」 なにわ 一三

昭和二十四年

一七三 大場磐雄「銅鐸私考」 神道史学 一・一

一七四 藤沢一夫「豊中市大字桜塚発見の銅鐸」 考古学集刊 二

昭和二十五年

一七五 永山卯三郎「岡山県の銅鐸」 吉備考古 七六

一七六 三木文雄「阿波国名西郡源田出土の銅鐸とその遺跡」 考古学雑誌 三六・二

一七七 布目順郎 銅鐸面の「I字形器具を持った人物画像について」 考古学雑誌 三六・二

昭和二十六年

一七八 梅原末治「岡山県下発見の銅鐸」 吉備考古 八三

一七九 近藤義郎「美作国植月の銅鐸」 吉備考古 八三

一八〇 小林行雄「弥生式時代の習俗」

日本考古学概説 一三九頁

一八一 杉原荘介「静岡市有東第一遺跡」 日本考古学年報 1

一八二 三木文雄「徳島県源田の銅鉾銅鐸伴出遺跡」 日本考古学年報 1

一八三 小出義治「和歌山県日高郡上南部村クジ峠発見の銅鐸について」 上代文化 二〇

昭和二十七年

一八四 梅原末治「備中下稲木出土の銅鐸について」 吉備考古 八四

昭和二十八年

一八五 梅原末治「谷文晁旧蔵の銅鐸について」 人類学雑誌 六三・一

昭和二十九年

一八六 梅原末治「一群の同笵鋳造鐸の絵画について」 上代文化 二四

一八七 曾野寿彦「大阪府高槻市出土の銅鐸」 東大人文科学紀要 二

一八八 三木文雄「銅鐸三例」 ミュージアム 三八

昭和三十年

一八九 三木文雄「銅鐸」 日本考古学講座 四・二七頁

一九〇 三木文雄「銅鐸の年代と用途」 ミュージアム 五三

一九一 中山英司・三輪房子「銅鐸について——愛知県春日井市神領町三明神社所蔵の分析結果——」 アカデミヤ 一〇

一九二 原田大六「漢代文化の導入——銅鐸と伝世問題によせて——」 私たちの考古学 五

一九三 鎌谷木三次「兵庫県加古郡東沢遺跡」 考古学年報 3

昭和三十一年

一九四 三木文雄「静岡県引佐郡分寸遺跡」 同右

一九五 三木文雄「青銅器」 図説日本文化史大系 一・二〇〇頁

一九六 木下忠「木の宗山に銅鐸銅剱を埋めた人々」 芸備地方史研究 一七—一八

昭和三十二年

一九七 文化財保護委員会編「埋蔵文化財要覧 一」

一九八 清水潤三・倉田芳郎「宝器・儀器」 考古学ノート 三巻 一三一頁

昭和三十三年

一九九 末永雅雄「名柄出土の銅鐸と鏡」 大和葛上村史

二〇〇 田中巽「銅鐸の用途に就いて」 神戸商船大紀要

昭和三十四年

二〇一 小林行雄「銅鐸の鋳造」

角川版世界美術全集 一・二〇四頁

昭和三十五年

二〇二 佐原真「銅鐸の鋳造」世界考古学大系二巻 九三頁
二〇三 佐原真「銅鐸文化圏」図説世界文化史大系 日本I 一六三頁
二〇四 梅原末治「新出土の銅鐸の鎔笵片其他」古代学研究 二五
二〇五 原田淑人「さなぎというもの」聖心女子大学論叢 八
二〇六 鈴木基親・渡辺正気「福岡県筑紫春日町弥生式遺跡出土の銅鐸」日本考古学協会第二五回総会研究発表要旨

昭和三十六年

二〇七 梅原末治「銅鐸の二つの型式」ミュージアム 一二三
二〇八 杉原荘介『日本農耕文化の生成』二五頁
二〇九 矢原高幸「銅鐸の安置について」善通寺図書館
二一〇 近藤義郎「備前百枝月発見の銅鐸」古代吉備 四
二一一 大場磐雄・原嘉藤「長野県塩尻市柴宮発見の銅鐸」信濃 一三・四
二一二 鎌木義昌「岡山県兼基遺跡」日本農耕文化の生成 三〇五頁
二一三 鎌木義昌・間壁忠彦「岡山県猿ノ森遺跡」同二八三頁

昭和三十七年

二一四 三木文雄「銅鐸」日本考古学辞典 三九六頁
二一五 水野正好「滋賀県野洲郡野洲町小篠原銅鐸埋蔵調査報告」日本考古学協会三十七年度大会研究発表要旨
二一六 玉谷哲「大阪府岸和田市流木町発見の銅鐸」古代文化 九・二
二一七 田中巽「兵庫県下出土の銅鐸より」兵庫史学 二九—三〇
二一八 藤森栄一「鉄鐸——その古代史上の意義——」信濃 一四—四
二一九 佐野大和「佐奈岐奴利弖」私考 国学院雑誌 八三・二

昭和三十八年

二二〇 梅原末治「銅鐸攷」考古学雑誌 四八・三
二二一 佐原真「流水紋」京大考古学研究会記録
二二二 佐野大和「鉄鐸」日光男体山 二四四頁
二二三 桐原健「銅鐸に見られる機能変化について」考古学研究 一〇・三
二二四 橿原考古学研究所篇「橿原考古学研究所事業略記」近畿古文化論攷
二二五 小林行雄「銅鐸の鋳型」古代の技術 三三〇頁

解説——鉄鐸・銅鐸

桐原　健

先生と私

藤森栄一、昭和二一年六月復員、三五才。同年一二月五日『かもしかみち』発刊。二三年一〇月、古書売買の「あしかび書房」を始める。

先生に手紙を出したのは二三年の三月か四月頃、『かもしかみち』の購入月日は同年の七月一六日なので、何で先生の名前や住所がわかったのか思い出せない。松本市の城山腰から峯の平に向うところで部厚い素焼きの土器片を採集、表面に布目が印されている。縄文土器に布目があるので見てほしい。

「松本で古本屋の会合がある。仲町のぬのや旅館でお逢いしましょう」。あいにくウィークデイだったので母が代理で聞いてきた。「可愛いい青年だった」というのが母の印象である。問題の土器片は縄文土器ではなく内耳土器だった。それからというもの、葉書で示教を受けた。当時流行のボールペンで必ず返事がきた。今、私の大切な宝物である。

この後、松本平では平出《ひらいで》の発掘があり、それが縁で国学院に入った。卒業と同時に北信濃の飯山南高校に赴任して六年間を過す。一方、先生は二八年に第一回の高血圧で倒れてしまって、お目にかかれたのは三四年の日本考古学協会二三回総会の会場。再起初の発表で曽根の石鏃のカラースライドが美しかった。二回目は三七年の一月一四日、長野県考古学会結成に向けての発起人会で、ヘヤー・ネットを被っておられ、フネ古墳の蛇行剣や有鉤鉄釧《ゆうこうてつくしろ》を熱っぽく語られていた。

この年の三月、私は諏訪二葉高校への転勤が決まり、飯山最後の仕事として中野市安源寺遺跡報告を田川幸生との連名で信濃史学会に送った。四月号に載ることになった。諏訪二葉での最初の職員会議の朝、上諏訪和泉町の先生宅をお尋ねした。「庭を抜けて行けば学校はすぐだよ」。内耳土器から一五年にしてようやく落ち着いて話が聞かれる機会がきた。四月も半ばを過ぎて『信濃』が送られてきた。見ると七二頁のうち四三頁までが「鉄鐸」で占められている。三八年の秋、「鉄鐸を引き延して単行本にしよう」という話をもって学生社の岩本守弘が訪れてきた——と後になって先生は書いている。

だがその頃は噯気《おくび》にも出していない。話があったのは一二月一七日、学校に電話で、「学生社で『サナギ』を出すことになった。銅鐸の集成を作ってほしい」。

『銅鐸』のころ

考古学世界ではいつでも問題になる発見・発表がある。『銅鐸』発刊頃の情勢を眺めてみたい。三次にわたる池田内閣の時代で、田中角栄の「日本列島改造論」ほどではないが、東京オリンピックに象徴される所得倍増、高度経済成長政策が幅をきかせていた。考古学界にも影響があって、強制されての発掘が学術目的の発掘を追い越してしまっている。銅鐸にかぎると三四年に小林行雄の『古墳の話』が出版されている。考古学者が書いた古代史で、前半のところで銅鐸の絵解きをやっている。三五年の四月には佐原真の鈕《ちゅう》による分類が発表され、「聞く銅鐸」から「見る銅鐸」への変化が知られた。一〇月に入ると東限の鐸が出土した。塩尻市の柴宮銅鐸で、藤森の自宅から直線距離にして一八キロの地点である。発見の報道には大場磐雄・一志茂樹のコメントが付いている。藤森に声はかけられていない。

年譜によれば三五年は井戸尻の縄文遺跡調査で塡《う》められているが鐸に対する関心も生じており、SBCテレビの「信濃の歩み」企画では諏訪神社の鉄鐸放映はできないものかと安田浄アナウンサーを突っついている。三六年に『下諏訪町誌』古代編担当となるや、嫌応なしに諏訪神社鉄鐸に取り組まざるをえなくなる。町誌編纂委員会が藤森の神社考究構想を全面飲んだために仕事は楽で、原稿は書いたはじから『信濃』に発表し、ゲラで練り、成文をいじくっては町誌にまわした。

『信濃』は信濃史学会の機関誌で、会長は一志茂樹である。一志と藤森は性格も学問の方向もまったく同じな上に、二四年には『信濃』の編輯をめぐってトラブルを起している。三五年ごろ関係は回復して『信濃』への「曽根」発表となったのだが、遺跡・遺物の報告ならばよろしいが、考古学者の歴史考究は火遊びだと受けつけない。だが、三六年の四月から三八年の八月まで編輯は一志の手から離れて塚田正朋に移っている。塚田の方針は学問の大衆化で、今までの活字ぎっしりの紙面では息が詰まるとして活字数も行数も減らしてしまった。無論、藤森の投稿は歓迎で、「鉄鐸」を含めて諏訪神社関係八本が発表されている。

三七年には滋賀県野洲町で銅鐸一〇口が出土、明治一四年の発見分と合わせると二四口である。発掘担当は水野正好で藤森とは馬が合った。そして、翌三八年の秋、学生社の岩本守弘が尋ねてくる。

銅鐸の発見

第一章「銅鐸発掘の謎」は天智天皇七年のくだりから始まっている。このところは発刊の日まで完全に秘密だった。普通は研究史・発見史から始まるから崇福寺銅鐸は最初の方で取りあげられるだろうとは予想していたものの、何の関係もない中臣鎌足が真っ先に出てきてしまって、その彼に、私は何も知らないと言わせている。

天智勅願の寺だから、鎌足は工事見聞に出かけたことだろう。銅鐸も見ただろう。彼の発言は重要だから記録されるはずで、それが見えないことは彼が沈黙を守っていたからに他ならない。本当に知らなかったのか、わかってはいたが不都合な物品だったので黙殺してしまったか。中臣の家は朝廷の祭祀を司さどっている。その氏の長老が黙殺したとなると……。この仮定に仮定を重ねての書き出しは一般読者を魅了させて考古学の世界に誘うのに充分である。

藤森は崇福寺銅鐸にリアリティーを持たせるべく、昭和一三年時の家族ぐるみの調査記事をかかげ、以下、八・九世紀の銅鐸史料を並べている。どの史料も銅鐸の性格には触れていない。この時期、すでに銅鐸の何たるかは忘れられてしまっている。このことを強調するべく滋賀・野洲町の銅鐸を取り挙げる。ここには七一貫もの青銅製品が埋められていた。藤森はここでもう一回仮定をたてる。野洲町小篠原には四世紀末、下っても五世紀前半に位置する円墳が数基ありつ鏡の出土が知られている。もし、被葬者が生前、銅鐸の埋納を知っていたならばこれを放っておくべきや。鋳潰して再利用せずあえて手を触れなかったとするならば、彼は銅鐸の性格をうすうすと感じている。いささか強引な推定だが、銅鐸の謎を強調するに際してこのくらいは許されるだろう。

藤森栄一の半生

「鐸を追う少年」は高校の国語教科書に採用された。多感な少年たちにこの一文は大きな影響を与えた。以来、「やまのや」には考古学とは無縁な文学畑の先生方がやってくる。

諏訪中学を卒業してから二二才で兵隊にとられるまでの彼の人生は波瀾万丈である。現在の平均的考古学研究者は大学を卒業してから一、二年の空白をおいて県市町村の埋文担当者として定着する。七、八年は瞬《また》く間で気が付けば三〇代、大学入学は容易でないからそれまで考古学は御法度。本格的な勉強は一八歳以後。こういった世代の目に藤森の履歴はどう映ずるか。

昭和四年諏訪中学卒、伊藤富雄との出合いが述べられているが、これは『銅鐸』終章に向けての伏線となっている。マリアの話も聞いた。失恋の結果、諏訪湖に注ぐ上川の六斗橋からとびこんだなど。始めての報文は昭和三年脱稿の「隆平永宝を伴う一種の骨壺について」。

中学時代に進路決定。先輩の八幡一郎にならって東大の選科を望んだが、卒業の年に廃止となった。大きなショックだったがその時に現われたのが森本六爾で、これには藤森の処女報文がかかわっている。以後、森本は彼にとっての総《すべ》てとなる。仔細《しさい》は「あの頃の考古学」によって明らかであり、杉原荘介は「森本六爾を取り巻く若者の中で、おそらく君が一番森本的であった」と述べている。

師である森本のことは再起第一作の『銅鐸』で是非とも触れたかった。森本なくして藤森の弥生文化研究・銅鐸研究はありえない。年譜によると、昭和五年一月二日、森本六爾先生より始めて手紙をもらう。七年六月二九日上京、森本先生宅訪問、八年一月、東京考古学会同人となる。九月三〇日、東大人類学教室にて森本先生の講演「低地遺跡と農業」聴講。この後、藤森は森本先生宅に鑵詰になり「銅鐸面絵画の原始農業的要素」を書かされ、『日本原始農業』に収録された。藤森が始めて書いた銅鐸レポートである。大阪で世帯をもった前後、銅鐸が出土している和歌山岩倉山・大阪鷹巣山、同加茂遺跡、滋賀の滋賀山寺の調査を行っている。

藤森は三二歳までに九八編のレポートを発表している。尖《するど》いひらめきと素晴らしい文章が目をひいて、藤森が大衆の考古学を目指している上にこれは大きな力である。

銅鐸研究史

銅鐸研究史はまさに「さまよう銅鐸の研究」で、まずは分類である。分類はどの分野でも行なわれる基礎的作業だが、考古学ではとくに重要視されている。共通する性格のものをまとめて全体を幾つかの集りに区分することで、新旧・前後に並べることを前提にしている。

問題は共通する性格、似通う点を、どの観点から把《つか》みとるかということで、石鏃のように機能・用途が判然としている場合は容易だが、性格不明の物品に対しては難《むず》かしい。八・九世紀の史官は鐸《たく》と認識したが、用途がわかった上での命名ではない。モノに対する感性の有無が分類の上に大きく作用する。梅原・森本・三木・佐原の分類を紹介しているが、形態・文様の差異をとらえての分類は細緻《さいち》にわたっても銅鐸の性格には迫れないと諦《あき》めてしまっている。

藤森の胸に迫ったものは森本の「銅鐸の絵画は一種の儀禮的生活を営んだ農業民の銅器である銅鐸の性格と密接不離の関係にある」との視点に基いた型式分類と、昭和三五年発表の鈕の形態変化による佐原真の分類である。銅鐸を吊り下げて鳴らされる道具だとした場合、吊手《つりて》こそもっとも本質的に機能を左右するものであろうということである。佐原の型式分類によって、当初は鳴る銅鐸であったものがある時点から据《す》えられて鳴音を失った鐸に変化するという重要な現象がうかがわれている。

ところで、研究史の中で藤森が声高に言っているのは昭和二年に刊行された梅原末治の『銅鐸の研究』で、同著は「資料編」・「図録編」の二冊からなっている。一四七口の銅鐸そのものの仔細な観察と出土地・写真・実測図を備えた梅原一流の厳格経験主義に基く集成作業で、その功業は銅鐸の基礎データを学界の共同財産としたこと。これにより昭和の銅鐸研究はいっそうの発展が約束された。反面、百家争鳴の論争はこの発刊をもって跡を絶《た》ったといわれている。それだけならば格別の問題もないが、故のない遠慮が銅鐸研究にブレーキをかけたと藤森は憤慨している。梅原の責任ではないのだが、事実記載のみの学問がアカデミズムと受け取られる危険性はありそうだ。

考古学は報告と論考が車の両輪となって発展するものと思っているのだが、報告には永遠の生命があるとして論考の上に置く風潮は今なおある。もっとも、三〇〇部の『銅鐸の研究』は銅鐸研究者の座右に置かれて毎年数編の論考が発表されてきている。

複数の碩学《せきがく》が銅鐸の祖型を論じている。金石文にくわしい視野の広い大家たちだが資料不足で決定的な説は出ていない。梅原は商代の鐸に源流があると考えていた。藤森は次の一挿話《そうわ》を掲げている。昭和四年、北九州で発見された有銘銅鐸は日本考古学会の席上で発表され、雑誌や論文集に引用されて研究者の視聴を集めた。流水文鐸の裾《すそ》に「子々孫々宝」と陽鋳されている。森本が調査して後世の贋作《がんさく》であることがわかった。当時としては大事件で、藤森は森本より印象深く聴いたに相違ない。

　銅鐸発見の大半は単独出土だから、時期決定がむずかしい。それでも数例、鏡、剣、戈と伴出しているケースがある。奈良県吐田名柄の鐸は多鈕細文鏡をともない、広島県福田の木の宗山では剣・戈との共伴出土。しかし、金属製品は年代決定の資料とした場合、土器に劣る。わかったにしてもそれは銅鐸埋納の年代である。

　なお、現在のわれわれには理解のつかないところだが、、戦前の皇国史観のもとでは遺物の実年代など明言できるわけはない。弥生時代の遺物というのが精一杯である。それでも小林行雄は一六年に「銅鐸年代論」を発表、土器と国産青銅器の文様比較から古式銅鐸を弥生前期末、区画文内に原始絵画のある新式鐸は後期に比定している。

　一方、杉原荘介は、これは戦後の三〇年代に入ってのことだが、銅鐸の実年代を西暦二世紀以降に下げてしまった。そこへ「到底、金石過渡期などという低い文化段階の所産とはなし難い」との梅原の論が加わる。『日本考古学概説』の小林と『古代前期の文化』の杉原、当時の学生は迫問にあって右往左往するばかりだった。

　梅原について、国学院大学の『上代文化』に「一群の同範鋳造銅鐸の位置について」を貰ったのはこの頃のことで、初めて梅原の美事な拓本を実見した。「用いられた鐸と飾られた鐸」という表現も知った。

銅鐸研究にアマチュアの果す役割

遺物としての銅鐸研究だが、鐸面の絵画や鈕の形からする型式分類で「鳴らす鐸」から「据え置く鐸」への変化や同範鐸《どうはんたく》の存在が知られたりした。複数鐸の出土遺跡に立って、これからの配布に備えて保管されていたものか、各地より集められてきたものかの区別もできるようになった。だが、それで銅鐸の性格すべてがわかったというものではない。鐸だけを取りあげての研究には限界がある。しかもこの部門を担当できるのはいわゆるプロの研究者で、以上の研究は銅鐸を実際に手にすることのできる者にまかされる。実物はしかるべき施設のガラスケース内に納まっている。

銅鐸を遺跡の中においてみたらどうだろう。研究には新らしい局面が展開するはずで、その場合にはアマチュアの研究者の活動できる余地がある。

銅鐸は日本列島内で製造されている。国産青銅器であれば原料は何だろう。文献を重視すれば和銅以前の銅鉱石精練説はとれない。彼の地の青銅器を輸入して改鋳するとなれば、それは剣か鉾か戈か鏡か貨幣か。藤森の設問に読者は考える。

倭国大乱、そんな時に実戦用武器を鋳潰《いつぶ》して銅鐸を作るのか、鏡は人の影を吸いとる司祭者にとり必須の呪具《じゅぐ》、これを共同体の祭器とする場合、抵抗がなかったものか、貨泉《かせん》を考えた場合、中世の備蓄銭ではないがデボが存在していてよさそうなものだ。

一つの問題を取りあげても議論百出、すでにふれたが個人の所有物ではなく共同体の宝器か祭器か。和辻哲郎の設定した銅鐸と銅製利器分布圏の持つ意義並びにその再検討。鋳型の発見がもたらしたもの、銅鐸鋳造地の比定。

そして銅鐸埋納の問題等々。

藤森は問題を提起し、一歩進んで二歩さがる式の解釈を展開する。この経緯が「ついに行きづまった銅鐸研究」になるのだが、実《じつ》はこの章は藤森が一番楽しく書いていたところなのである。考古学の発展にアマチュアの果す役割は大きいが、銅鐸の場合、この章のところはアマチュア考古学が担当すべきで、プロによる研究成果を正しく理解した上で、銅鐸が息づいていた風土の中で考える。わからないことはプロに聴けばよく、両者の間に障害はない。それから、言うまでもないことだが、これは楽しい知的遊戯でもある。藤森は学問のもつ醍醐味を一般読者に味あわせてくれた。

銅鐸絵画の解釈

第九章では銅鐸絵画の絵解きを行っている。

出土した銅鐸のうち一割弱に絵画がある。絵解きをすることで銅鐸の性格がわかるかもしれない。誰でも一度は挑戦してみたい魅力のあるテーマである。藤森は昭和八年に直良信夫につづいて銅鐸絵画は秋の風景だと解釈している。それが今回は水の輪廻《りんね》と絵解きした。鐸の上方はトンボで空を示す。空からの雨は川となり時に渦を巻いて流れる。川辺にはシカが遊ぶ。里近くなって高床の倉庫があらわれ、四角く区切られた水田には水がたたえられ、水鳥が飛んでくる。川は大河となりやがて海に至る。海には大きな魚が泳いでいる。片面、四区画、六区画のカンパスを水田と見立てたのは藤森だけである。

銅鐸絵画にかかわる挿話を三題。奈良・石上二号銅鐸の鈕に棒を持って相対する二人。藤森は鐸面の荒れかもしれないが棒の上辺に点が付いているという。これこそ着鐸の鉾だ。最近の展覧会では「斗い合う戦士」とのキャプションが付いていた。

広島・福田銅鐸に描かれている瞳のない目、これを邪視文《じゃしもん》と名付けたのは藤森だという。後になって春成秀爾より照会があった。春成は邪視をにらみ返すのだから辟邪《へきじゃ》の目だという。

徳島・牛島銅鐸は六区画袈裟《けさ》襷文《だすきもん》の扁平鈕式で裏表一二のカンパスすべてが打ちぬかれて

おり、ロンドンの大英博物館蔵二号銅鐸は片面の下四コマがきれいに切り取られている。

これらのカンパスには呪性を籠《こ》めた絵画が描かれてあった。ある時、その呪性が不都合の原因になった。カンパスはぬかれ、埋められた。実《じつ》に魅力のある考察である。ただし、この二鐸については佐原真が実見して破損の新らしいことを指摘している。

昭和三五年、長野・柴宮銅鐸の発見時、二人の発見者は銅鐸の知識皆無である。その彼等は鐸身の六区画内に何かが描かれているかもしれないと思い、縄をまるめて近くの川でごしごしと洗った。藤森の推察はまだ棄てきれない。

鉄鐸

第五章から八章まで、『銅鐸』の三五パーセントは鉄鐸の記事、考察で占められている。三七年に『信濃』に発表したもの。岩本が発見して再執筆を慫慂した「鉄鐸——その古代史上の意義」である。

ところで、鉄鐸の知名度だが、昭和三九年の時点で、鉄鐸の名を知っていた一般読者はどのくらいいたことだろう。正史である六国史には記載がなく、『古語拾遺』に「鉄鐸（佐那伎）」と記されているだけ。鉄鐸の現物は戦前にあっては信濃の諏訪神社上社、小野神社、矢彦神社にしかなく、発表された鉄鐸の実測図は二葉しかない。

少年時代に伊藤冨雄から「日本には天皇が一ぱいいた。大和の天皇も諏訪神社の大祝天皇も同格だった」と聴かされた藤森は当然、鉄鐸を知っている。しかし、戦前は手にふれるはおろか見ることすらかなわなかった。官幣大社の社格をもつ諏訪神社の神宝は在野研究者の手の届かないところにあったのである。だがその神社は戦後大きく変った。神宝の鉄鐸は錦の袋を剝がされ、宝物館のガラスケースの内に置かれるという状態に転落している。

諏訪神社上社の内玉殿《うちのたまとの》安置の鉄鐸は六口一連で三組あり、「三くみの御宝」とよばれ、それぞれに錦の袋が被《かぶ》せられ、櫃の中に納められてあった。また、神長官《じんちょうがん》の守矢《もりや》氏宅にも一連あることが戦後になってわかっている。

小野神社の鉄鐸には個有の名はなく、神代鉾に多くの白和幣（麻の緒）とともに一一口と舌《ぜつ》一個が取りつけられ、矢彦神社では麻鉾（ヌサ鉾）に鉄鐸一口が懸垂《けんすい》されている。なお、昭和四一年にはこれも信州の東筑摩郡朝日村の五社神社で鉄鉾の石突に転用されていた一口が見つかっている。

諏訪神社の鉄鐸は鍛造《たんぞう》された鉄板を筒状に巻き、上端に通した閂《かんぬき》に舌を吊した鳴音器で、年代のわからない伝世品。報告者である大場は「銅鐸と鉄鐸を直接に結びつけようとはしない」が、「本品と銅鐸とが全く無関心ではないと思考」し、「銅鐸の有する宗教的要素を亨けた遺槃ともいうべきものがこれに認められるのではあるまいか」との感慨をもらしている。

その諏訪神社鉄鐸の用途だが、一六世紀前半（天文六）にあっては人と人との重要な誓約の場で鳴らされた。禮銭《れいせん》の額もわかっている。一四世紀の中頃にさかのぼっては三月に行われる「大御立座神事《おおみたてましんじ》」で重要な役割をつとめている。諏訪神の領域である外県《そとあがた》・内県《うちあがた》・小県《ちいさがた》にそれぞれ神使が出向して「タタエ（湛）」と呼ばれる地点で予祝《よしゅく》の神事を執行。土地神と秋の稔《みの》りを約束するという神と神との誓いの場で鉄鐸は鳴っている。一説によれば「タタエ」地点には巨木があり、神使と約束する土地神は「御左口神《みしゃぐちしん》」だとされている。

「御左口神」については早く柳田国男が『石神問答』の中でふれている。

大場も藤森も古代人復元のためには「モノによる考古学」を抜け出ることを厭わない。文献史学、民俗学、民族学にわたる学際研究の先駆者である。大いに共鳴するところだが、この研究には落し穴もある。他の分野に乗りこむ時、その命題がその分野で定説になっておらぬ段階にあっては取り扱いに慎重であるべきだろう。

昭和三〇年代、鉄鐸の出土例は日光男体山だけである。報告書刊行は三八年で、藤森が終りの章を書いている時だった。挿図には引用したが、充分に咀嚼するだけの時間はなく、それに男体山の鉄鐸は平安後期から中世にかかるものである。この時点、鉄鐸と銅鐸とを結ぶ資料は皆無で、結合作業などしなくともよかった。藤森は相当に無理をしている。

しかし、その中で、「鳴る鐸」より「見る鐸」へと発展していっている筋の他に、小型銅鐸、小銅鐸、着鐸の鉾を介して鉄鐸へという鳴音器一筋の流れがある。銅鐸には二筋の流れがあるとした挿図「さなぎの系譜についての一試案」は示唆にみちている。

『銅鐸』以後

『銅鐸』はベストセラーになった。新聞・週刊誌は好意のある書評をのせ、その年の一一月には毎日出版文化賞を得た。本人は二月のうちに原稿一切を送ってしまって、後は一転して『井戸尻』正報告書刊行と『旧石器の狩人』完稿に向けて集中、もう銅鐸など見たくもない。

しかし世間は藤森を銅鐸研究の権威者と見て資料や質問を送ってくる。四一年発表の「外地将来の鉄鐸資料」はその一つ。読者からの質問には昔どおり一通一通に返事を書いていた。

一二月に入って神戸市の桜ヶ丘で銅鐸一四口、銅戈七口が発見、「見学に来い」との連絡を受ける。「今更、銅鐸を見てどうなんだ」、藤森は億劫《おっくう》そうだった。

年の暮れになって、藤森は一週間の銅鐸の旅に出る。一人きりである。明石の西八木から始まり桜ヶ丘に立ち、神戸で赤松啓介に会った。大阪では柏原市の鐸比古鐸比賣神社まで歩き、滋賀では小篠原の銅鐸を実見した。帰路、名古屋より中央西線には乗らず、東海道線で浜松下車、最終目的地は佐鳴湖だった。

　年が明けて四〇年の正月の集いでは佐鳴湖の話が出た。略図を画きながら「幅の狭い岬が何本も突き出していてね。幅は二〇メートルくらいか、傾斜がきついんだ。周囲は照葉樹林で完全な隠れ里だよ。岬の尾根の処に造り付けのルツボを造る。ルツボの底から斜めの穴がこう通じていて、ここに三遠式の鋳型を置く。作られた銅鐸は舟で運ばれて行ったんだ」。

　この日をもって藤森の銅鐸の話は終っている。


　藤森の没年は四八年の一二月で翌年の一〇月には大阪茨木の東奈良で完形の銅鐸鋳型が、翌々年には鉄鐸が初めて長野県内で出土している。鉄鐸出土地は諏訪神社と縁のある茅野市御狩野で一〇世紀代土壙墓の中からの発見である。五三年には奈良の唐古で土製の鋳型が見つかり、五三から五五年にかけては昭和生れの研究者が競って銅鐸論を展開した。うち、数人が藤森の説を引用、紹介している。五九年には出雲の荒神谷で三五八本の銅剣が、翌六〇年には七メートル離れたところで銅鐸六口と銅鉾一六本を得て、剣、鉾、鐸の大量出土例となった。

　そして平成八年一〇月には荒神谷に隣接する大原郡加茂町の岩倉より三九口の銅鐸出土となる。三九口という今までにない大量出土で研究者は困惑しているようである。わかったことはこれで銅鐸数が四六〇口になったこと、加茂岩倉の三九口は聞く銅鐸であること、同範銅鐸が五口ほどあるということ、考察では出雲の地を特別視したり、倭国大乱と結びつけて、埋納時期はその直前かといった話が見られるくらい。

はじめて銅鐸が発見された和銅六年から七一四年、神田孝平が報文を発表してから一一一年、その間に二百人近くがレポートを発表してきた。スフィンクスの正体が暴《あば》かれるまでレポート発表は続くだろう。彼等のアルバイトは次代の研究者に吸収されてしまって形骸のみを研究史上に留めるだけになる。藤森のアルバイトも無論、同様の扱いをうけるだろうが、一つのテーマに取り組み、試行錯誤の連続という研究過程を赤裸々に記した『銅鐸』にはそれとは別に、不死鳥のごとく長く読み継がれていきそうな気配がみえる。

昭和三九年時、『銅鐸』がベストセラーになった原因の一つに、その頃より人々の生活に学問の世界を垣間見る余裕の生じたことが挙げられている。以来三三年、今、カルチャースクールは花盛りである。学問・研究の大衆化、これは藤森が長年希求し実現に努めてきた課題であって、『銅鐸』はそのために書かれたものとも言い得られる。

藤森は誰の胸底にも煖《あたたま》っている学問・研究への火をかきたてようとした。富士見町の専業農家である細川光貞が『銅鐸』を読んで、自分を取り巻いている農業習俗から銅鐸絵画を解釈したと、括《まと》まった原稿を置いていった。四二年の『歴史評論』にのった。

『銅鐸』の蒔《ま》いた種の一つの稔りで、同様な稔りはこの他にも多くあったことだろうし、これからも見られることと思われる。

「尚」書きをする。

付録の「銅鐸集成」のことである。先生の依頼を受けてから全く機械的に作業した。原本は『銅鐸の研究』と『考古学雑誌』掲載の報文で、尺寸はセンチに、出土地名はできるだけ新しい市町村名に直した。総数は二九五点となった。孫引きが多かったからダブリの出ることを虞れたが、結局、幾つかの誤りをおかしてしまったようである。小林行雄さんが先生に「あの付表、何んとかならんか」と言われた由。このたび、改装版を出すにつき、昭和三九年以降発見の追加ができるかと聴かれ、佐原真さんに電話した。加茂岩倉を加えて四六〇口だと言われ、小林さんと同様のご注意をくださった。もはや追加訂正する力も時間もなく、落とすことにした。了とされたい。

［著者略歴］
藤森栄一（ふじもり えいいち）
明治44（1911）年、長野県諏訪市に生まれる。
昭和4（1929）年諏訪中学（現、諏訪清陵高校）卒業。諏訪考古学研究所長、長野県考古学会会長として活躍。
昭和48（1973）年12月逝去。
主な論著書に、『かもしかみち』『旧石器の狩人』『石器と土器の話』『縄文農耕』『縄文の八ヶ岳』『峠と路』『信州教育の墓標」（以上学生社）、『井戸尻遺跡』『縄文式土器』（以上中央公論美術出版）、『心の灯』（ちくま少年図書館）、『藤森栄一全集』（全15巻、学生社）など多数がある。

［解説者略歴］
桐原　健（きりはら たけし）
昭和8（1933）年、長野県松本市に生まれる。
昭和26（1951）年、長野県松本県ヶ丘高校卒業。昭和30年（1955）年國學院大學文学部卒業、長野県高等学校教諭、長野県教育委員会文化課などに勤務し、長野県考古学会会長などを歴任。
主な著書に『縄文の酒』（学生社）、『縄文のムラと習俗』（雄山閣）など多数がある。

本書は1964年に学生社が発行した『銅鐸』及び1997年刊行の同書の解説付新装版を底本とした復刻版です。

2022年7月25日　初版発行　《検印省略》

学生社考古学精選
銅鐸《どうたく》

著　者　藤森栄一
解　説　桐原　健
発行者　宮田哲男
発行所　株式会社 雄山閣
〒102-0071　東京都千代田区富士見2-6-9
TEL　03-3262-3231 / FAX　03-3262-6938
URL　http: //www.yuzankaku.co.jp
e-mail　info@yuzankaku.co.jp
振　替：00130-5-1685
印刷・製本　株式会社ティーケー出版印刷

©Eiichi Fujimori 2022
Printed in Japan
ISBN978-4-639-02845-1　C0021
N.D.C.210　288p　19cm